国家出版基金项目
NATIONAL PUBLICATION FOUNDATION

"十四五"国家重点出版物出版规划项目

国家毒品问题治理系列丛书

总主编/石经海

物流寄递毒品行为定罪问题研究

赵　戈◎著

群众出版社

图书在版编目（CIP）数据

物流寄递毒品行为定罪问题研究 / 赵戈著. -- 北京 : 群众出版社，2025. 8. --（国家毒品问题治理系列丛书 / 石经海总主编）. -- ISBN 978-7-5014-6496-8

Ⅰ. D924. 364

中国国家版本馆 CIP 数据核字第 202568SS99 号

国家毒品问题治理系列丛书

物流寄递毒品行为定罪问题研究

赵　戈　著

策划编辑：韩俊雯
责任编辑：宿　静
封面设计：董　睿
责任印制：王晓博

出版发行：群众出版社
地　　址：北京市丰台区方庄芳星园三区 15 号楼
邮政编码：100078
经　　销：新华书店
印　　刷：天津盛辉印刷有限公司

版　　次：2025 年 8 月第 1 版
印　　次：2025 年 8 月第 1 次
印　　张：14. 75
开　　本：787 毫米×1092 毫米　1/16
字　　数：249 千字

书　　号：ISBN 978-7-5014-6496-8
定　　价：86. 00 元

网　　址：www. qzcbs. com
电子邮箱：qzcbs@ sohu. com

营销中心电话：010-83903991
读者服务部电话（门市）：010-83903257
警官读者俱乐部电话（网购、邮购）：010-83901775
教材分社电话：010-83903084

◎国家社科基金重大项目“国家毒品问题治理的实践困境与模式创新研究”（项目编号：20&ZD196）成果之一

国家毒品问题治理系列丛书
编审委员会

丛书总主编简介

石经海，男，法学博士，二级教授，博士研究生导师，广东外语外贸大学云山领军学者，中国犯罪学学会副会长，中国刑法学研究会常务理事，中国刑法学研究会国际刑法学分会常务理事，首批国家级（线下）一流本科课程“刑法学总论”负责人。主要研究方向为毒品问题治理、量刑、有组织犯罪、刑法基本理论等。出版学术专著 3 部，主编教材 7 部，在《中国法学》等期刊发表论文 160 余篇；所著专著《量刑的个别化原理》获教育部第九届高等学校科学研究优秀成果奖（人文社会科学）二等奖，教学成果“法治人才‘四位一体’培养模式的探索与实践”获国家级教学成果奖二等奖。

本书作者简介

赵戈，女，法学博士，本科、硕士研究生、博士研究生均毕业于西南政法大学，中央司法警官学院讲师。主要研究方向为毒品问题治理、毒品犯罪定罪量刑等。作为主研人员参与国家社科基金重大项目“国家毒品问题治理的实践困境与模式创新”和司法部重点项目“刑法介入毒品问题治理的中国模式”，主持中国法学会项目“社会协同改造模式构建：刑释人员安置帮教的实践探索”。合著的《刑法介入毒品问题治理的中国模式》获重庆市第十二次社会科学优秀成果奖二等奖，在《法律适用》等报刊发表论文 10 篇，2 项智库成果获最高人民法院部级领导人肯定性批示。

总　序

毒品是人类社会的公害。禁绝毒品，功在当代、利在千秋。禁毒工作事关国家安危、民族兴衰、人民福祉。党的二十大报告强调，要推进国家安全体系和能力现代化，坚决维护国家安全和社会稳定。毒品问题是新时代国家面临的非传统安全问题，做好禁毒工作对于深入推进平安中国、法治中国建设具有重要意义。党的十八大以来，以习近平同志为核心的党中央高度重视禁毒工作，中央政治局常委会会议专门听取禁毒工作汇报、研究禁毒工作。习近平总书记多次发表重要讲话、作出重要指示，深刻阐释新形势下做好禁毒工作的重要意义、基本原则和总体思路。2014 年，党中央、国务院专门制定出台《关于加强禁毒工作的意见》，从全局和战略高度进行整体部署。2018 年 6 月，习近平总书记就禁毒工作作出重要指示，强调要加强党的领导，充分发挥政治优势和制度优势，完善治理体系，压实工作责任，广泛发动群众，走中国特色的毒品问题治理之路，坚决打赢新时代禁毒人民战争。2020 年 6 月，习近平总书记专门就国家禁毒委员会组织召开全国禁毒工作先进集体和先进个人表彰会议作出重要指示，向受到表彰的先进集体和先进个人表示祝贺，向全国禁毒战线的同志们致以慰问，并深刻分析了当前毒品形势及其严重危害，对做好新形势下的禁毒工作、打好禁毒人民战争提出了新的更高要求。

禁绝毒品是全体中国人民的共同期待，历代仁人志士为之不断探索奋斗，形成了非常丰富的禁毒经验和智慧。中国共产党诞生于国家内忧外患、民族危难之际，对毒品问题的危害有着刻骨铭心的认识。中华人民共和国成立后，党和国家高度重视禁毒工作，推出一系列重大举措，全社会禁毒运动取得巨大成就。新中国以“无毒国”享誉世界近三十年，创造了世界禁毒史的奇迹。改革开放以来，面对国际毒潮的再度涌入，党和国家始终将毒品问题治理作为一项基础性工作来抓，为改革开放和社会主义现代化建设营造了良好的社会环境。进入新时代，受国际毒潮泛滥和国内涉毒因素增多的双重影响，我国禁毒斗争形势日益严峻复杂。境外毒品对我国的走私渗透仍在加剧，国内制毒、贩毒、吸毒问题仍然严重，特别是随着新精神活性物质的演变、网络毒品犯罪的蔓延，毒品问题治理面临很多需要研究解决的新问题。禁毒工作在党和国家事业全局中的重要性进一步提升。

国家毒品问题治理工作要坚持党的全面领导。习近平总书记的系列重要指示，从党和国家事业发展全局和战略高度，深刻分析了当前毒品形势的严峻性、复杂性，深刻阐述了深化禁毒斗争的重要性、紧迫性，科学回答了事关新形势下禁毒工作发展的重大问题，是新时代开展禁毒斗争的科学指南和行动纲领，充分体现了以习近平同志为核心的党中央对禁毒工作的高度重视和深切关怀，既是对全国禁毒战线和广大禁毒工作者的莫大鼓舞和鞭策，也为我们进一步加强和改进新时代禁毒工作指明了前进方向、提供了根本遵循。近年来，我国各地区有关部门通力协作，深入推进禁毒人民战争，禁毒工作取得显著效果，有效遏制了毒品问题快速发展蔓延的态势，有力扭转了一些地方毒品问题的严峻局面，禁毒形势呈现整体向好、持续改观的积极变化，彰显了党领导下的中国特色毒品治理体系的强大优势。

新时代呼唤新的国家毒品问题治理理论体系。在禁毒立法层面，立法架构、规则体系的完善离不开禁毒基础理论的支撑；在司法层面，政策完善、法律适用、证据规格等方面的研判与提升，也需要理论研究特别是实证研究的支持；在禁吸戒治层面，理念发展、方法革新、行刑衔接等问题更需要一一攻关。

西南政法大学作为中华人民共和国成立后创办的第一批社会主义高等政法院校之一，具有深厚的学术积淀和雄厚的研究力量。早在 20 世纪 90 年代，学校就成立了“毒品犯罪与对策研究中心”，专门对毒品犯罪相关问题展开理论研究。中心于 2003 年 1 月被批准为重庆市首批人文社会科学重点研究基地。中心成立初期推出了代表当时我国毒品犯罪研究最高水平的《禁毒全书》，并由时任国家领导人作为国礼赠送给了联合国禁毒署。依托法学、国家安全学等学科优势，西南政法大学多年来在理论研究、智库研究、学科建设和人才培养上不断探索，产出了一批高质量的学术论著、智库成果，为我国政法战线、禁毒战线培养了一大批讲政治、懂法律、精外语的专业人才。进入新时代，西南政法大学坚持以习近平新时代中国特色社会主义思想为指导，紧紧围绕新时代党和国家的禁毒战略方针，扎实开展毒品问题治理基础理论研究，积极服务毒品治理实践。

2017 年，西南政法大学整合校内多学科资源，与最高人民法院刑事审判第五庭、国家禁毒委员会办公室合作共建高端智库型研究基地——“国家毒品问题治理研究中心”。五年来，中心围绕国家禁毒政策调整、禁毒法律法规完善、禁毒国际合作开展、禁毒知识宣传、涉毒人员矫治和毒品问题基层治理等方面持续开展学术与智库研究，积极发挥咨政建言和社会服务作用，取得了丰硕成果。2020 年，由石经海教授担任首席专家、重庆市高校哲学社会科学协同创新团队——“国家毒品问题治理研究创新团队”和研究中心专职研究人员共同参与的国家社科基金重大项目——“国家毒品问题治理的实践困境与模式创新研究”获批立项，阶段性成果陆续在《中国刑事法杂志》《法治研究》等核心期刊公开发表。

长期以来，由于毒品问题治理研究的学科壁垒，我国相关教学科研人员力量较为分散，研究成果相对贫乏，很多领域缺少高质量的专著、译著和教材。鉴于此，西南政法大学与群众出版社联合推出“国家毒品问题治理系列丛书”。系列丛书由石经海教授担任总主编，执行主编和撰稿人均为我国长期研究毒品问题治理理论的优秀中青年学者。系列丛书以习近平新时代中国特色社会主义思想为指导，以习近平法治思想为根本遵循，坚持总体国家安全观，基于多学科研究视角，内容涉及毒品问题治理的基础理论、毒品问题治理的政策支持、毒品问题治理的法治保障、毒品问题治理的基层实践以及毒品问题治理的国际合作等重点领域，之后将陆续出版面世。

毒品治理是理论性很强的实践问题，也是实践性很强的理论问题，需要开展深入系统的禁毒理论研究以服务于禁毒实践。习近平总书记强调，要在全党大兴调查研究之风。调查研究是谋事之基、成事之道，没有调查就没有发言权，没有调查就没有决策权。正确的决策离不开调查研究，正确的贯彻落实同样也离不开调查研究。系列丛书即是在对国内国外毒品问题作出系统性社会调查研究的基础上编著的。系列丛书坚持理论、政策与实务相结合，既深刻阐释了毒品问题治理的理论基础，又对中国毒品问题治理政策、法治保障、基层治理经验进行了深入研究，还积极探索构建中国参与全球毒品治理体系变革的国家战略，提出全球毒品问题治理的中国方案，彰显了中国毒品问题治理的独特制度优势。系列丛书的出版，有助于提升我国毒品问题治理的理论研究水平，推动毒品问题治理实践实现新突破，为全国毒品问题治理创造更多可复制、可借鉴的经验；有助于持续健全国家毒品问题治理体系，提升治理能力，让禁毒事业的千秋红利更好地惠民利民，推动构建不受毒品危害的人类命运共同体。

当今世界正经历百年未有之大变局，新一轮科技革命和产业变革深入发展，国际力量对比深刻调整，国际经济政治格局复杂多变，单边主义、保护主义、霸权主义对全球毒品治理体系构成威胁，我国所面临的毒品问题非传统安全风险挑战日益严峻复杂。我们必须深入贯彻落实习近平法治思想，坚持总体国家安全观，深入推进国家毒品问题治理理论研究和实践探索，夯实毒品治理的理论基础、制度基础、人才基础。期待丛书在国家毒品问题治理体系和治理能力现代化中发挥其相应的推动作用。

是为序。

李少平[①]

2024 年 10 月于北京

① 十三届全国政协常委、十三届全国政协社会和法制委员会委员，曾任国家禁毒委员会副主任、最高人民法院副院长。

前　言

近年来，我国毒情形势总体向好，但受多种复杂因素影响，仍面临诸多现实挑战。为打赢新时代禁毒人民战争，党和国家始终保持对毒品犯罪的从严打击态势，进一步落实毒品治理制度建设、毒品预防宣传教育、吸毒人员矫治帮扶、禁毒工作国际合作等措施。通过多年的努力，一系列毒品问题治理的新机制、新举措取得了显著成效。主要表现为：毒品违法犯罪活动数量整体可控、毒品滥用规模持续萎缩、国内制毒犯罪得到有效遏制。然而，我国毒情形势依然严峻，以新精神活性物质为代表的第三代实验室毒品在种类和形态上翻新速度极快，并且有大量的潜在有害物质存在滥用风险。涉毒信息、沟通联络、支付方式、运送方式及犯罪场所等趋于网络化、物流化，使犯罪手段呈现出明显的非接触式特征。国外毒品渗透入境数量增多，某些国家大麻合法化等政策进一步增大我国外防毒品输入的难度。如此等等的新问题，表明我国毒品问题治理之路任重而道远。

在“互联网+物流寄递”的毒品犯罪新态势下，利用物流渠道运送毒品已成为常见的运输方式。违法犯罪分子以走私、贩卖、运输或持有毒品等为目的，将毒品通过物流渠道寄递至收件地。由于物流渠道运送毒品的快捷性、隐蔽性、智能性等，毒品在不同行为主体间得以迅速转移、扩散，在带来比传统贩运毒品行为更大社会危害的同时，也引发了刑法层面的认定疑难问题。关于物流寄递毒品行为相关定罪问题的研究，旨在解决物流涉毒如罪与非罪、此罪与彼罪、犯罪特殊形态等疑难争议问题，从而保证国家依法从严打击毒品犯罪，充分发挥禁毒治理效能，推进新时期毒品犯罪问题的有效治理。

基于司法实践中物流寄递毒品行为的相关定罪问题，以如何调整刑法介入毒品问题治理模式为主线，笔者认为，需修正、完善关于毒品犯罪刑法适用的相关政策。立足于主客观相统一原理，对物流寄递毒品行为是否构罪及罪名的选择，应结合犯罪主客观要件作整体评价。准确规范评价，则需要进一步明确刑法介入毒品问题的正当性，保证既合法又合理的定罪结果。在合理划定毒品犯罪范围的同时，按宽严相济的刑事政策，改变治理主体、内容与手段过于依赖刑事制裁的司法现状，实现与矫治、预防治理措施的有机衔接，构建物流领域规范寄递行为、预防毒品犯罪的禁毒防控体系。

在规则构建上，主要是基于主客观相统一原理、刑法谦抑精神、宽严相济刑事政策及我国刑法有关规定，围绕走私、贩卖、运输与非法持有毒品罪的实行行为，明确罪与非罪、此罪与彼罪及既遂形态标准。从刑法介入毒品问题的正当性出发，将毒品犯罪界定为抽象危险犯。在抽象危险犯的样态下，决定如何对毒品犯罪实行行为进行司法认定。一方面，基于刑法、行政法规定，立足于毒品过境、有偿转移、空间位移与事实支配等要素进行解释，保证定罪结论的文本规范性；另一方面，基于社会流通的抽象危险判断要素，从主客观方面对走私、贩卖、运输与非法持有毒品等行为作出限制解释，保证定罪结论的合理性、合目的性。立足于对毒品犯罪实行行为的认定，根据社会流通风险的危险状态，具体判断走私、贩卖、运输与非法持有毒品罪既遂标准、共同犯罪成立标准。

基于以上立场，将走私、贩卖、运输、非法持有毒品罪实行行为的认定规则应用于物流寄递毒品行为的定罪过程中，针对一系列定罪相关问题提出解决对策。在司法认定上，至少包括如下三个方面：第一，从主客观相统一原理出发，解决定性片面问题。第二，立足于刑法谦抑精神所明确的预防性禁毒政策导向、刑法介入涉毒违法行为的正当性根据，解决定罪扩大化问题。第三，严格按照刑法有关规定厘清毒品犯罪特殊形态，解决定性混乱问题。

完成此书，心怀感恩。本书的出版离不开诸多师长、同仁、朋友以及相关机构的鼎力支持。首先，感谢西南政法大学法学院和国家毒品问题治理研究中心，中央司法警官学院诸位领导和师友在实证调研、资料获取等方面提供的帮助。其次，特别感谢石经海教授在研究与写作过程中给予的全方位指导，为本书提供了重要的理论资料和研究视角，使笔者得以克服困难、持续推进。

毒品犯罪是一个极其复杂且不断演变的研究领域，涉及面广、动态性强。本书虽力求严谨、全面，但囿于时间、资源及作者学识与能力，难免存在疏漏、偏颇之处。在此，恳请各位专家学者、实务工作者及广大读者不吝批评指正，这将是推动该领域研究深化的重要动力。笔者将持续关注毒品问题治理，愿以此书出版为契机，期待未来能进行更深入、更全面的探索。

赵戈

2025 年 6 月 26 日

目　录

第一章

物流寄递毒品行为定罪概述

概念是反映事物本质属性的思维形式，也是构成判断、推理的基础。要对物流寄递毒品行为定罪问题进行深入系统研究，必须将明确界定相关概念作为本研究的起点。面对当前突出的物流寄递贩运毒品问题，我国采取了一系列措施试图解决，如通过《禁毒法》《治安管理处罚法》《邮政法》《快递暂行条例》等法律法规，规制涉毒违法行为并促进物流行业自治。随着物流涉毒态势的日益严峻，我国还针对物流寄递毒品行为开展了一系列专项整治行动。但现实情况表明，物流寄递渠道贩运毒品活动并未得到有效控制，反而逐渐演变成新时代的治理难题。为分析物流寄递毒品行为如何定罪量刑，并明确刑罚手段介入与其他措施在治理过程中的相关问题，有必要界定何谓物流、寄递、毒品等构成要素，考察与传统毒品贩运模式相比有何差异，梳理对其定罪量刑的法律依据及认定的现实情况，大致勾勒出本研究对象的基本轮廓。

一、物流寄递毒品行为的概念界定

严格来说，物流寄递毒品行为并非规范层面上的专门概念，而是通过总结司法实践中出现的毒品犯罪新情况、新变化，形成对毒品线下转移方式的界定。物流寄递毒品行为是指以物流行业为犯罪发生领域及方式，违法犯罪分子出于走私、贩卖、运输毒品等目的，将毒品伪装为正常邮寄物品后交付第三方物流，由第三方物流通过货物运输服务将毒品运至目的地的毒品贩运模式。正是因物流要素的介入，毒品贩运方式表现出与以往不同的行为特点。

（一）物流、寄递和毒品的界定

作为对当前司法实践中频发行为类型的概称，物流寄递毒品行为在刑法层面上需探讨如何有效适用其中可能导致刑事处罚的部分。通过对物流、寄递及毒品各要素定义的理解，基于毒品运输方式、方法上的变化，形成对物流寄递毒品行为的整体理解。

1. 物流的界定

物流主要是指将物品从供应地流向接收地的阶段性过程。物流伴随商品生产活动的出现而产生，并发展于人类社会生产活动和交易行为当中。有关物流活动最早的文献记载出现在英国，当时被界定为在国内将商品及时送到交易双方手中的行为。第二次世界大战期间，美国在军火供应中首次使用“物流管理”一词，后又变作“企业物流”并用于企业管理工作中。日本研究学者将其称作“物的流通”，意为“实物分配”“货物配送”，后简称“物流”，至此，将“物流”定义规范化并沿用至今。① 最初的物流概念侧重于强调商品从供应方到需求方的定向移动，作为生产与消费的联结手段充分发挥中介的作用。“物”是指一切能够实际进行空间位置转变的物质资料，包括物资、物料、货物、商品及物品等。“流”就是将物质资料进行空间位移及时空转换的动作，最大化地发挥物质资料的使用价值。② 随着物流产业的快速发展，全球很多国家专业机构或该领域专家都对物流作出规范界定。1999 年，联合国物流委员会认为，物流是为了满足消费者需求而发生的从起点到终点的原材料、中间过程库存、最终产品和信息的存储及相互流动计划、实现与控制管理的全过程。由全国物流标准化技术委员会提出、全国物流标准化技术委员会和全国物流信息管理标准化技术委员会归口的《物流术语》（GB/T 18354—2021）将“物流”定义为，根据实际需要，将运输、储存、装卸、搬运、包装、流通加工、配送、信息处理等基本功能实施有机结合，使物品从供应地向接收地进行实体流动的过程。德国物流协会提出，物流是指有计划地将原材料、半成品和成品由生产地运至消费地的活动，具体包括提供用户服务、需求预测、信息管理、订单处理、搬运物料、选址、采购、包装加工、运输装卸及仓储等内容。美国物流协会认为，物流是依据顾客需求产生，将物质、服务及信息从生产地流动到销售地，以及为实现低成本、有效保管而

① 李云鹏：《物流贩毒问题研究》，云南大学出版社 2018 年版，第 10-15 页。

② 张莉莉、姚海波、熊爽：《现代物流学》，北京理工大学出版社 2020 年版，第 5-8 页。

进行的一系列控制行为。[①] 由此可见，不论是哪种规范界定，物流都是将物品从供应地运至接收地进行时间与空间位置转换的活动，包括物品包装、装卸搬运、运输、储存及相关信息管理等基本功能，其核心要义在于物的流通。

相对于第一方寄件人员、第二方收件人员而言，为便于表达物流寄递单位或其工作人员实际参与到毒品犯罪活动中，拟将此当事方统称“第三方物流”。在物流管理术语中，第三方物流（Third-Party Logistics），简称 3PL 或 TPL。此称谓意在表达第三方物流不属于收寄双方，而是通过与第一方寄件人员或第二方收件人员合作，独立承担货物运输服务职能，进而有助于厘清物流领域经营主体与物流消费群体之间的关系。第三方物流并不拥有商品，也不参与商品之间的交易过程，仅是承接客户全部或部分物流服务的外部供应商，为其提供仓储、管理、配送、运输服务，负责将商品从生产地、销售地运至消费地。虽然在涉及物流的毒品违法犯罪活动中，第三方物流已然成为事实参与的当事方，但毕竟其具有运输货物的另一层社会职业身份，从此角度便于集中探讨其参与程度、参与行为与运输服务的区分、主观方面等刑法适用的定性疑难，表现出不同于收寄双方的行为特性。

鉴于“快递运毒”“快递贩毒”等表述频频出现，有必要厘清“快递”“物流”有何区别或联系。随着经济全球化进程不断加快，国际国内生产、经营、贸易及社会活动频繁，以及网购市场的爆发式扩张，出现大量的样品、信件、资料等物品的快速传递需求，衍生出高效率、快节奏的现代快递产业。我国《邮政法》第 84 条规定：“快递，是指在承诺的时限内快速完成的寄递活动。”具体而言，快递公司通过联营合作或自身独立运营网络，将用户委托的文件或包裹快速递送至收件地的活动，被称为快递。自中国邮政集团有限公司成立第一家中国邮政速递物流公司以来，民营快递企业在 21 世纪初期发展迅速，并伴随网购市场的扩张而逐步形成国企、民营、外企共同竞争的格局。结合当前物流行业发展概况，根据主体及规模可将快递企业分为四类。第一类为外资快递企业，如联邦快递（FedEX）、联合包裹（UPS）、敦豪（DHL）等。第二类是国有快递企业，如邮政（EMS）特快专递、民航快递（CAE）、中铁快运（CRE）等。第三类是大型民营快递企业，如顺丰速运、申通快递、韵达速递、圆通速递等，在全国范围内快速扩张，抢占市场份额。第四类是小型民营快递企业，部分是通过加盟连锁经营机制承接前述快递企业的揽件、派送等业务，作为加盟商打通了深入基层的“最后一公里”，由上至下形成层

① 彭扬、骆丽红、陈金叶：《现代物流学概论》，北京理工大学出版社 2022 年版，第 2-3 页。

层加盟的组织布局。这类快递企业规模较小、经营灵活，但是管理粗疏，主要经营同城及省内快递业务。

从前述分析来看，快递应属于物流产业的分支行业，二者属于包容与被包容关系。[①] 物流与快递服务在运输功能上是一致的，都是常见的发货渠道。不过，快递服务在运输货物体积、数量及对象等方面小于物流服务。例如，在货物体积上，快递服务主要承运小件货物，类似于日常食品、衣物、生活用品等。物流服务可运送大型货物，如机械设备、批发的商品或产品等。又如，在对象上，因可点对点且费用相对便宜，尤其是与电商购物平台充分连接，快递服务在公众日常生活中使用频率显然更高，成为更加便捷、易接触的发货渠道。物流服务功能也不仅限于运输，在管理和协调的过程中基本涵盖了整个供应链，服务内容更为宽泛。考虑快递属于物流服务的一部分，而且二者在服务内容、时限与范围等方面的差异并不会影响对物流寄递毒品行为的定性，在此均应表示将毒品从供应地运至接收地的过程性动作，指代为同一种运输方式。

2. 寄递的界定

从服务内容及范围来看，寄递同样属于狭义的物流范畴。何谓寄递，结合其本义形成不同的理解立场。[②]《邮政法》规定，“寄递”是指将信件、包裹、印刷品等物品按照封装上的名址递送给特定个人或者单位的活动，包括收寄、分拣、运输、投递等环节。根据主体身份的不同，可将寄递理解为国家专营业务，进而认为其是专属于我国邮政集团公司及其提供邮政服务的全资企业、控股企业办理中国境内及国家（地区）与国家（地区）之间信息载体和物品专递的业务。[③] 根据服务范围及内容大小，可将寄递划分为广义和狭义的寄递。广义的寄递泛指物流，即物品从供应地向接收地的实体流转过程，而狭义的寄递则进一步限制服务时效和内容。前述观点均是从某一角度作出界定，在一定程度上揭示了何谓寄递，即物品按照指定地址发出并运至接收地的过程。立足于实践中物流寄递与毒品之间的关联性，还需对寄递作出既符合词义又契合研究侧重点的概念定义。《2020 年中国毒情形势报告》对毒品贩运方式的总结，出现了“大宗走物流、小宗走寄递”的相关表述。由此可见，在对毒品问题的揭示上，物流与寄递的区别在于所承运的毒品体量大

---

① 高斌：《快递服务概论》，人民邮电出版社 2013 年版，第 50 页。

② 根据《现代汉语词典》对寄递的解释，其本义为“邮局递送邮件”。

③ 杨海荣：《邮政概论》，北京邮电大学出版社 2002 年版，第 72 页。

小，后者应表现为狭义的物流概念。寄递对物品大小、重量及服务时效等方面都存在限制，在邮寄范围、方式及业务类型上也小于物流，同样属于物流的整体范畴。

在明确属于物流范畴的基础上，寄递可理解为物品从寄件地到收件地的运送动作。主要原因在于，一方面，既然寄递与前述快递服务均属于物流范畴，即二者都具有物的流通内容，不妨将寄递也统称物流，不会影响对物流寄递毒品行为的整体认定。另一方面，寄递存在动词使用的情况，可表现为在整个物流过程中进行运送。从词义内容来看，寄递本身具有传送、传达、传递、投递及递送等动词意味。而且，在新闻报道中常见将寄递用作动词使用的情况，如“违规寄递”“寄递延迟”等表述。由此可见，不妨可在此将寄递解释为毒品被当作普通邮寄物品从物流渠道发出这一动作，强调由第三方物流作为事实运输主体借助其职业身份邮寄毒品的客观情况。

3. 毒品的界定

毒品是指规范视野下所形成的概念，其外延和内涵均受到司法层面的限定。无论是刑法上关于毒品犯罪的立法与司法，还是关于毒品问题的打击、预防、矫治的立法与实践，都必须建立在毒品这一定义的基础上。从纵向发展上看，具有毒品自然属性的物质出现时间较早。“毒品”概念自产生后，其在不同的历史阶段存在不同的语义及内涵。随着毒品滥用种类的增多，从“鸦片”到“鸦片烟毒”，再发展到“吗啡、杜冷丁”等对毒品的列举，直至1990年《全国人民代表大会常务委员会关于禁毒的决定》颁布后，毒品的规范定义及范围才逐渐明确下来。从横向视角上看，“毒品”在普通公众观念、医学及法律意义等层面都存在较大的认知差异，对何谓毒品的理解在不同场合中发挥不同的作用。其中，法律层面的毒品定义极其重要，需明示国家行政管制与刑事处罚的毒品属性与种类，才能表明对其管制与惩罚的正当性，也为普通社会公众提供行为的预测可能性。当前，根据我国1997年《刑法》第357条、《禁毒法》第2条之规定，以抽象定义+部分列举方式明确毒品内涵与外延，将其界定为“鸦片、海洛因、甲基苯丙胺（冰毒）、吗啡、大麻、可卡因，以及国家规定管制的其他能够使人形成瘾癖的麻醉药品和精神药品”。在此基础上，《禁毒法》进一步厘清并界分药品与毒品的关系。根据医疗、教学、科研等正当目的使用的管制物质，应属于药品而非毒品。反之，一旦药品流入非法渠道，被不正当使用后，就具有毒品的法律属性。在范围上，刑法以空白罪状形式，授权相关行政法规范通过列举方式予以划定，目前包括《麻醉药品品种目录》《精神药品品种目录》《非药用类麻醉药品和精神药品管制品种增补目录》以及国家整类管制的种类。除整类管制的合成芬太尼、合成大麻素类物质外，截至 2024 年 7 月，我国所管制的毒品数量已达 509 种。

探讨物流寄递毒品行为的定性问题、是否构成毒品犯罪，必须在相关法律对毒品定义的前提下进行。根据毒品定义，毒品具有成瘾性、危害性及法定性三个基本特征。其中，法定性成为认定毒品的前提或首要条件，也就是说，只有涉案物质属于国家明确的毒品管制范围，才能将与其相关的行为纳入毒品犯罪视野中考量。如在近年来引起社会高度关注的非法经营“笑气”案件中，虽然“笑气”具有毒品的成瘾性与危害性，但尚未被国家列管，至今仍不属于毒品范畴，进而所涉贩卖行为也无法以毒品犯罪论处。又如，正是因国家管制的麻醉药品和精神药品兼具药品与毒品的双重自然属性，社会上也频频出现基于治疗目的而寄递、购买、贩卖这些药品能否被认定为相关毒品犯罪的实践争议。另外，新精神活性物质与法律视野下的毒品到底有何关系、二者能否等同看待，也同样存在诸多理论分歧。不过，这并非物流寄递毒品行为所特有的定罪疑难问题，或者说，与物流、寄递毒品等新变化、新情况关联度不高。因此，本书中物流寄递毒品行为的毒品定义要素，应保证属于法律层面而非公众乃至医学认知层面。

（二）物流寄递毒品行为的界定

结合司法实践中频发且已被法律、司法解释等文件定性的涉毒行为，并将此作为上位概念，进一步将物流寄递毒品行为明确化、具体化。目前，我国《刑法》《禁毒法》《治安管理处罚法》等法律规范主要规定了对涉毒行为的规制范围。毒品原植物、易制毒化学品及毒品等，都由国家严格管制。对从毒品原植物种植到毒品制造、贩卖、走私、运输，再到推动他人使用毒品、自吸毒品行为等都予以规制，涵盖从毒品供应到消费的整个阶段。总体而言，围绕《刑法》第 347 条规定的走私、贩卖、运输、制造毒品行为的主线，其他与毒品相关的行为均为法律规范所规制。综观这些与毒品相关的行为，虽然具体内容与形式各异，但都表现出行为人是以积极作为的方式予以主动实施，均是以促进毒品最终使用、消费为意图，而鲜少表现为消极地不履行作为义务，致使走私、贩卖毒品等行为结果发生。

在物流寄递与涉毒行为概念交叉的前提下，物流寄递毒品行为主要发生于毒品末端的流通环节，并表现为毒品运输方式上的变化。物流行业作为我国发展的新业态，主要是通过商品和服务的配送及传输渠道发挥社会功能。尤其是自网络应用与电子商务领域迅速崛起以来，物流服务更是成为社会公众日常生活中必不可少的重要部分。2023 年 1—11 月，我国邮政行业寄递业务量累计完成 1463.1 亿件，同比增长 15.8%。其中，同城、异地及国际/港澳台快递业务量都呈大幅度同比增长态势。[①] 2024 年，我国邮政行业寄递业务量完成 1930 亿件，同比增长 19%，[②] 发展规模、发展能力及发展趋势等方面保持持续向好态势。在庞大的快递业务量中，也滋生出利用物流渠道进行毒品犯罪类案件，其数量之多使物流涉毒成为当前突出的社会问题。物流行业自身运输货物的职业特性，使其成为毒品流转的"温床"，进而演变为实施毒品犯罪的"避风港"。不少违法犯罪分子为逃避侦查、增强犯罪隐蔽性，将目光聚焦于物流行业，以此完成毒品贩运活动。与亲自携带毒品乘坐交通工具或雇用他人运毒的行为表现不同，违法犯罪分子通过五花八门的方式、手段将毒品隐藏于正常邮寄物品内，交付第三方物流并委托寄递，将毒品运送、转移至收件地。其中，第三方物流充当运毒者角色，按照收件地址在各网点之间输送转运，并负责在收件地进行投递派送。借由物流渠道，毒品实现了在不同行为主体间的转移、扩散。综上所述，物流寄递毒品行为就是指违法犯罪分子违反禁毒法律法规，以走私、贩卖、运输或持有毒品等为目的，将毒品通过物流渠道寄递到收件地。实践中，当然还存在易制毒化学品、毒品原植物、毒品原植物种子及幼苗等借物流渠道实现相互转移的事实情况。但不论对象是毒品还是其他毒品原材料，所涉行为特征及外在表现大体相同。针对毒品这一对象予以探讨，便可窥见物流领域毒品问题的全貌。

二、物流寄递毒品行为的特点分析

物流寄递毒品行为虽然发挥运毒作用，但与既往贩运毒品情况相比，其显著差异表现在外部特性上。在"互联网+物流寄递"的新常态下，物流寄递

---

① 国家邮政局：《国家邮政局公布 2023 年 1—11 月邮政行业运行情况》，2023 年 12 月 15 日，https：//www.spb.gov.cn/gjyzj/c100015/c100016/202312/1dc579cf3e9c4a439f9a313bae720b22.shtml，最后访问时间：2024 年 6 月 1 日。

② 国家邮政局：《邮政行业 2024 年成绩亮眼：寄递业务量突破 1900 亿件 行业业务收入达 1.7 万亿元》，2025 年 1 月 8 日，https：//www.spb.gov.cn/gjyzj/c204534nvg/202501/d9f5203896b04dbbb9b2231f86f71c.shtml，最后访问时间：2025 年 2 月 11 日。

毒品行为在形式上表现为人货分离、货款分离及信息分离，在外观上与第三方物流的运输业务行为相混合。因业务行为的掩盖，既存在需积极、主动实施的作为表现，也存在第三方物流不执行对邮寄物品进行安全检查而致毒品流入社会的不作为表现。

（一）“互联网+物流寄递”的新常态

“互联网+物流寄递”的新常态表现为，在毒品犯罪网络化的背景下，消息发布、协商交易、毒资支付都可以转移到线上进行。毒品在线下的转移，则借助于物流渠道来完成，进而实现贩运活动的线上与线下相结合。

1. 毒品犯罪网络化特征明显

互联网技术的飞速发展，已然影响毒品违法犯罪活动的方方面面。在网络时代，我国网民基数大，网络参与者持续增长，网络应用基础设施比较健全，线上交流、支付等功能非常丰富。网络在给人们的生活、学习及工作带来便利的同时，也带来负面效应，使毒品违法犯罪活动的表现形式多样化，给毒品的有效治理带来了极大的挑战。具体而言，网络犯罪经历了以网络为“犯罪对象”，到将网络作为“犯罪工具”，再到将网络作为“犯罪场域”的演变。当前，网络犯罪实现了线上与线下相结合，即网络虚拟空间和现实地域空间内行为相并行。不同于现实地域空间，网络社会所产生的危害呈聚焦性、倍增性，受到人力、技术等客观因素的限制，使政府监管部门的查处及控制能力受到极大限缩。为强化网络空间的刑法治理，我国 1997 年《刑法》规定了计算机犯罪的概念，2015 年《刑法修正案（九）》规定了拒不履行信息网络安全管理义务罪、非法利用信息网络罪等罪名。其中，毒品违法犯罪活动作为我国一贯重点打击的对象，深受互联网技术的影响，呈现出明显的网络化特征。涉网毒品犯罪主要存在于第二、第三阶段，将网络作为犯罪工具和场域来使用。在网络虚拟空间与现实地域空间所形成的双层社会结构下，毒品违法犯罪活动形成的“线上+线下”特征，使以公安机关打击为主的传统治理手段难以全面延伸，并导致对安全秩序的维系从线下转变为线上、线下同时进行。面对严峻的毒情态势，国家禁毒委员会成立了由中宣部、中央网信办、最高人民法院、最高人民检察院、公安部等九部门组成的互联网禁毒工作小组。2015 年 4 月初，由国家禁毒办牵头会同公安部等九部门联合出台了《关于加强互联网禁毒工作的意见》，表明了我国严厉整治网络涉毒违法犯罪活动的决心和态度，与其他部门形成互联网禁毒工作合力。

从官方披露的数据来看，毒品犯罪手段的网络化特征明显。据我国近几年毒品形势报告，2019 年，公安机关共破获网络涉毒案件 6957 起，抓获犯罪嫌疑人 1.2 万名，缴获毒品 2.9 吨，分别占全国涉毒案件总数的 8.3%、10.6%、4.5%；[①] 2020 年，网络贩毒手段多样，全年共破获网络毒品案件 4709 起，抓获犯罪嫌疑人 8506 名，缴获毒品 856.9 公斤，分别占全国涉毒案件总数的 7.4%、9.2%、1.5%；[②] 2021 年，全年共破获网络贩毒案件 5000 起，抓获犯罪嫌疑人 8000 名，缴获毒品 0.5 吨，分别占全国涉毒案件总数的 9.2%、10.4%、2.0%。[③] 2022 年，全年共破获互联网贩毒案件 2761 起，缴获毒品 1.2 吨，缴毒数量同比增长 119%。[④] 2023 年，全年共破获网络贩毒案件 3098 起，同比上升 14%，陆水邮路渠道贩毒案件缴毒量与之前相比有所增长。[⑤] 从最高人民检察院通报的办案情况来看，“犯罪分子普遍利用互联网进行毒品交易，采用电子支付等非接触方式完成”，“采用代号、术语进行联系，犯罪手段隐蔽，证据收集、审查难度大”。由此可见，检察机关起诉的毒品犯罪大多和网络有关，表明网络空间成为毒品违法犯罪活动的“重灾区”。2022 年 6 月 23 日，公安部在举办的新闻发布会上介绍，5 年以来全国共侦破网络涉毒案件 3.7 万起，抓获犯罪嫌疑人 5.4 万名，缴获各类毒品 11.75 吨。面对毒品犯罪网络化的新挑战，全国公安禁毒部门联合中央网信办、国家邮政局等部门持续进行治理整顿，组织各地公安禁毒部门开展“网络对抗、云上打击”“网络扫毒”等一系列专项行动，不断加强网上巡查、情报研判等工作力度。[⑥]

2. 线上与线下相结合的运送方式

毒品犯罪网络化特征主要表现在涉毒信息、沟通联络、支付方式、运送方式及发生场所等方面，其中运送方式呈现出“互联网+物流寄递”的结合。与既往单线联系、熟人介绍等传播方式不同，以网络贴吧、论坛及微博等门户网站或交友软件为载体，涉毒信息传播范围远远大于之前，传播速度更快，波及的人也更多。从内容上看，一是提供贩毒、购毒信息，使毒品交易约定可跨越地域、人员等限制。二是一些违法犯罪分子利用网络平台发布、传播制毒视频或文档，传授制造毒品所需的原料、步骤、生产设备等制毒方法。

① 参见《2019 年中国毒品形势报告》。

② 参见《2020 年中国毒情形势报告》。

③ 参见《2021 年中国毒情形势报告》。

④ 参见《2022 年中国毒情形势报告》。

⑤ 参见《2023 年中国毒情形势报告》。

⑥ 陈昱、姚文利：《公安部：最近 5 年全国共侦破网络涉毒案件 3.7 万起》，2022 年 6 月 23 日，https：//m.gmw.cn/2022-06-23/content_1303011274.htm，最后访问时间：2023 年 4 月 3 日。

交易双方在网上沟通联络时，通常会使用各种暗号、代号或隐语等方式并设置多个账号以隐藏身份。达成交易约定后，不同于传统“一手交钱、一手交货”的行为模式，双方通过微信、支付宝等移动支付平台直接转账，① 使资金链同样可在网络虚拟空间内形成。

但无论如何，毒品作为一类实体物，无法经由网络渠道实现社会流通，必须结合线下的物理运输方能完成转移。在经由网络达成交易合意后，不少违法犯罪分子会通过物流渠道运输毒品，进而完成全部的毒品贩运活动。为给予社会公众更优质的物流服务，各物流寄递单位在扩张运输线路版图的同时，通过各种手段提高运送效率，在承诺时限内实现大范围的物品输送。② 这也为犯罪分子通过物流渠道贩运毒品提供了便利。根据《2017 年中国毒品形势报告》，国际快递也已成为跨国贩毒集团向我国走私毒品入境和我国毒品走私出境的双向渠道。近年来，受到部分国家和地区降低对大麻管制力度的影响，部分海外留学生与务工人员为寻求刺激吸食大麻成瘾，在归国后为满足瘾癖而继续通过国际物流渠道从境外邮购大麻，成为突出问题。毒品贩运人员隐于幕后，可随时“丢包保人”，隐蔽的犯罪手段减小了人赃并获的风险。购毒人员在得到毒品后，会利用网络论坛、通信群组等组织其他吸毒人员在线上展示、交流吸毒感受，使吸毒场所也趋于网络化、私密化。可以说，物流寄递毒品行为依托于“互联网+物流寄递”的新常态，与传统毒品贩运模式相比，能够更快、更隐蔽地连接毒品生产、贩卖及运输等环节，一定程度上缩减了毒品从制造到消费的中间程序。成本低、范围广，线上的网络交易合意兼以物流运毒使毒品上下家之间的交易活动更为便利，使社会公众接触毒品的现实可能性更大。

（二）在形式上各构成要素相分离

传统贩卖、走私及运输毒品违法犯罪活动在具体实施过程中，呈现出

---

① 胡江：《毒品犯罪网络化的刑事治理》，载《西南政法大学学报》2020 年第 5 期，第 82-84 页。

② 如《国家邮政局关于 2021 年快递服务满意度调查和时限准时率测试结果的通告》指出：“2021 年，全国重点地区快递服务全程时限为 57.08 小时，同比缩短 1.15 小时。72 小时准时率为 77.94%，同比提高 0.83 个百分点。”“其中，寄出地处理环节平均时限为 7.56 小时，同比缩短 1.22 小时；运输环节平均时限为 35.54 小时，同比缩短 0.34 小时；寄达地处理环节平均时限为 10.77 小时，同比延长 1.75 小时；投递环节平均时限为 3.21 小时，同比缩短 1.34 小时。”“从不同区域来看，全国寄往东部地区的快件平均时限为 53.45 小时，同比缩短 0.06 小时；全国寄往中部地区的快件平均时限为 53.79 小时，同比缩短 4.63 小时；全国寄往西部地区的快件平均时限为 70.51 小时，同比延长 1.91 小时。”

“人货同行”“时空伴随”“信息对接”的特征。既往的运毒方式主要包括：一是由制贩毒人员亲自运毒；二是雇用他人运毒。无论是亲自运毒还是雇用他人运毒，行为人通常会携带毒品自驾或乘坐高铁、火车、出租车、飞机等公共交通工具，将毒品藏于车内、随身携带行李内等，更有甚者会以人体为毒品容器，保证毒品在事实上处于自己可支配的范围内，非常明确毒品在流动中的位置，始终保持本人与毒品全程“相伴而行”。这种运毒方式将违法犯罪分子暴露于人前，其在运输途中会经过各类关卡检查，“被发现、查获的概率很高”。[①] 而且，交易双方在信息联络、毒资支付上受到时空限制，一般会选择实际见面，现场商谈、约定毒品种类、数量、毒资等。在“一手交钱、一手交货”后，双方才能完成全部毒品交易。从寻人交易、确定所购毒品、商定时间地点，到运毒行为的推进，最后确认毒资与毒品的相互转移，都可以循线追踪，有利于固定整个毒品贩运活动的犯罪证据链条。信息流、资金流及货物流对交易双方来说均处在同一时空下，并随着现实情况而同步变化。

当前情况是，在物流寄递毒品行为过程中，各构成要素呈现出“人货分离”“货款分离”“信息分离”的特征。“互联网+物流寄递”的新常态，使毒品违法犯罪活动分布在网络虚拟和现实地域两个独立空间。[②] “人货分离”表现为毒品和毒品所有者、携带者均处于分离状态。一方面，对贩运人员来说，自将毒品交付第三方物流邮寄后，毒品是否起运、何时起运、路线规划、运输方式等都完全脱离其掌控，已不在自身可支配的范围内。2022 年，在最高人民法院发布的十大毒品（涉毒）犯罪典型案例中，被告人周某伟在网络平台上发布贩毒信息，与买家沟通商定好交易事宜后，将毒品伪装成普通包裹后邮寄给各地买家，在此过程中“非接触式”的犯罪手段凸显。虽然贩运人员在毒品运输过程中仍可通过官方网站查询订单实时信息，但与传统的“人货同行”相较而言，自身与毒品实时所在位置相去甚远。一旦有突发情况发生，贩运人员便可抽身离去，加上在寄件时可使用虚假身份信息、电话号码和地址，极大地降低了事后被查获的可能性。毒品到达收件地后，购毒人员往往也会采取多种手段实现“非接触式”取毒。如其可能会安排不知情的亲朋好友或跑腿业务人员代为取回，将毒品从收件地再转送至购毒人员实际所在地，又间接实现了毒品和毒品持有者的分离。另一方面，对实际毒品携带

---

① 梅传强、王心一：《物流运毒犯罪的肇因检视与治理之策》，载《广西警察学院学报》2021 年第 1 期，第 97 页。

② 缪金祥：《“互联网+”物流寄递涉毒犯罪治理对策》，载《江苏警官学院学报》2018 年第 5 期，第 57 页。

者即第三方物流而言，也并不等同于传统运毒人员，其运毒方式也并非全程“人货同行”。一般来说，物品由第三方物流发出后，经过各地分拨中心进行分拣、信息扫描后，按照收件地址再通过铁路、公路、航空等多种交通工具运至目的地。目的地营业网点根据具体区域位置，分派工作人员将物品进行投递派送。在物流领域流通的毒品需经过收寄、分拣分发、运输及投递派送等必要环节，而这些环节的完成需经多个转运部门主体的分工协作。显然，毒品会经过多地转运，是否能够实际运输至收件地，并不受处在供应地、负责寄件的物流寄递单位所控制。在起运至抵达的运输阶段，毒品事实上由谁携带需具体区分此和彼的行为主体，表现为另一种人货分离的特征。

“货款分离”“信息分离”则表现为毒资和毒品的分离、毒品交易双方在不同时空内的信息分离。除在现实地域空间需从供应地将毒品运输至接收地外，其他涉毒活动均可在网络虚拟空间内完成。线上涉毒活动也表现为各要素相分离，从接触式向非接触式转变。涉毒信息在网络平台进行传播的同时，因网络社会匿名性等要素，将交易双方身份信息加密隐藏起来。加之移动支付的兴起，使毒资可在购得毒品之前或之后的时间段内进行转移，而无须在线下交易现场实际转移。《上海杨浦网络毒品犯罪检察白皮书（2018 年—2020 年）》剖析了这三年来杨浦检察机关办理的网络涉毒案件，指出毒品交易从以往联系、供货、支付等单个线上交易环节，转变为“联系—供货—支付”全链条的线上交易闭环。尤其是当前部分毒品违法犯罪活动甚至寄生于暗网环境中，以逃避侦查打击。暗网是将普通网络作为终端，使用非常规的传输协议及端口，并通过加密软件才能登录的网络环境。① 因访问需授权并使用特殊技术手段才能进入，暗网中毒品违法犯罪主体行为的匿名性及跨时空性更强。为确保交易安全，双方还可通过智能合约和加密币等来建立所谓“数字信任”②。交易双方即使素未谋面，也只需“坐镇”于供应地、消费地两端，即可在网络环境中迅速获取涉毒信息并秘密达成联络交易。行为各要素的分离，造成资金流、信息流及货物流各自“并行”，进而导致以往通过下家顺藤摸瓜追踪上家或者从上家继续深入追踪下家的侦查措施受阻。

---

① 杨玉晓：《暗网毒品犯罪刑法治理困境与应对转向》，载《经济与社会发展》2021 年第 3 期，第 35-36 页。

② 杨玉晓：《暗网环境中毒品犯罪刑事司法应对研究》，载《铁道警察学院学报》2021 年第 6 期，第 73 页。

（三）在外观上与业务行为相混合

物流寄递毒品行为在外观上表现为与业务行为相混合，其原因在于第三方物流的介入。在传统毒品贩运模式中，行为人需积极、主动实施，并直接出于涉毒等违法犯罪意图。在确定交易后，还需规划毒品如何运输、途经哪些地区才能最大限度避免检查，根据距离的远近是否需转换交通工具、如何安排各阶段的交接人员等，这些都应提前进行周密安排。行为人会以旅行、出差、走亲访友及做生意等为借口，亲自携带毒品前往接收地。第三方物流集仓储、流通、加工、运输、配送及信息管理等功能于一身，长期实施货物运输行为并以此为业。在此过程中，运毒行为是伴随着其日常运输服务工作而发生的，并按照社会公众所认可的一般交往习惯规则进行，从表面看是出于提供服务等与违法犯罪无关的意图。可以说，物流寄递毒品行为依托于物流运输、配送等日常服务，具有正当业务之外观，借助于物流运输服务的“顺风车”为毒品违法犯罪活动作掩护。第三方物流正是在实施业务行为的同时，提供了运输毒品的帮助行为。由此造成，无论是毒品从供应地寄出、阶段性运输还是接收地派送，都以职业行为为掩盖，无须多余且易引人怀疑的身体动作，在社会公众看来所涉行为情状并无显著异常。

在职业行为的掩盖下，第三方物流涉运输毒品行为也具有不作为的特性。与运毒人员需主动、积极实施毒品运输的情况不同，第三方物流在经营日常业务活动的同时，只需表现出对邮寄物品能否起运等安全检查事项上的疏于管理，就能使藏匿于其中的毒品进入运输环节，进而流向接收地。《关于落实中央综治委要求邮政寄递渠道严格执行“三个 100%”的公告》将邮政快递业在寄递安全方面的工作要求具化为三项制度，包括收寄验视 100%、实名收寄 100%、过机安检 100%，严把寄递安全的“源头关”“实名关”“安检关”。而现实情况是，在已有安全管理规范的前提下，违法犯罪分子利用寄递渠道实施贩运毒品活动的现象持续高发。在多数案件中，第三方物流并未严格执行“三个 100%”制度，使该制度流于形式，影响物流行业持续健康发展及毒品问题的长效治理。针对这些问题，最高人民检察院在实地走访调研的基础上，于 2021 年 10 月向国家邮政局制发“七号检察建议”，建议加大物流业安全监管力度，构建并完善部门协同，共同推进各项安检制度的落地落实。

结合“三个 100%”制度要求，第三方物流的问题主要集中于对邮寄物品能否起运的收寄、验视环节上缺少应有作为，并具体表现为以下两个方面：

一是实名收寄制度执行不力。实名收寄制度要求寄件人需出示身份证件，并登记个人及邮寄物品的有效信息。当寄件人拒绝身份查验、登记信息，或在寄递详情单上填写与个人证件不一致的身份信息时，第三方物流不得寄出物品。但部分物流工作人员在实际操作中，只明确收寄双方联系方式是否真实有效，保证邮寄物品能够联系到收件方并交付到其手中后，便可将物品打包寄出。更有甚者，为了应付实名收寄要求，部分物流工作人员在当天收齐所有待寄出物品后，会统一使用他人身份证件进行随意登记，造成寄件方真实身份信息缺漏。此外，近年来同城直送、众包配送及智能快递柜等新兴业务的相关安检制度也尚未落实。在投递派送阶段，缺乏对收件方真实身份信息的对照查验。这种疏漏在客观上会放任收寄双方隐藏真实身份贩运毒品，帮助其逃避侦查，而且在案发后“贻害无穷”，给公安机关侦查取证、情报收集等工作造成极大困难，降低涉案人员被查获的风险。二是收寄验视及过机安检制度执行不力。相关安检操作规定要求第三方物流对收寄物品应一律先验视，后封箱，并全面过机安检。综观物流涉毒案件，违法犯罪分子通过挖空并填充进毒品、制造夹层，甚至改变毒品物理形态并与其他物品融为一体等方式，将日常物品转变为藏毒工具加以利用，增强毒品违法犯罪活动的隐蔽性。① 面对日益多样化的藏毒手段，起运前的验视及安检工作至关重要，可以实现对部分毒品的发现并拦截。然而，部分第三方物流存在不建立、不执行或放宽执行制度要求的现实问题。在起运前阶段，各工作环节尽量能省则省，是否检查及如何检查全凭业务员当时的主观意愿，导致收寄验视、过机安检等制度形同虚设。这无疑给违法犯罪分子开通了“绿色通道”，如此低风险也使越来越多的涉毒违法犯罪行为聚集于此领域。

三、物流寄递毒品行为定罪的有关规范

当前，我国调整物流活动的法律规范既有直接包含在其他法律法规之中的，也有独立的单行规范性文件，在内容上基本涵盖了运输、储存、包装、装卸搬运、流通加工、配送及信息传输等全部环节。沿着物流行业与惩治毒品违法犯罪活动的规制主线，物流寄递毒品行为相关的前置法规范，既包括对涉毒行政违法行为如何处理、如何惩罚作出规定，也包括对收寄双方、邮

---

① 曹威：《解析物流渠道贩毒犯罪的成因与对策》，载《云南警官学院学报》2014 年第 5 期，第 37-38 页。

政或快递企业等第三方物流主体如何遵守寄递安全管理制度作出规定。与物流寄递毒品行为有关的刑法规范，主要涉及对毒品犯罪的定罪处罚。在刑法层面，毒品犯罪的相关立法规定，为物流寄递毒品行为构成罪与非罪、此罪与彼罪等定性问题提供规范依据。以《全国法院毒品案件审判工作会议纪要》（以下简称《昆明会议纪要》）为代表的规范性文件，也包含对物流寄递毒品行为定罪量刑的规范指引。

（一）物流寄递毒品行为有关的前置法规范

当前与物流寄递毒品行为有关的前置法规范，既包括《禁毒法》《治安管理处罚法》《海关法》等对涉毒行政违法行为的相关规定，也包括《邮政法》《邮件快件实名收寄管理办法》等关于维系物流领域禁毒安全的相关规定。

1. 涉毒行政违法行为的相关规定

物流寄递毒品行为是借助于物流渠道来贩运毒品的，虽然在实现方式上发生巨大改变，但并未超出对涉毒行政违法行为的惩治范围，并不会因此而否定其违法属性。有关涉毒行政违法行为的相关规定，同样应予以适用。

涉毒违法行为如尚未构成犯罪，根据《禁毒法》《治安管理处罚法》《海关法》等可予以行政处罚。发展至今，我国禁毒立法以《禁毒法》为中心，以《刑法》《治安管理处罚法》为惩治毒品违法犯罪活动的主要法律依据，以行政法规及地方性法规等单行禁毒专门法律法规、我国加入的禁毒国际公约为主要内容，以非专门的禁毒规范为补充，形成相互协调、衔接的立法格局。根据《禁毒法》确立的“禁种、禁制、禁贩、禁吸并举”的治理方针，从总体上发挥对涉毒违法行为的规制作用。一切法律法规所禁止的行为都是针对种、制、贩与吸四个主要环节，形成相对完整、严密的禁毒立法体系。

如前所述，我国禁止经营型的涉毒违法行为，如走私、贩卖、运输、制造毒品；禁止持有型的涉毒违法行为，如非法持有毒品；禁止窝藏、包庇型的涉毒违法行为，如隐瞒、转移毒品、毒赃，为毒品犯罪分子通风报信、提供食宿等；禁止与使用毒品相关联的违法行为，如引诱、教唆、欺骗、强迫、容留他人吸食、注射毒品等。同时，对于公安、司法及卫生行政等部门工作人员在禁毒工作中不当履职或未履行应尽职责，追究其法律责任。值得注意的是，在我国，吸毒行为不是犯罪，并适用行政处罚与治疗相结合的处遇措施。例如，《禁毒法》第 59 条至第 70 条所明确的法律责任，规定走私、贩卖、运输、制造、非法持有毒品等行为如不构成犯罪，则依法给予治安管理处罚。《治安管理处罚法》第71条至第74条对非法持有毒品，向他人提供毒品，吸食注射毒品，胁迫或欺骗医务人员开具麻醉药品或精神药品的，非法种植罂粟或其他毒品原植物，非法买卖、运输、携带、持有毒品原植物种子及幼苗等行为，作出行政拘留或罚款的规定。《治安管理处罚法》还特别规定了单位涉毒违法行为的行政处罚问题，对直接负责的主管人员及直接责任人员按照本法规定施以行政责任。《易制毒化学品管理条例》第38条则是对非法生产、买卖、运输制毒物品行为作出处罚，包括罚款、没收违法所得、吊销营业执照三种，并以刑法对应条款中的“情节较重”衔接行刑责任。《海关法》第82条规定，运输、携带、邮寄国家禁止或者限制进出境货物或物品进出境的，如尚不构成犯罪，没收走私货物或物品及违法所得，可以并处罚款。

从法律责任的相关规定来看，对涉毒行政违法行为的处理可概括为以下两种情形：一是存在从行政违法到刑事犯罪的阶层认定情形。如《禁毒法》第59条第1款所规定的走私、贩卖、运输、制造毒品的，如构成犯罪，应依法追究刑事责任。当然，这需要实施主体具有法定责任能力，在客观上违反《禁毒法》《治安管理处罚法》等法律法规，并且在主观上具有故意或过失的主观过错。二是不构成犯罪，只能适用行政处罚的认定情形。如基于自伤行为不罚原则，在我国吸食、注射毒品行为并不构成犯罪，与此相关联的行为也应不属于刑法规制范畴。[①] 由此可见，对涉毒违法行为，行政法与刑法均体现一定的制裁功能，因调整社会关系的不同而分别处于法律体系不同的适用位阶。物流寄递毒品行为如涉及走私、贩卖毒品等违法情形，既可能构成犯罪，也可能不构成犯罪，根据社会危害程度差异而适用行政或刑事处罚。基于刑法在整个法律体系中所具有的保障法地位，对于物流寄递毒品行为应优先考察是否存在作为犯罪处理之外的其他前置法律规范。

2. 维系物流领域禁毒安全的相关规定

违法犯罪分子将毒品伪装成食品或日常生活用品，通过物流寄递渠道交付毒品的现象频发，需要物流领域禁毒安全的相关规定来规范物流行业自身合法、合规经营。毒品作为国家禁寄物品，关乎物流行业的安全管理事项。《禁毒法》第26条强调邮政企业应依法加强对邮寄物品的检查工作，严防毒品与易制毒化学品通过物流渠道流入社会。2010年，国家禁毒委员会办公室、国家发展和改革委员会等11部委联合下发的《关于进一步加强物流及寄递渠道堵截毒品工作的通知》明确第三方物流在收寄、分拣、运送等环节的禁毒

① 金伟峰等:《中国禁毒法律制度研究》，上海社会科学院出版社2016年版，第141-148页。

职责，主要严把收寄验视、实名收寄、过机安检的“源头关”“实名关”“安检关”。通过强调、督促第三方物流严格落实作为受托方的主体责任，加强对邮寄物品的安全监督管理，进而从多方面完善禁毒防范措施。围绕这三项安全管理机制，《邮政法》第 25 条、第 26 条规定，“邮政企业应当依法建立并执行邮件收寄验视制度”，对信件必要时可要求用户开拆，对邮件应在收寄当场验视其内部。对不同意验视的情况，应不予收寄。邮政企业发现邮件内藏有国家禁止或限制寄递的物品，应按照规定及时处理。《快递暂行条例》专章列明关于快递安全的相关规定，包括收寄程序、必要的安检工作、不得收寄的情形等内容。自 2024 年 3 月 1 日起施行的《快递市场管理办法》进一步强化对快递市场的监督管理、保障物流行业运行安全，补充完善了关于发展保障、绿色低碳发展、市场秩序、快递服务、安全发展、监督管理、法律责任等内容。通过集中强调物品的运输、仓储、装卸搬运、流通加工等活动必须在法律所允许的可流通的范围内进行，构建良好、安全的物流工作秩序及市场环境。

在实名收寄、收寄验视与过机安检制度的适用上，2018 年 10 月 22 日公布的《邮件快件实名收寄管理办法》专门针对寄递渠道安全及用户个人信息安全，进一步规范邮件快件的实名收寄工作。具体而言，寄递企业在收寄过程中应执行实名收寄，要求寄件人提供有效身份信息并进行查验登记。对于寄件人拒绝出示有效身份证件、登记身份信息，或者寄递详情单与有效身份证件内容不一致，寄递企业不得予以收寄，等等。《邮件快件实名收寄管理办法》第 18 条至第 21 条规定，违反前述要求的寄递企业所应承担的法律责任，包括责令改正、罚款、停业整顿、吊销经营许可证等处罚。如《寄递渠道治安检查工作规定》就第三方物流日常安全管理工作规定，邮政管理部门负责检查邮政、快递企业收寄验视制度的执行情况，管辖场所内监控、消防、安检等设备的运行情况等。公安机关负责检查邮政、快递企业的治安保卫措施、突发事件应急预案等。通过定期、随机与专项检查等方式，听取汇报、实地查看等方法，邮政管理部门、公安机关对物流寄递渠道进行治安检查。对物流寄递渠道涉嫌收寄毒品等违禁品的，应倒查追责至具体经手的企业及工作人员。《邮政业寄递安全监督管理办法》强调实名收寄管理、应急管理及安全生产制度的落实，规定邮政、快递企业在收寄过程中发现国家禁限寄物品，应拒绝收寄或停止继续分拣、运送、投递派送，并立即向有关部门报告，配合案件调查。

（二）物流寄递毒品行为有关的刑法规范

我国现行《刑法》对各类具体毒品犯罪行为予以分条规定，但未明确界定毒品犯罪总的规范定义。当物流寄递毒品行为造成严重的社会危害时，就构成相应毒品犯罪而由刑法予以规制。从其行为样态与内容来看，重在对涉毒情况的处理，并不关涉刑法分则其他罪名。毒品犯罪严格来说并非刑法学的专有概念，而似乎属于犯罪学研究范畴。结合《联合国禁止非法贩运麻醉药品和精神药物公约》以及我国现行《刑法》《禁毒法》等法律法规对涉毒行为的规定，毒品犯罪存在不同角度、程度的多种定义。如部分观点是从毒品犯罪的形式定义出发，以全部列举方式予以界定。这实际上是回到禁毒立法层面上对涉毒行为的框定，仍未解决将这些行为定性为毒品犯罪的依据问题。同样根据形式定义，部分观点主张毒品犯罪是违反国家禁毒法规、破坏禁毒管制活动，应受刑罚处罚的行为。从实质定义出发，部分观点主张毒品犯罪属于危害社会秩序和公民身心健康、生命安全，或者妨碍国家机关的正常管理活动等具有社会危害性的行为。① 综合来看，在刑法学视野下考察毒品犯罪，就不能脱离刑法条文的相关规定。实际上，并不存在毒品犯罪的法律概念，只是便于在刑法理论及实践中统称所有立法规定的涉毒行为。毒品犯罪应属于一类犯罪的统称，包括刑法规定的所有涉及毒品的分则罪名。一方面，涉毒行为是否构成犯罪，应考察其是否违反禁毒法律法规，即是否具备法定性；另一方面，并非所有违反禁毒法律法规的涉毒行为均构成犯罪，只有具有严重社会危害性的涉毒行为才能入罪。

我国《刑法》在"妨害社会管理秩序罪"一章中专设走私、贩卖、运输、制造毒品罪，包括十几种具体类型。《刑法》第 347 条至第 355 条对从毒品原植物种植、毒品制造的源头供应行为，到贩卖、非法提供毒品及相关制品等交易中介行为，再到走私、运输等促使毒品从供应地向接收地的转移行为，还有促使他人吸食毒品的帮助行为等，都作出明确的处罚规定。可以说，刑法对毒品产生、制造，到贩卖、运输，再到促使消费的犯罪行为予以全链条打击。毒品犯罪罪名大体包括经营型、持有型、窝藏包庇型及与毒品使用相关联的类型等，都与涉毒行政违法行为的相关规范形成基本对接。《刑法》第 356 条为毒品犯罪专设了特有的再犯制度，是指犯罪分子因走私、贩卖、运输、制造、非法持有毒品罪被判刑，无论是在刑罚执行完毕后的任何阶段

① 熊海燕：《毒品犯罪研究综述与评价》，知识产权出版社 2019 年版，第 26-32 页。

再犯毒品犯罪的，都应从重处罚。《刑法》第 357 条明确毒品的规范定义，形成“麻醉药品和精神药品”“国家规定管制”“使人形成瘾癖”的毒品属概念和种概念。

以走私、贩卖、运输、制造毒品罪为例，作为类型化的毒品犯罪由犯罪客体、犯罪客观方面、犯罪主体及犯罪主观方面构成。因刑法分则罪名总体上是按照同类客体所进行的分类，对毒品犯罪就形成了以其客体为毒品管制制度的传统论断。如走私毒品罪所侵犯的是国家对毒品进出口的管制制度、贩卖毒品罪所侵犯的是国家对毒品购销活动的管制制度等，也就是将促使毒品脱离国家管控的行为认定为犯罪。在犯罪客观方面，需有走私、贩卖、运输、制造毒品的实行行为。在犯罪主体方面，一般并无特殊身份限制。凡是达到刑法所规定的刑事责任年龄并具有刑事责任能力的，均有可能构成毒品犯罪主体。其中，贩卖毒品罪在刑事责任年龄上还拓宽至 14—16 周岁的未成年主体，进一步扩大打击处罚范围。在犯罪主观方面，毒品犯罪只能由故意构成，包括直接故意与间接故意两种情况。具体而言，行为主体必须认识到自身走私、贩卖、运输、制造的对象是毒品，并且希望或者放任这种行为发生。实施毒品犯罪的牟利等动机及目的通常不影响犯罪构成要件是否齐备，但在某些情况下可能关乎罪名选择。如行为人是以牟利为目的向他人提供毒品吸食的，则构成贩卖毒品罪；如行为人是出于非牟利目的的，则可能构成引诱、教唆、欺骗他人吸毒罪，强迫他人吸毒罪，非法提供麻醉药品、精神药品罪。

（三）物流寄递毒品行为有关的规范性文件

虽然走私、贩卖、运输、制造毒品罪的刑法规范对禁止内容、行为后果、量刑幅度等都有明确规定，但在司法实践中，如何认定犯罪实行行为，准确判定行为人主观明知，厘清罪与非罪、此罪与彼罪的界限，结合个案适用刑法条款等，都需要司法文件进行解释说明。《昆明会议纪要》总结既往规定内容，并对之前未作出规定而司法实践中确实存在的问题予以回应，2008 年印发的《全国部分法院审理毒品犯罪案件工作座谈会纪要》（以下简称《大连会议纪要》）和 2015 年印发的《全国法院毒品犯罪审判工作座谈会纪要》（以下简称《武汉会议纪要》）不再适用。基于此，围绕《昆明会议纪要》对物流寄递毒品行为的相关规定展开分析。

1.《昆明会议纪要》对物流涉毒的规定梳理

除刑法之外，司法机关在审判毒品犯罪案件时还可依据《昆明会议纪要》进行定罪量刑。《昆明会议纪要》是根据刑法、毒品犯罪相关司法解释、禁毒法律法规、最高人民法院审理毒品案件相关会议纪要、院领导讲话和调研报告，并且参照各地法院审理毒品案件时的经验做法形成的，该会议纪要成为毒品犯罪定罪量刑的重要规范性文件。[①] 针对毒品犯罪的新情况、新变化，会议纪要通过阐释罪名认定与量刑问题调节对毒品犯罪的惩罚范围及力度，充分体现了宽严有度的导向。正因如此，对毒品犯罪的刑法适用应着重关注会议纪要的规定，才能作出符合规范要求的处理结果。《大连会议纪要》与《武汉会议纪要》均较好地解决了毒品犯罪中突出的法律适用问题。随着新时代的发展对法院审判毒品案件提出了更高的要求，《昆明会议纪要》继续进行总结、发展和完善，充分落实宽严相济的刑事政策，集中回应毒品犯罪的新问题、新情况，在突出打击重点的同时更注重预防效果。在网络、物流及化工等新兴领域技术飞速发展的大背景下，以“互联网+物流寄递”为主要特征的毒品犯罪呈倍数增长，也给如何有效治理毒品问题提出了巨大的挑战。针对物流要素介入对行为定性产生的影响，《昆明会议纪要》相关规定也有涉及，通过及时作出修订补充，解决了因新变化而产生的司法适用难题。

首先，对于购毒者接收物流寄递毒品的行为，《昆明会议纪要》在不改变既往整体规定的基础上，作出表述方面的细微调整。具体而言，一是将“为了实施贩卖毒品等其他犯罪”调整为“有实施贩卖毒品等其他犯罪的故意”，对购毒者接收物流寄递毒品时的主观心态进行更为科学的概括。也就是说，不论是购毒者已经实施还是为了实施其他毒品犯罪的情形，都不构成非法持有毒品罪。二是省去了“运输毒品”表述，强调对司法实践中易将该行为认定为运输毒品罪的现象，应在合理及合法性上予以适度纠正。三是增加了“一般”表述，强调对该行为构成非法持有毒品罪结论的推定规则。对于没有实施贩卖毒品等其他犯罪故意，且涉案毒品数量达到入罪标准的情形，购毒及代收者一般应以非法持有毒品罪论处。只有能够证明行为人具有贩卖毒品等犯罪的主观故意，其行为才能另构成其他罪名，否则根据涉案毒品数量均构成非法持有毒品罪，进一步强调了本罪名的兜底作用。

其次，对于涉麻醉药品、精神药品行为，《昆明会议纪要》规定因治疗疾

---

① 高贵君、王勇、吴光侠：《〈全国部分法院审理毒品犯罪案件工作座谈会纪要〉的理解与适用》，载《人民司法》2009 年第 3 期，第 17-18 页。

病需要，行为人在自用的合理数量范围内携带、寄递国家规定管制并具有医疗等合法用途药品进出境的，不构成犯罪。近年来，如何理解毒品与药品之间的界限，事关罪与非罪及此罪与彼罪的认定，成为亟须解决的重要问题。如在引起广泛讨论的“铁马冰河”案中，被告人因患儿治病需要长期通过代购从境外购买药物，其间还帮助其他病友一并代购氯巴占等药品，在微信群中进行销售。案发后，公诉机关先是以走私、贩卖毒品罪为罪名起诉，后变更为非法经营罪。[①] 从社会公众认知角度来看，难以理解为何将购买治病药物的正当行为作为毒品犯罪处理。虽然《武汉会议纪要》对行为人出于治病而实施的贩卖行为有所规定，但“存在一定的局限性”，[②] 并未解决走私、运输及制造行为如何处理的问题。《昆明会议纪要》先是根据麻醉药品与精神药品是否具有医疗等合法用途，规定对于涉品种本身没有合法用途，或者具有并未实际应用到合法用途的走私、制造等行为一般可直接以毒品犯罪论处。如确是出于教学研究、工业生产等其他合法目的及用途的相关违法制造、走私等行为，为防止背离常识常理常情，规定应按照药品类违法犯罪情况处理。围绕相关规定，寄递作为一种运输方式被特别强调。在运输方式上，寄递与携带行为并不相同。寄递并不需要行为人时刻与毒品或药品处于同一位置，通过国际物流渠道可直接运送毒品至国（边）境内的收件地。再结合当前药品类、毒品类案件来看，通过寄递完成运送也成为频发的行为方式，有必要单独予以列出。

最后，对于主观明知的认定，《昆明会议纪要》增加了关于物流寄递的相关表述及补充规定。《昆明会议纪要》明文规定了五类行为的主观明知要件，包括“寄递代收型”“代购毒品型”“涉麻醉药品、精神药品型”“居间介绍型”“共同运输型”。[③] 这五类毒品犯罪行为的主观明知应属于司法实践认定疑难、存在分歧争议，通过类型化规定予以集中解决。《昆明会议纪要》第六部分中的3条规定在主观明知的证据收集、综合判定及推定适用方面具体展开，呈现出层层递进的认定关系。具体而言，第一阶段，当被告人否定主观明知毒品，应综合在案全部证据进行依法认定。第二阶段，当在案证据缺乏

① 河南省中牟县人民法院：《被告人胡某弟走私、贩卖毒品案　一审当庭宣判》，2023年3月31日，http://zmxfy.hncourt.gov.cn/pub-lic/detail.php?id=2671，最后访问时间：2024年1月8日。

② 何荣功：《〈全国法院毒品案件审判工作会议纪要〉若干重点问题的理解》，载《中国应用法学》2023年第6期，第78页。

③ 梅传强：《毒品犯罪主观明知司法认定新释——基于〈全国法院毒品案件审判工作会议纪要〉的理解与适用》，载《中国应用法学》2023年第6期，第63页。

而难以完全证明被告人主观明知时，可以再结合案件事实、本人主体特征等情况进行综合分析判断。通过此方法来认定，应注意被告人辩解及异常行为是否存在事实及合理解释的可能性。第三阶段，当被告人符合可推定明知的八类情形时，并且不能对其异常行为作出合理解释，又无其他证据足以佐证其确不知情的，可推定明知为毒品。在第一阶段中，对全案证据的综合考察包括调取物流寄递单据，能够证明行为人存在转移毒品的事实情况。在第三阶段中，《昆明会议纪要》将行为人通过隐匿身份、支付高额报酬等不合理方式，指示或雇用他人运输、携带、寄递物品或者代其接收并从中发现毒品的情形单独作为一项推定类型。同时，在其他原有推定类型中根据毒品犯罪行为方式的变化，同样增加了“寄递”的运送手段、“邮局”“快递站点”等行为地点的规定，严密刑事法网。

2.《昆明会议纪要》对物流涉毒的规定评析

针对物流寄递毒品行为，《昆明会议纪要》主要解决了以下两个方面的定性问题：一是将寄递的行为方式补充进涉麻醉药品、精神药品行为的处理规定中，主要围绕其是否具有合法用途予以展开。二是对寄递代收型毒品犯罪的主观明知作出补充规定，对实践中争议较大的典型模式作出规范回应。在明知内容或对象上，《昆明会议纪要》强调行为人是否认识到代他人接收的物品是毒品，应考察对物品属性是否有所了解。在明知程度上，该纪要规定行为人需确切认识到代他人接收的物品是毒品，或者可能认识到是毒品。也就是说，只要行为人认识到代收物品有可能是毒品，就具备明知的犯罪构成要件。考虑代收快递情况的多发性及日常性，不仅需准确认定行为人是否明知为毒品，还应通过全案其他证据判断其对毒品的认识程度。如果行为人虽认识到代收物品属于违禁品，但明确认为是他类违禁品而非毒品，则发生了事实认识错误。就推定适用情况而言，当行为人被明确证实具有丢弃、藏匿物品，或者收取高额代取报酬等行为，就产生了推定明知为毒品的法律效果。此时，行为人应具有合理解释，表明其确不知情或被蒙骗的高度可能性，便可推翻对主观明知的认定。除推定规则之外，在代收快递这类生活行为中，如行为人明显表现出神色紧张、四处观察、提防监控、拒绝提供身份证及地址等个人信息的异常表现时，可结合此类证据判断其当时的心理状态。

立足于行政法、刑法以及会议纪要规定，物流寄递毒品行为尚存在以下三个方面的定性问题，有待进一步解决。

一是对于事实参与毒品贩运活动的第三方物流，对其责任判定并未关注到其特殊性。如前所述，物流寄递毒品行为所蕴含的职业因素，表现为从内在将第三方物流拉进了毒品贩运活动中，使可能本无犯意联络的主体，在未履行职业规范要求的同时，产生了刑事责任的承担风险。这种物品流通服务被违法犯罪分子利用，成为适用频率较高的运毒工具。因第三方物流兼具社会职业身份，在刑法适用层面需考虑多方面问题，并主要集中于参与程度及主观明知两个方面。

具体而言，与网络服务提供者的参与情况相同，物流行业管理者、经营者也应被纳入毒品犯罪治理主体中，应考虑如何平衡其禁毒责任与职业义务。一方面，这种义务型参与主体的归责路径只有明确义务来源、类型以及履行程度，才能根据其是否违反行业规范要求，适用行政法或刑法规制。物流行业管理者、经营者在构建运输平台、提供运输寄递服务的同时，客观上间接引发了毒品犯罪滋生的“温床”，变相促进了传统毒品犯罪手段的翻新变化。其作为毒品这一危险源的控制者之一，不论是在应然层面还是实然层面，理应对其管理的物流体系中所滋生的犯罪活动承担监管和处置的义务。虽然我国物流行业寄递实名制、安检验视等制度逐步规范化，但实施效果明显有别。如网络服务提供者或第三方物流违反行业规范，造成毒品进入社会流通的客观事实，是否就意味着对毒品犯罪客体的侵害，进而构成相应的毒品犯罪，以及是否应将毒品流通风险归咎于自身等，均关涉第三方物流应承担何种程度的货物安全保证人责任问题，在责任判断上尤为复杂。既不能将阻止毒品借由物流渠道实现社会流通的重大责任完全由第三方物流来承担，也不能将其完全排除在禁毒行为主体之外而不附加任何责任。另一方面，对物流寄递毒品行为进行打击的同时，应兼顾物流行业的协调治理。物流领域涉毒问题严重，在一定程度上表明了需更有力的措施督促相关部门履行监管职责、推动第三方物流积极履行职业规范要求。

在对主观明知的判断上，第三方物流涉运毒行为也具有特殊性。一方面，因职业要素影响，加之物流行业自身发展较为粗放，需仔细辨别经手毒品的物流工作人员是明知为毒品而故意不执行各项安检操作规范，还是仅出于节省时间、提高处理效率等考虑而简化或不执行，导致毒品从其管辖场所内流出。另一方面，在共同犯罪语境下，即使第三方物流与收寄双方具备意思联络，这种联络也是松散、独立且关联度较弱的。除对共同犯罪人合意的认定考察之外，基于第三方物流所具有的运输职业身份，还应准确区分毒品犯罪中各参与主体所实施的帮助行为和日常业务行为的界限，需要对明知程度、内容及行为方式等因素作进一步分析。

二是物流寄递毒品行为构成罪与非罪、此罪或彼罪，事关对实行行为实质的理解，还未有明确、具体的解决方案。例如，物流服务行业管理者、经营者作为第三方主体，考虑其营业行为、主观明知等特殊情形，其带有中立性质的运毒行为如何合理认定及惩处。又如，随着跑腿业务的快速发展，业务人员的即时运送能够使物品在同城范围内快速流通，也成为违法犯罪分子贩运毒品的行为手段。同城之间的毒品位移距离较短，是否会影响刑法规范层面对运输毒品实行行为的界定？毕竟，不论是在理论还是实践层面，毒品位移距离与运输之间的关系都始终存在争议。尤其是同城范围内这种短距离运送毒品是否可独立评价为运输毒品罪尚未形成统一的定性结果，这也与运输行为本身的独立性、社会危害性等难以全面规范评价密切相关。《昆明会议纪要》也未对运输毒品实行行为作出明确规定，如何理解仍陷入是否以距离定性的分歧争议中。再如，《昆明会议纪要》虽然对接收物流寄递毒品行为如何定性已有规定，但并未完全明晰在特定情况下是构成运输还是非法持有毒品罪。《昆明会议纪要》规定，如证实购毒者“有实施贩卖毒品等其他犯罪的故意”情况的，构成相应毒品犯罪，否则均以非法持有毒品罪论处。问题就在于，何种犯罪故意的证据能够证明运输毒品罪在实践中并未明确，导致运输与非法持有毒品罪的界限仍不清晰。如此等等，需结合司法实践予以进一步论证。

三是毒品犯罪的既遂标准仍未形成明确定论，尤其是贩卖、运输毒品罪何时既遂，在理论层面存在诸多争议，至今未达成共识。作为法定的从轻事由，毒品犯罪未完成形态的认定始终不受重视，而且因既遂标准的不统一，本就存在认定混乱的问题。当物流因素介入时，行为人在交付毒品、收件、寄出、转运、运至收件地、派送的全过程中，整个毒品运输环节均处于第三方物流的事实支配下。由此带来的问题是，一方面，对于贩运人员而言，自将毒品交寄时起，在哪个环节其实施的贩卖、运输毒品罪达到既遂形态。是交付环节既遂，还是第三方物流起运后既遂，抑或在收件时既遂？另一方面，对于购毒及倒卖人员而言，是否必须本人亲自接收才算既遂？那么又如何判定接收的事实状态？在从严惩治的实践导向下，毒品犯罪未完成形态作为法定的从轻事由，如何认定将直接影响刑罚裁量的轻重。但目前包括《昆明会议纪要》在内的所有规范性文件，都尚未明文规定毒品犯罪的既遂标准，由此产生了物流寄递毒品行为何时完成的新的认定困境。

四、物流寄递毒品行为的定罪现状

在司法实践中，从不同主体的心理态度来看，一方面，物流寄递毒品行为如在过失或无过失、非故意的心理支配下实行，因缺乏故意的主观构成要件，不构成毒品犯罪。其中，第三方物流作为运输服务平台，对接我国关于邮寄物品安全管理的相关规定，应审查邮寄物品的起运条件并确保安全寄出。如其并未严格执行或不执行，构成行政违法行为并承担以罚款为主的行政处罚。另一方面，受到依法从严、从重惩治毒品犯罪的影响，物流寄递毒品行为如在故意的心理支配下实行，通常不考虑其他事实情节而均以相应毒品犯罪论处，主要触犯走私、贩卖、运输与非法持有毒品罪。

（一）物流寄递毒品行为不认定为犯罪的情形

物流寄递毒品行为在过失的心理支配下，存在对第三方物流违反相应安全管理规范的行政处罚，此时因欠缺主观故意而属于行政违法行为。一般来说，走私、贩卖、运输毒品等行为多是违法犯罪分子故意为之，即使存在假借合法招聘名义，雇用未成年人或者没有案底的在校大学生等社会群体运送毒品的情况，也并非完全表明这部分受雇运毒人员不明知为毒品。在物流寄递毒品情形下，收件方可以是无差别的各类人员，所涉及的行为主体呈现扩容现象。例如，收件方在毒品到达收件地后，还会指派或委托不知情的亲朋好友代取快递，从而将自己隐于幕后。作为不知所取快递内为毒品的行为主体，主观上因不具有故意而不构成犯罪。第三方物流实施的毒品运送行为，因存在疏忽大意的过失心理而属于行政违法。对于物流领域毒品问题滋生的巨大风险，不少涉案物流寄递单位、员工均存在对自身权利义务、社会责任认识不清，对邮寄物品疏于执行“三个 100%”等安全管理规定，从而被违法犯罪分子利用，成为运毒“工具”。这不仅破坏了毒品管制制度，也破坏了物流领域的正常运输秩序，造成了更为严重的社会危害后果。针对涉案物流寄递单位、员工不建立或不执行、不严格执行安全管理规定的情形，常见的行政处罚有罚款、责令停产停业或警告。如《邮政法》第 75 条规定，物流企业不落实、不执行收寄验视制度或者违反规定收寄禁止或限制寄递的物品，可“责令停业整顿直至吊销其快递业务经营许可证”，对相关责任人员“给予处分”；《反恐怖主义法》第 85 条规定，物流运营单位未查验客户身份、未按照规定对物品进行安全检查的，或运输、寄递禁寄物品，客户拒绝查验的物品，“处十万元以上五十万元以下罚款”，并对相关责任人员处以“十万元以下罚款”；《邮件快件实名收寄管理办法》第19条、第20条规定，未按照规定登记、查验、录入及保留客户身份信息或详情单，或者在寄件人拒绝提供、查验或伪造信息的情况下，仍予以收寄的，责令改正，并视情节严重与否处以不同程度金额的罚款；《邮政行业安全监督管理办法》第51条、第52条则是对经营场所设施提出要求，对不符合国家或行业标准的情形，由邮政管理部门责令限期改正并处以罚款，或者责令停业整顿并处以罚款。

通过数据分析，怠于执行收寄验视100%、实名收寄100%、过机安检100%的行为，在邮政行业安全监管类案件中占有较大比重。自2015年我国全面推行寄递实名、收寄验视制度以来，寄递物品的安全问题受到社会的高度关注。根据国家邮政局在2016年至2022年所发布的《各年邮政市场行政执法情况通告》，如表1-1所示，在邮政行业安全监管案件当中，安检设备的安装、使用及维护不符合标准与收寄工作不符合规范要求的案件数量占比较大。虽然受到主客观条件的限制，未能直观反映物流寄递毒品的行政违法行为，但从第三方物流怠于执行“三个100%”而受到的行政处罚案件数量、案由来看，在一定程度上能够表明其如违反安检要求，客观上帮助运毒的行政处罚情况。其中，收寄工作不符合规范的案由主要包括对收寄双方真实身份信息缺少登记、保存与备案，违规收寄不能确定安全性、存在安全隐患或用户拒绝查验的物品，未按规定进行安全检查或开封检查，从业人员违规使用用户身份信息，等等。

表1-1　违反“三个100%”的行政处罚情况表

年份	邮政行业安全监管类案件总数（件）	违反“三个100%”要求的案由	数量（件）	百分比（%）
2016	2900	安检设备的安装、使用及维护不符合标准	1100	37.9
		收寄工作不符合规范	724	25.0
2017	8403	安检设备的安装、使用及维护不符合标准	2289	27.2
		收寄工作不符合规范	1861	22.1
2018	3839	安检设备的安装、使用及维护不符合标准	1383	36.0
		收寄工作不符合规范	943	24.6

续表

年份	邮政行业安全监管类案件总数（件）	违反“三个 100%”要求的案由	数量（件）	百分比（%）
2019	4399	安检设备的安装、使用及维护不符合标准	1354	30.8
		收寄工作不符合规范	1385	31.5
2020	2143	安检设备的安装、使用及维护不符合标准	564	26.3
		收寄工作不符合规范	1174	54.8
2021	3033	安检设备的安装、使用及维护不符合标准	696	22.9
		收寄工作不符合规范	1871	61.7
2022	2756	安检设备的安装、使用及维护不符合标准	909	33.0
		收寄工作不符合规范	689	25.0

结合国家邮政局发布的近几年行政执法情况通告来看，以罚款的处罚方式为主。在全国范围层面，如 2021 年，全国各级邮政管理部门依法实施行政罚款的有 5545 件，占全部行政处罚案件的 93.87%，其中有 209 件处 3 万元以上较大数额罚款；[①] 2022 年，全国各级邮政管理部门依法实施行政罚款的有 5814 件，占全部行政处罚案件的 95.67%，其中有 205 件处 3 万元以上较大数额罚款，[②] 在责令停产停业、警告、暂扣或吊销许可证的同时，存在并处罚款的情况。在地方层面，如广东省潮州市于 2019 年查获了一起涉嫌贩毒犯罪案件。涉案物流工作人员未对犯罪嫌疑人所托运的物品进行开箱验视及 X 光检查，也未与对方核实信息即将复方磷酸可待因运出，根据《广东省禁毒条例》的规定受到罚款处理，并责令立即整改。[③] 这也是当地首例因不验货致承运毒品的物流寄递单位被行政处罚的案件，均表明第三方物流对邮寄物品应存在谨慎的管理职责。又如，2021 年，广东省揭阳市惠来县某物流寄递单位在未

① 国家邮政局：《2021 年全国邮政市场行政执法情况通告》，2022 年 2 月 28 日，https：//www.spb.gov.cn/gjyzj/c100015/c100016/202202/b1b5727a20ad4f26bca4f782e4aa2394.shtml，最后访问时间：2023 年 4 月 20 日。

② 国家邮政局：《2022 年全国邮政市场行政执法情况通告》，2023 年 2 月 10 日，https：//www.spb.gov.cn/gjyzj/c100015/c100016/202302/4f560050dc3c4b88bb51e9bbde7fc0.shtml，最后访问时间：2023 年 4 月 20 日。

③ 潮州市公安局：《潮州首例：不验货致承运涉毒物品，一物流公司被行政处罚》，2019 年 8 月 9 日，https：//www.chaozhou.gov.cn/czgaj/gkmlpt/content/3/3613/post_3613487.html#2500，最后访问时间：2023 年 4 月 21 日。

取得经营资质的情况下，不执行过机安检，致使藏有冰毒的电热水器寄往黑龙江省，受到高达30万元罚款的行政处罚。由此表明我国对所查获的禁限寄物品一律倒查追责，在依法打击毒品违法犯罪分子的同时，追溯至对寄件、运输及派送等负有安检义务的具体涉案单位及经手人员，查实其是否存在过错并承担何种责任，进而从根本上预防毒品通过物流渠道流入社会。

在非故意、过失心理下，物流寄递毒品行为还可能存在不可追责的情况。随着交通网的扩大、交通量的增多，交通运输业逐渐成为具有一定危害风险的业务活动。根据被允许的危险理论，鉴于风险业务对社会生产和人类生活的重要意义，考虑相关从业人员的心理负荷程度，刑法对风险业务活动中的过失行为适当从宽处理。[①] 就物流领域而言，我国虽确立相应制度要求规范物流行业经营安全秩序、强化第三方物流对邮递物品的收寄验视等安检工作，但也要以其具备履行能力为前提。面对日益多样化、复杂化的藏毒手段，考虑其处在不同水平的经营规模、条件等因素，要求其必须发现并拦截所有待寄出的毒品并不现实。也就是说，存在第三方物流履行应尽的注意义务并尽可能地避免危害结果的发生，仍在不知情的心理下承担了运毒者角色的客观事实。基于此，涉案单位或工作人员遵守本行业的技术规则和安全章程，切实履行了注意义务，属于合法行为，对于贩运人员借其渠道寄递毒品当然也就不存在故意或过失的可追责的过错心理。

（二）触犯走私、贩卖、运输与非法持有毒品罪

如行为主体是持故意心理而实施物流寄递毒品行为的，一般均以毒品犯罪论处。物流寄递情形相较于传统毒品贩运模式而言，仅是在交付方式上有所区别，并未从根本上改变毒品犯罪性质，仍属于毒品犯罪的刑法规制范畴，罪与非罪、此罪与彼罪是按照毒品犯罪构成要件来予以认定的。贩卖、运输、走私及非法持有毒品的主观犯意，结合物流寄递毒品行为的客观表现，属于毒品犯罪的实行行为类型。这种交付方式上的差异，表现为日常生活中的物流寄递服务被违法犯罪分子利用，成为毒品在线下转移的新渠道。对毒品犯罪进行依法严厉打击，一直以来都是我国禁毒刑事政策的“主旋律”。根据《刑法》第347条中“无论数量多少，都应当追究刑事责任”的规定，行为主体在故意的心态支配下，实施走私、贩卖、制造、运输毒品等违反刑法规定的危害行为，不论毒品数量多少、纯度多大、类型如何等具体情节，均倾向于作入罪处理，并追

---

① 姜伟：《罪过形式论》，北京大学出版社2008年版，第297-298页。

究刑事责任。非法持有毒品罪的成立则对毒品数量作出入罪门槛的限制，需行为主体持有一定数量毒品才能构成本罪。物流寄递毒品行为的定性现状也是如此，并未因存在物流要素而放宽或加重处理。如行为主体明知为毒品仍实施寄递走私、贩卖、运输毒品等行为，通常以相应毒品犯罪论处，不存在以行政违法行为认定的余地。在主观故意的心态支配下，物流寄递毒品行为根据具体目的的差异，会触犯走私、贩卖、运输与非法持有毒品罪。

处于毒品寄出之前或派送之后阶段的行为主体如以贩卖为目的，则构成贩卖毒品罪。根据我国刑法理论与司法实践的认定，贩卖毒品包括直接有偿转让毒品与为出卖而购买毒品两种行为类型。一方面，作为寄件方，存在认定为贩卖毒品罪的情况。在买卖双方达成交易约定后，毒品需由上家在现实空间中实际转移至下家所在地。在上家借由物流渠道寄递毒品的过程中，虽然第三方物流实际承担了运毒者角色，使交付毒品行为并不由交易双方进行，但事实上是由交易双方决定采取物流的实现方式，这仍属于贩卖行为的组成部分。其中，第三方物流在此情况下并无多余的行为意志，仅作为运输工具而被交易双方利用。由此可见，上家作为寄件方，以达成交易为目的，将毒品当作普通物品寄递至下家即收件方。另一方面，存在收件方以倒卖为目的，实施贩卖毒品罪的情况。不同于传统的人力交接方式，毒品从供应地运至接收地之后并不意味着整个寄递流程全部结束，其被当作普通物品派送至收件方手中的前后阶段仍属于物流范畴。寄件方将毒品寄递至收件地后，也并不一定表明毒品交易活动确已完成。如收件方在获取毒品后，有相关证据证明其具有贩毒目的，意图将毒品买进后再卖出，则之前与寄件方之间的交易乃至寄递毒品这一系列行为应被视为出于贩卖目的而非法购入毒品，以贩卖毒品罪论处。

走私、运输毒品情况发生于物流寄递毒品行为的全过程。无论毒品是以寄递还是其他方式交付，都需要在交易双方的联络及配合下完成运送，通常情形下由上家来主导实施。如果是采取寄递方式，自寄件方将毒品交寄后，运输毒品行为实际上由第三方物流来完成。因多个主体介入造成交付方式上的差异，第三方物流主观上可能不明知为毒品，而是将其作为普通物品按照正常流程进行运送，或者第三方物流可能主观上明知为毒品而仍借助职业便利运输，触犯运输毒品罪。除此之外，还存在运毒人员拿到毒品后，将物流运输服务作为转移工具的情况。例如，为进一步规避侦查风险，贩毒人员会将运毒事宜安排、指示或委托给他人负责。运毒人员在取得并隐匿伪装毒品后，通过寄递方式将毒品交付第三方物流完成运输，并与购毒人员联系让其在收件地等待接收毒品，或者再自行前往收件地由自己接收毒品后，进行多次转运。虽然运毒人员所能够实施的全部运输行为止于将毒品寄出之时，毒品能否起运、如何运输、运往哪里等具体事宜都不由其主观意志所支配，但在此情形中可将物流寄递等同于其乘坐交通工具携带毒品进行运输，只不过具体实现方式不同。根据实际转移范围，运输毒品进出境，或者在领海、内海运输毒品的行为，可能构成走私毒品罪。在境内同城、跨市、跨省运输毒品的行为，可能构成运输毒品罪。

非法持有毒品罪多发生于毒品在收件地的派送、签收阶段。购毒人员在接收通过物流渠道交付的毒品时，根据《昆明会议纪要》的规定，如未有证据证明其为了实施贩卖毒品等其他犯罪，且涉案毒品数量达到了《刑法》第348条规定的最低数量标准，一般以非法持有毒品罪论处。也就是说，购毒人员以吸食、替人保管等其他非贩卖、走私或运输为目的，作为收件方接收他人所邮寄的毒品，通常构成非法持有毒品罪。毒品经过多且复杂的收寄、查验、运输及派送等环节，向购毒人员不断接近的过程，也是逐渐进入其支配范围的过程。根据刑法理论及司法实践对持有行为的理解，购毒人员不论是否为毒品实际所有者或占有者，只要毒品事实上是由其所接收，就表明其对毒品形成事实上的支配。也不论是否要求购毒人员必须单独持有，只要符合毒品由自身所实际控制的条件并明知对象为毒品，均为毒品持有者，构成非法持有毒品罪。由此可见，对于处在运输环节末端的购毒人员来说，其同样构成物流寄递毒品行为的组成部分，并结合主观目的的差异，可能触犯贩卖毒品罪或非法持有毒品罪。

第二章

物流寄递毒品行为定罪问题考察

物流寄递毒品行为因外在所表征的人货分离、毒品与毒资相分离、信息分离与业务行为相混合等特点，对如何予以规范化评价及刑法归责提出了更高的要求。在以综合治理为导向的禁毒政策下，物流涉毒行为从行政违法到刑事定罪的处理得到基本保证，也产生了专门的控制及预防性规定。不过，综观司法认定情况，物流寄递毒品行为仍存在定罪疑难问题。具体表现为：违背主客观相统一导致定罪片面，如将第三方物流中立涉嫌运毒一律认定为犯罪、受限于毒品距离远近而对同城内寄递毒品行为机械认定、未区分接收目的而倾向于将接收寄递毒品行为认定为运输毒品罪等；违背刑法谦抑精神导致定罪扩大化，具体包括未考察情节是否显著轻微而作出犯罪认定，忽视平台其他治理手段而致刑法适用扩张；未厘清犯罪特殊形态导致定罪混乱，具体包括寄递行为的犯罪既遂认定标准无序、第三方物流是否构成共犯认定混乱。

一、违背主客观相统一导致定罪片面

违背主客观相统一导致定罪片面的问题，主要是指偏向以物流寄递毒品行为所外化的客观表现来定罪，对第三方物流中立涉嫌运毒，同城范围内短距离寄递毒品，接收物流寄递毒品，寄递走私毒品罪与非罪、此罪与彼罪的界定重客观而轻主观，以及对寄、运、收三方主观明知为毒品的证明程度不足，进而导致对所涉及的走私、运输、非法持有毒品罪等的认定是不系统、单一的。

（一）第三方物流中立涉嫌运毒一律认定为犯罪

随着社会分工推向的复杂化、精细化，在部分情况中社会成员按照所属职责身份而实施的商品买卖、技术服务、业务合作等“制式”行为会偶然介入他人犯罪活动中，并对犯罪活动产生客观促进作用。这类行为通常被称为“中立帮助行为”，并引发了是否可罚及如何惩罚的理论分歧。第三方物流运毒行为在某些情形中属于外观中立，但在客观上对毒品犯罪起到帮助效果的情形，实践中一律以犯罪论处。

1. 运毒行为的中立性考察

在阐述第三方物流运毒行为可能具备的中立性之前，需先明确本书所界定的中立帮助行为的内涵。中立帮助行为并非法定概念，因其所具备的中立性而在刑法理论层面被讨论和使用。例如，杀人之前购买道具、放火之前购买汽油、乘车前往犯罪现场等行为可以被包含在犯罪实行行为进行整体评价中，但如果是出自正犯以外的其他主体所作出的行为，是否能忽视其本身的职业或日常生活行为属性而作为犯罪惩处？这涉及中立帮助行为一元论与二元论的认定分歧。争议焦点在于，此中立性是属于法律层面还是事实层面的行为特征。前者认为，既然称为中立帮助行为，就天然具有合法性，而可罚的或许是过当的帮助行为，进而直接通过判断行为是否中立就能得出可罚性的规范判断。后者主张的中立提法主要是从事实层面而来，即中立是指行为本身与行为主体的立场所呈现的特征。行为主体本意并非为犯罪提供帮助，而是在谋求自身利益的过程中客观上起到了促进犯罪的作用。根据此观点，在事实层面判断行为中立性之后，是否可罚还需要价值判断。相较而言，对中立帮助行为的二元论为本书所提倡。主要原因在于，中立帮助行为这一概念产生之初就是源于对此类行为是否要按照犯罪来处罚的认定困惑，而二元论能够较好地区分事实描述与规范评价，进而将是否可罚、如何处罚的评价对象回归于此行为本身，最终有助于理顺先有中立性、后判断可罚性的逻辑关系。

在部分情况下，第三方物流运输毒品的外表上具备日常业务行为的中立性，但又对贩运毒品起到了客观促进作用，可归结为服务型中立帮助行为。无论是制造、贩卖、走私还是运输毒品罪，在司法实践中通常都存在多个主体的参与，或共谋合作，或形成雇佣关系，通过分工配合完成具体犯罪行为的情况。虽涉及主体及交易环节众多，但各主体之间分工明确、关系明晰，在共犯关系及各主体所承担具体责任程度的认定上相对简单。然而，随着毒品犯罪手段的日益多样化，除典型的共犯形态外，在实施过程中的各相关主体之间又存在关系松散、行为相对独立且利益关联度较弱的现实情况。尤其是其不同于一般帮助行为，在共犯研究领域还存在大量的中立帮助行为。对“中立帮助行为”虽无法定概念或统一标准予以界定，但在现实生活中确实大量存在，集中表现为外观无害，行为人主观上并未形成共谋，对犯罪行为或结果起到帮助作用的行为。例如，出租车驾驶员明知他人在贩运毒品，仍按照正常收费标准为其提供运输服务；房屋所有者明知他人在其房屋内制造或吸食毒品，仍出租房屋并提供其他日常服务。与此情况相同，第三方物流在从事货物流通运输的业务行为中，明知他人贩运毒品仍提供正常寄递服务，与其本职工作在外观上高度重合。

根据学者对特征的总结分析，中立帮助行为在具有一般帮助行为共同特征的同时，也具有特殊性。一是中立性，其是与一般帮助行为的根本区别。如何理解中立性，存在不同观点。从主观层面来看，中立性是指行为人在销售商品、提供服务、社会交往等过程中，可能认识到这些常规动作会被他人用来实施犯罪，但因追求其他法律所容许之目的而无动于衷。也就是说，行为人并无促进他人犯罪而积极实施帮助行为的主观犯意。从客观层面来看，帮助行为在外观上无害，是按照通常的社会交往习惯规则进行并被社会公众认可。在部分情况下，第三方物流通过自身职业行为将毒品当作常规邮寄物品从供应地运输至接收地，其职业便利性无论是从主观层面还是客观层面来看，都符合帮助行为的中立性，明显区别于一般帮助行为。二是帮助性，其是指中立帮助行为对毒品贩运具有客观促进作用。自贩运人员将毒品交付邮寄后，第三方物流在此过程中发挥了极其重要的运输作用，将毒品犯罪从线上延伸至现实地域空间，对双方交易的最终完成提供了物理性帮助。三是关联性，其是指中立帮助行为与犯罪的关联性。① 中立帮助行为的成立，需要被帮助者构成犯罪行为。除第三方物流作为主犯组织实施毒品犯罪的情况外，就关联性而言，其与一般帮助行为并无显著差异，具有贩卖或走私、运输毒品罪的帮助犯性质。综上所述，如何界定中立帮助行为，往往会采用日常性、业务性、专业性、职业性、反复性等概念，均表明“长期实施”“以此为业”等意味。由此可见，职业性成为认定中立帮助行为的重要衡量因素。第三方物流承担所负社会职责的行为基于各种原因与他人犯罪行为相联结，从而在

① 陈兴良：《论中立的帮助行为》，载《东方法学》2022 年第 4 期，第 132-134 页。

客观上为贩运毒品提供便利，其是以提供服务的方式构成中立帮助行为。

2. 中立涉嫌运毒的可罚性认定

在实践层面，中立帮助行为可罚性的认定现状表现为，不区分此类行为特性，将其作为一般帮助犯定罪处罚，进而引起是否可罚的相关争议。在理论层面，虽然限制处罚说已成为主流立场，但具体采用何种限制路径仍未形成统一共识。根据不同的限制路径，第三方物流中立涉嫌运毒行为会产生差异化的定性结果。

（1）实践层面倾向于一律定罪。当前，司法实践对中立帮助行为可罚性的认定主要集中于网络犯罪，并表现出全面可罚倾向，即一概处罚犯罪的帮助行为，甚至以正犯化论处。从 2001 年发布的《关于办理生产、销售伪劣商品刑事案件具体应用法律若干问题的解释》，到 2011 年发布的《关于办理诈骗刑事案件具体应用法律若干问题的解释》等司法解释，均存在只要行为在客观上对犯罪活动起到推动作用，并且行为主体对此明知，便按照共犯论处的规定。2015 年《刑法修正案（九）》彻底改变以往司法实践对帮助行为以共犯论处的情况，在立法上将一系列关于网络犯罪的帮助行为作为独立犯罪处理。《刑法修正案（九）》明确了帮助信息网络犯罪活动罪与拒不履行信息网络安全管理义务罪，更是从作为与不作为两个方面彻底封住网络犯罪中立帮助行为的任何出罪可能性，实现共犯的正犯化认定。虽然此类行为部分属于刑法理论层面所探讨的中立帮助行为，但在实践中缺乏界定中立帮助行为的规范依据与实践支撑，既无明文规定也并未适用中立帮助行为的相关理论。也就是说，无论是刑事立法还是司法实践都未明确何谓中立帮助行为，也未将其适用于具体审判当中并作为裁判依据。综上所述，我国司法实践并未严格区分中立帮助行为与一般帮助行为，对中立帮助行为可罚性的认定仍是按照传统帮助犯的构罪思路，侧重考察行为对他人犯罪活动的帮助性。具体而言，一方面，行为人明知他人实施犯罪行为并提供了中立帮助即具有刑事可罚性，强调心理因果性的判断路径。另一方面，中立帮助对他人所实施的犯罪行为起到了促进作用即具有刑事可罚性，强调事实因果性的判断路径。当前由网络犯罪中立帮助行为的惩处规定可得出全面处罚倾向，不过在刑法理论层面是否合理及如何处罚的争议并未消弭，随着相关网络犯罪罪名的增加反而愈演愈烈。

近年来，虽然对中立帮助行为的界定及是否可罚的探讨多集中于网络犯罪，但在毒品犯罪中对部分帮助行为是否可罚的争议早有出现。以出租车司机提供载乘服务为例，如出租车司机明知他人贩卖、运输毒品，仍为其提供载乘服务，事先未形成共谋也未借此收取高额利润，按照正常收费标准将其运至目的地的行为，在刑法上作何评价就存在较大的分歧，如以下几种情况：在出租车司机提供载乘服务的案情中，有审理法院认为，尽管出租车司机并未与毒贩事先通谋，但从后者行为方式、路线及交易活动反常性等情况来看，可推定其应明知毒品交易事实。这表明其与毒贩之间达成了事中共谋，并在客观上提供了帮助后者到达目的地的载乘服务，应认定为贩卖毒品罪共犯。[①]不过，也有部分刑事判决持相反意见，并以欠缺主观故意为由而不以犯罪论处。意见认为，即使出租车司机明知对方可能为毒贩，但在主观上与后者隔离较大，无法表明二者之间形成贩卖毒品的共同意志。[②] 对于出租车司机提供载乘服务等中立帮助行为，虽然存在是否可罚分歧，但仍是按照普通帮助行为是否构成共犯的主客观要件予以判断。即使以非罪处理，司法实践也未着重强调此类帮助行为的中立特性，缺乏如“中立帮助”等表述，而是从支配行为的心理态度在帮助程度上不符合传统共犯构成要求的认定路径出发。通过对比网络犯罪帮助行为的界定标准及处罚范围，这种积极扩张的立法导向成为此类行为应予全面处罚的“风向标”。当前是将“明知+帮助行为”[③] 作为成立共同犯罪的主客观要件，即只要行为人主观明知他人实施犯罪行为，客观上也实施了帮助行为就应作为帮助犯或正犯论处。

第三方物流发挥了将毒品从供应地向接收地运输的作用，同样面临其提供运输服务的行为是否构成运输毒品罪的可罚性问题。从现有立法规定来看，如第三方物流将毒品当作正常物品寄递到收件地，在客观上起到了帮助他人运输毒品的作用，一旦证明主观明知贩运毒品事实，就不考虑其帮助行为的中立性，一律构成毒品犯罪。如在伍某波等走私毒品一案中，两个被告人经营物流业务并承接国际快递，后在被查获所寄递的物品内含有甲基苯丙胺。审理法院认为，两个被告人从事物流行业多年，熟知相关业务规定，在接收到可疑邮寄物品时不但不履行安检职责也并未报警处理，反而按照客户要求进行多次包装并走私出境，表明其应明知他人运转毒品仍提供了寄递服务，构成走私毒品罪。[④] 这表明，对于第三方物流如何归责，同样遵循主观明知+

① 上海市浦东新区人民法院（2010）浦刑初字第 1473 号刑事判决书。

② 重庆市第五中级人民法院（2013）渝五中法刑初字第 0030 号刑事判决书；重庆市高级人民法院（2013）渝最高法刑终字第 00169 号刑事判决书。

③ 张成东：《中立帮助行为可罚性研究》，中南财经政法大学 2021 年博士学位论文，第 47 页。

④ 深圳市中级人民法院（2017）粤 03 刑初 890 号刑事判决书。

实施帮助行为的定罪思路，以相应毒品犯罪或其共犯论处。

虽然对毒品犯罪依法严厉打击是应有之义，其帮助行为本身也确实推进了毒品贩运活动，但如忽视部分帮助行为中立性的事实特征，也就有违刑法保护社会、集体乃至个人合法权益的初衷。就处罚立场而言，在刑法理论层面对中立帮助行为应予以限制处罚成为主流趋势，需平衡刑事可罚范围与对公民行动自由的保护程度。第三方物流在毒品犯罪中所发挥的流通运输作用，绝不亚于网络服务提供者为毒品交易所带来的技术及信息支持，应考虑如何在日常职业行为中发挥对物流寄递毒品行为的平台监管功能，以实现自我发展、维系禁毒安全。不过，在限制处罚说内部，第三方物流作为预防和治理网络毒品犯罪的关键环节，结合其涉嫌中立运毒的客观情况，在刑法规范层面是否承担刑事责任及承担何种程度的刑事责任，又产生了可罚范围的理论分歧。

（2）理论层面存在可罚范围分歧。在界定第三方物流运输毒品可构成中立帮助行为后，就存在罪与非罪的争议分歧。根据共同犯罪相关理论，通常情况下中立帮助行为在客观上为他人犯罪提供了便利条件，与正犯所造成的危害结果之间具有物理因果关系，在主观上对他人犯罪也有相应认识，具备了帮助犯的构成要件，受到刑事处罚似乎是当然结论。正因如此，德国传统刑法理论就是站在全面处罚的立场上，主张无须考虑中立帮助行为的特殊性，即行为只要满足帮助犯的成立条件，便可予以处罚。其根据在于，中立帮助行为在客观上对犯罪的推动作用与主观上的放任故意，与一般帮助行为并无区别，完全没有必要作区别处理，这也是出于避免产生处罚空隙的考量。① 然而，之所以在刑法理论上特别强调中立性，正是因为按照日常生活经验或业务行为规范，此类帮助行为属于具有独立且合法正当社会价值的适格行为。如果将其等同于一般帮助行为均予以处罚，不仅会影响社会正常生活及经济交易秩序，还会使社会公众内心惶惶，极大压缩了日常行动自由并增大了社会交往成本，进而与刑法的人道主义精神相违背。全面可罚说日渐式微，主张应区分中立帮助行为可罚与不可罚的各种理论兴起，并逐渐形成理论界共识。

在限制处罚立场内部，如何区分可罚与不可罚的中立帮助行为范围、边界及依据等尚存理论分歧。从纵向上看，通过对各限制处罚学说的梳理，发

① ［德］汉斯·海因里希·耶塞克、托马斯·魏根特：《德国刑法教科书（下）》，徐久生译，中国法制出版社 2017 年版，第 943 页。

现对中立帮助行为可罚性从主观限制发展到客观限制路径，并沿着单一限制路径的基本脉络，发展为“综合、类型化的限制路径”[①]。从横向上看，国内外刑法理论中主要形成主观说、客观说与折中说三种主张。

主观说侧重将行为人当时的认知状态作为界定标准，随着发展的变化又在内部形成间接故意否定说和促进意思具备说。前者主张如行为人主观表现为蓄意或直接故意，即确定故意，所实施的中立帮助行为才具有可罚性，否则不可罚。后者则重点考察行为人意志因素，主张当其具备促进他人犯罪的意思时，才应肯定中立帮助行为的可罚性。如果行为人仅是认识到他人可能利用自身业务行为进行犯罪，其帮助行为不可罚。[②] 我国也有学者持此观点，如提出通过“犯罪意思联络说”[③] 来限制中立帮助行为的可罚范围，即只有行为人主观上明知他人的犯罪意图且有意促进、推动犯罪行为发生，才应处罚相关行为。例如，将主观上存在概括性认识或者根本不具有认识，作为区分可罚与不可罚的关键因素之一。[④] 如以主观说为标准，需明确第三方物流在运输毒品时的心理态度，实质上是将我国刑法理论中的间接故意甚至未必故意排除在中立帮助行为的可罚范围之外。只有对他人毒品犯罪行为具有明显促进意图，即以希望为意志因素的直接故意或者确定的归因，才能予以处罚。但对此种观点，需明确为何仅对中立帮助行为排除确定故意这种特殊对待的缘由。而且，如果仅考虑中立帮助行为的主观要件，反而易忽视其与犯罪行为或结果是否存在事实因果关系的认定，可能会将本来正当的行为因其具有非法意图而被视为犯罪。司法实践中如果仅证明第三方物流中立涉嫌运毒时的主观心理态度也不具有可操作性，可能导致过于依赖言辞证据。[⑤]

客观说侧重在不法层面对帮助犯客观构成要件或者帮助行为与正犯行为、结果之间的客观归责关系进行限缩，为中立帮助行为提供可罚边界，在内部形成了不同的解决进路。从帮助行为可归责性的限制路径来看，主要包括以下几种观点：一是社会相当性说，主张行为人所实施的帮助行为并未超出社会相当性范围，即符合社会长久形成的日常生活样态，不应予以处罚。只有

---

① 熊亚文：《从归因到归责：中立帮助行为可罚性限制论》，载《刑法论丛》2020 年第 1 期，第 501-503 页。

② 陈洪兵：《中立行为的帮助》，法律出版社 2010 年版，第 75-76 页。

③ 刘艳红：《网络犯罪帮助行为正犯化之批判》，载《法商研究》2016 年第 3 期，第 21 页。

④ 孙运梁：《帮助信息网络犯罪活动罪的核心问题研究》，载《政法论坛》2019 年第 2 期，第 80-91 页。

⑤ 陈璇：《刑法中社会相当性理论研究》，法律出版社 2010 年版，第 258 页。

其帮助行为偏离了社会相当性，才应构成帮助犯。[①] 然而，社会相当性这一标准本身极其模糊，易造成判定结果的任意性。为解决此问题，德国学者哈塞默尔在此基础上提出了职业相当性说，将限制路径更加具体化。其主张，可根据各行各业的具体操作规范来判断中立帮助行为是否具有社会相当性。在他看来，如帮助行为是符合职业领域相关规范的，仅是在特殊情况下与刑法规范相连接，则不能认为这是违法行为，进而不构成帮助犯。[②] 二是利益衡量说，旨在衡量自由保障与社会关系保护，认为二者在可罚性问题上呈正相关。正犯行为社会危害性越严重，其他共犯的行动自由所受制约强度也越大，导致中立帮助行为构成帮助犯的可能性也就越高，反之亦然。以此为基点，我国有学者提出利益衡量路径即比例原则，结合适当性、必要性及相当性三个要素具体考察行为是否可罚。[③] 三是义务违反说，通过判断中立帮助行为是否满足法律明确的义务要求，以此限定可罚范围。四是违法性阻却事由说，将可罚的中立帮助行为限制在法律明确的正当化事由范围之外。只有存在法律明确规定的正当化事由，中立帮助行为才不可罚。[④]

从帮助结果可归责性的限制路径来看，存在以下几种观点：一是假定的代替原因说，主张根据中立帮助行为所引起的对社会关系侵害的危险增加程度来判断可罚性。[⑤] 我国也有部分学者持此立场，如提出应在事后将有和没有此中立帮助行为的情况作对比考察，判断行为是否对犯罪结果存在重大影响以及所增加的危险程度。[⑥] 或者，如果中立帮助行为极大影响了犯罪结果的发生，则表明此类行为属于国家管控、可替代性低，并以网络犯罪为例，进而主张其应作为犯罪处理。[⑦] 二是溯及禁止说，主张如中立帮助行为具有独立社会价值，则不应将正犯行为及所造成的犯罪结果回溯到此行为本身，进而不能将责任归咎于此无害行为。[⑧] 我国亦有学者持此观点并提出角色期待说，认

---

① ［德］汉斯·韦尔策尔：《目的行为论导论：刑法理论的新图景》，陈璇译，中国人民大学出版社 2015 年版，第 3 页。

② 林育骏：《从“中性行为”论帮助犯的成立要件——以帮助因果性与帮助故意为中心》，台湾大学法律学院法律系 2011 年硕士学位论文，第 45 页。

③ 陈家林：《外国刑法通论》，中国人民公安大学出版社 2009 年版，第 614 页。

④ 付玉明：《论刑法中的中立帮助行为》，载《法学杂志》2017 年第 10 期，第 67-68 页。

⑤ 陈洪兵：《中立行为的帮助》，法律出版社 2010 年版，第 96 页。

⑥ 黎宏：《论中立的诈骗帮助行为之定性》，载《法律科学（西北政法大学学报）》2012 年第 6 期，第 146-152 页。

⑦ 于冲：《帮助行为正犯化类型研究与入罪化思路》，载《政法论坛》2016 年第 4 期，第 164-175 页。

⑧ ［德］雅科布斯：《行为　责任　刑法》，冯军译，中国政法大学出版社 1997 年版，第 94 页。

为社会角色者仅间接导致正犯行为及犯罪结果，“没有必要对此符合社会期待的帮助行为以帮助犯论处”，① 仅归责于正犯即可。

综上所述，从“客观中立性”出发，客观说在不同层面为中立帮助行为提供是否可罚的区分标准，具体到第三方物流中立涉嫌运毒行为在何种情况下构罪会产生不同结论。与主观说对行为时心理态度的考察不同，客观说重在强调中立帮助行为在对正犯行为及结果起到帮助作用的同时，内含维系社会正常生活秩序与公民自由交往的正向价值。具体而言，在以社会或职业相当性说作为可罚标准的情况下，第三方物流按照职业规则行事，也就是说，在自供应地将毒品收寄到接收地派送毒品的各阶段，具体负责的单位或工作人员并未违反相应操作规范条例，其业务行为具备职业相当性，那么即使明知他人借此渠道贩运毒品，也不构成犯罪。该观点将第三方物流符合职业规范的行为认定为欠缺犯罪构成要件，而只有违反职业规范的行为才具有构成刑事不法的可能性；在以利益衡量说作为可罚标准的情况下，如确定正犯行为或结果可归属于第三方物流依托业务运输毒品的帮助行为，后者是否构成毒品犯罪，应衡量其行动自由、所带来的利益与社会危害性程度。如所涉毒品犯罪的社会危害性程度越高，即犯罪行为越严重，那么第三方物流的行动自由所受制约也越大，进而成立毒品犯罪帮助犯的可能性也就越高。至于如何衡量两种不同领域、不同性质的利益轻重，尚未形成具体化、精细化的判断标准。结合有的学者对利益衡量说在个案分析中的论断，可能会因第三方物流帮助贩运毒品所造成的社会危害一般远大于其所带来的利益，而对第三方物流中立涉嫌运毒行为予以全面处罚。② 在以义务违反说作为可罚标准的情况下，第三方物流在具体收寄、运输及派送等工作环节中如符合法律明确要求的作为义务，即并未实施“不为法所允许的行为”，都不属于可罚范围内；在以违法性阻却事由说作为可罚标准的情况下，第三方物流中立涉嫌运毒行为应满足刑法立法及理论所明确的违法阻却事由，才能予以出罪。然而，我国关于犯罪构成理论是以四要件说为基础，一切关于犯罪行为的认定都需围绕四要件展开。在我国刑法语境下，根据违法性阻却事由说探讨中立帮助行为是否可罚并不具有实际价值及研究进路。正当业务行为也无法从刑法角度明确其范畴，导致难以通过解释、列举等方式框定中立帮助行为的不可罚范围。

---

① 何庆仁：《特别认知者的刑法归责》，载《中外法学》2015 年第 4 期，第 1029-1051 页。

② 孙万怀：《中立帮助行为探微》，载《中国刑事法杂志》2010 年第 5 期，第 25 页。

在帮助结果可归责性的限制路径中，也产生对第三方物流中立涉嫌运毒行为是否作为犯罪处理的不同结论。在以客观归责论作为可罚标准的情况下，先考察第三方物流中立涉嫌运毒行为是否制造或升高了不被允许的危险，而且这一危险已经实现，此危险可理解为毒品交易完成或进入社会流通，从结果上再判断是否对正犯发挥了重要加功作用。若第三方物流并未制造或升高法律所禁止的危险，就表明其不具有作为帮助犯的危险性，进而不构成犯罪。在以假定的代替原因说作为可罚标准的情况下，应考察有第三方物流中立涉嫌运毒行为和没有该行为的两种情况将会如何，对正犯行为及结果是否产生影响及其影响程度大小。更进一步来说，中立帮助行为是否可罚，应考察该行为是否具有不可替代性。可以假设第三方物流在知晓贩运人员犯意后拒绝以其业务行为提供运毒帮助，此时贩运人员能够继续完成犯罪或可以从其他无关人员处得到相同的运毒帮助，那么其帮助行为便不可罚。① 在以溯及禁止说作为可罚标准的情况下，应考察第三方物流中立涉嫌运毒行为与正犯实行行为是否在客观上一体化，即其态度与实行行为是否相符，进而确定是否可罚。甚至无须考虑行为人当时的心理态度，只要所实施的中立帮助行为本身具有独立的社会价值便可排除在可罚范围外。问题在于，中立帮助行为的特殊性表现为本身具有维系社会秩序或日常生活交往的正当性，② 如从此方面限定可罚范围，就会因缺乏实质判断标准而等同于没有处理结果。

鉴于主观说与客观说均存在相应诟病，以客观归责论为代表的折中说应运而生，主张结合主客观要素判断是否可罚，并形成综合性、类型化的限制路径。德国学者罗克辛曾提出以确定故意和未必故意区分是否可罚的原则性标准，还从客观方面提出了客观归责论，分别从主观及客观两个方面判断可罚性。在他看来，一方面，需考察行为人是否确切认识到正犯的犯罪意图或计划。只有表明其有意识支持犯罪行为，才具有可罚的主观要素。另一方面，需考察其中立帮助行为是否创设或增加了法所不容许的风险，在结果上其与正犯行为之间是否具有明确因果关系。③ 根据行为人的认知情况，如其明确认识到正犯犯意，或者虽模糊认识到其行为可能被正犯利用于犯罪行为但有意

---

① 邹兵建：《网络中立帮助行为的可罚性证成——一个法律经济学视角的尝试》，载《中国法律评论》2020 年第 1 期，第 109-133 页。

② 张伟：《帮助行为的不法判断与中立帮助的处罚边界》，载《东岳论丛》2023 年第 4 期，第 167-168 页。

③ 周光权：《中性业务活动与帮助犯的限定——以林小青被控诈骗、敲诈勒索案为切入点》，载《比较法研究》2019 年第 5 期，第 34-39 页。

识支持时，原则上构成可罚的帮助。当行为人仅认识到其行为存在促进犯罪发生的可能性时，则应根据信赖原则认定为不具有可罚性。

我国诸多学者在此立场上作出完善、推进，主张结合主客观要素来判断中立帮助行为是否可罚。如有学者主张，可罚的中立帮助行为应认定为：主观上行为人明确认识到犯罪行为且具有希望其发生的积极态度，客观上与犯罪结果之间存在实质联系；① 如有学者提出，先根据客观归责论初步划定中立帮助行为的可罚范围，再将行为人主观认知程度作为限定处罚条件；② 如有学者将中立帮助行为区分为“制造”“实现”不被允许的危险两种类型并进行阶层判断，进而限定可罚范围。③ 只有行为人不仅制造，而且实现了不被允许的危险，才能对其帮助行为予以处罚。如有学者提出了“客观关联性+目的关联性”④ 的双层次标准说，即先从客观层面考察中立帮助行为与犯罪行为之间是否存在紧密关联性和作用力，再从主观层面判断行为人是否确切认识到正犯意图、自身参与行为所起到的具体帮助效果。在此前提下，可罚的中立帮助行为应属于目的犯，要求行为人在明知的同时应对其所帮助的犯罪行为具有确定故意。

如有学者从“行为人的主观认知”“与正犯的关系”“中立帮助行为的外在样态”“在毒品犯罪中的决定程度”“毒品犯罪本身危害程度”⑤ 五个方面综合判断可罚性。其中，以出租车或网约车司机提供运输服务为例，其认为除频繁、多次开车帮助毒品犯罪人前往交易地外，其余偶发性情况不应构成帮助犯；如有学者植根于对客观归责论的演绎，主张判断中立帮助行为是否增加了正犯犯罪行为的风险，并认定此风险是否源于对相关行为准则的违反，以及是否处于规范保护目的之内。只有违反相关刑法规范并升高犯罪行为的发生风险，而且该规范目的在于避免帮助行为被犯罪活动利用，中立帮助行为才具备可罚性，⑥ 等等。同时，有学者认识到对中立帮助行为的认定过于抽象、复杂且不确定，应构建“日常饮食提供”“企业员工行为”“危险商品销

---

① 付玉明：《论刑法中的中立帮助行为》，载《法学杂志》2017 年第 10 期，第 68–69 页。

② 熊亚文：《从归因到归责：中立帮助行为可罚性限制论》，载《刑法论丛》2020 年第 1 期，第 514–519 页。

③ 姚万勤：《中立的帮助行为与客观归责理论》，载《法学家》2017 年第 6 期，第 136–141 页。

④ 方鹏：《论出租车载乘行为成立不作为犯和帮助犯的条件——“冷漠的哥案”中的法与理》，载《刑事法判解》2013 年第 1 期，第 64 页。

⑤ 周佳璇：《毒品犯罪帮助行为的中立性认定研究》，载《云南警官学院学报》2021 年第 6 期，第 18 页。

⑥ 曹波：《中立帮助行为刑事可罚性研究》，载《国家检察官学院学报》2016 年第 6 期，第 119–121 页。

售”“信息网络服务”“日常运输服务”行为类型并综合考虑“风险创设”“时空关联”“行业规范”“期待可能”[①] 因素，最终确立多元的可罚性标准，以及“销售型”“服务型”“技术型”“义务型”[②] 等对中立帮助行为认定及如何处罚的类型化分析。

总体而言，晚近兴起的折中说从主客观层面对中立帮助行为的可罚范围作出限定，不同观点折射在第三方物流中立涉嫌运毒的情形中，同样产生了差异化的处理结果。从主观层面来看，第三方物流对贩运毒品行为是否具有明确认识、是否具有希望犯罪结果发生的意志因素，影响了其中立帮助行为是否可罚。从客观层面来看，第三方物流对毒品的收寄、起运、运输及派送等职业行为本身是否合规范，所帮助的毒品犯罪社会危害程度以及其帮助行为对毒品犯罪的作用力大小等，也影响了可罚性判断。在从客观到主观、从不法到责任的综合限制路径中，前述主客观要素经过各种排列组合或判断次序，产生了相同情形下不同的可罚标准。不过，从全面处罚到限制处罚理论的确立，从主观说到客观说再到折中说的演进，均表明了对中立帮助行为的可罚范围呈不断具化的趋势。

尤其是根据以客观归责理论为基础的折中说，大多数第三方物流中立涉嫌运毒行为可能会由于排除客观归责而不构成犯罪。至于可罚与不可罚中立帮助行为的区分标准，具体到如金融、网络、销售或服务等领域中更是学说林立。这与我国刑事立法与司法实践中对中立帮助行为要么以共犯论处、要么以新增罪名作为正犯论处的全面处罚倾向相冲突。第三方物流作为货物运输的服务平台，根据社会分工及职责内容，其业务行为要求对包括违法犯罪分子在内的全体社会成员提供日常运输服务，已然成为社会经济、生活秩序正常运转的重要组成部分。也正因如此，其运输服务行为易被违法犯罪分子利用，成为毒品犯罪发生的助力，而刑事可罚与否就在独立正当社会价值与促进他人实施毒品犯罪之间展开论证。随着全国范围内整治打击物流领域毒品犯罪活动如火如荼地开展，我国发展迅速、规模不一的第三方物流运营状况乃至涉毒风险都逐一暴露在社会公众面前，对其中立涉嫌运毒行为是否可罚、在何种情况下可罚，即在毒品犯罪中需承担何种程度的刑事风险、是否需兼顾其维系日常经营活动，均有待在刑法理论层面作进一步研究。

---

① 王华伟：《中立帮助行为的解构与重建》，载《法学家》2020 年第 3 期，第 141 页。

② 陈兴良：《论中立的帮助行为》，载《东方法学》2022 年第 4 期，第 132 页。

（二）受限于以寄递毒品的距离远近认定犯罪

在物流行业迅速发展的大背景下，当前兴起了可在同城范围内寄递物品的即时跑腿业务，涉及毒品空间位移距离远近是否影响对运输毒品行为的规范界定。虽然上下家处于同一城市，但借由同城货运及外卖平台，[①] 仍可完成非接触式的毒品贩运活动。这种同城跑腿业务时效性、灵活性较强，但缺乏对寄递物品的实时监管，成为物流行业最难管控的部分，进而演变为毒品运输的重要渠道。[②] 问题在于，受限于寄递毒品的距离远近，对于此类同城跑腿寄递毒品行为是否应以运输毒品罪论处，[③] 存在不同的实务立场及理论争议，这涉及距离与运输之间的关系。

1. 是否构成运输毒品罪的实务立场

一方面，对于长距离运输毒品行为，一般并不会产生是否构成运输毒品罪的争议分歧。具体而言，一是行为人以运输毒品为目的并进行长距离运送的，一般被认定为运输毒品罪。二是行为人在走私、贩卖、制造毒品的同时，往往不可避免地需要转移毒品位置，其中就包含运送毒品行为。在本市范围内进行毒品交易，对于上家将毒品带至约定地点并进行贩卖的情况，审理法院基本会将携带毒品至约定地点的运送行为视为贩卖毒品罪的组成部分，不再单独评价运输毒品罪。例如，在蒋某某贩卖毒品一案中，被告人将毒品带至本市九龙坡区杨家坪中学门口旁人行道上并贩卖给下家，经法院审理仅构成贩卖毒品罪。[④] 在同城范围内寄递毒品的情况，亦是如此。例如，在吴某芳等贩卖毒品案件中，二被告人在北京市丰台区多次以当面交易或是“闪送”方式将毒品贩卖并交付至朝阳区附近，也以贩卖毒品罪论处。[⑤]

行为人在本市范围外即跨市甚至跨省进行毒品交易，对于其长距离运送毒品行为，存在是否需单独认定运输毒品罪的处理争议。例如，在楚某泽等贩卖、运输毒品一案中，三被告人拟购买毒品后再用于贩卖，于湖北省荆州市购入毒品后返回彭水县，后在彭水县高速路口被公安机关抓获。审理法院认为，三被告人购买毒品用于贩卖，并共同实施了运输行为，均构成贩卖、

---

① 付祎：《网络涉毒行为刑法规制研究》，吉林大学 2022 年博士学位论文，第 118 页。

② 刘思慧、邓临新：《互联网背景下同城跑腿方式贩毒典型案例分析研究》，载《云南警官学院学报》2020 年第 4 期，第 45-46 页。

③ 元明、肖先华：《涉网络毒品犯罪法律适用的几个疑难问题》，载《人民检察》2020 年第 22 期，第 19 页。

④ 重庆市第五中级人民法院（2020）渝 05 刑终 866 号刑事判决书。

⑤ 北京市朝阳区人民法院（2020）京 0105 刑初 562 号刑事判决书。

运输毒品罪。[①] 而且，行为人通过物流形式贩卖或倒卖毒品，即使并非亲自携带、运送毒品，也存在另构成运输毒品罪的情况。例如，在齐某等贩卖、运输毒品一案中，二被告人多次采取快递邮寄的运输方式购入毒品，将毒品从云南省临沧市邮寄至辽宁省台安县后，由其中一人在当地进行贩卖。审理法院认为，二被告人从外地购入毒品并贩卖的行为，已构成贩卖、运输毒品罪。[②] 又如，在张某贩卖、运输毒品案中，被告人在四川省成都市多次通过快递运输的方式将毒品贩卖给位于南通市崇川区的下家，经法院审理构成贩卖、运输毒品罪。[③] 然而，同样是对于经由物流渠道跨市交易毒品的情况，仍有部分刑事判决存在不评价寄递毒品过程的处理结果，仅以贩卖毒品罪论处。争议焦点在于，刑法规范层面上运输实行行为的界定不明。虽然以是否超出本市、本区范围作为“长距离”“短距离”的区分标准尚不够客观科学，但司法实践中基本形成了此判断标准，即如果上下家毒品交易范围已远超于市区，那么对于贩卖毒品过程中长距离运送毒品行为，存在独立评价此行为并肯定运输毒品罪成立的现实情况。

另一方面，对于行为人短距离运送毒品行为是否评价为运输毒品罪，在个案认定时就存在实践分歧。在部分案件中，司法机关明确指出毒品位移距离远近并不影响对运输毒品行为的认定，只要在不同主体之间发生动态转移毒品的行为，就应构成运输毒品罪。例如，在黄某雅运输毒品一案中，被告人在南宁市西乡塘区为他人向上家购买冰毒后，当其驾驶电动车将毒品又带至本市本区一楼下时被公安机关抓获。一审法院认为，被告人在同城范围内运送毒品，两地空间距离较短，构成非法持有毒品罪。经检察机关抗诉后，二审法院改判被告人构成运输毒品罪。改判理由为，毒品位移距离的长短并不影响运输毒品的行为性质。黄某雅明知为毒品，仍将毒品从甲地运至乙地，无论两地之间距离远近都构成运输毒品罪。[④] 还有一些持构成运输毒品罪的意见认为，只要有证据能够证明行为人利用交通工具运输毒品并在客观上使毒品产生动态位移，即使在同城间运输，也属于运输毒品行为。[⑤] 对于同城范围内寄递毒品行为，也存在构成运输毒品罪的处理结果。例如，被告人李某联系某平台外卖员唐某某为其运送毒品，后者明知运送的是毒品仍上门取件，

① 彭水苗族土家族自治县人民法院（2019）渝 0243 刑初 106 号刑事判决书。

② 鞍山市中级人民法院（2020）辽 03 刑初 14 号刑事判决书。

③ 南通市崇川区人民法院（2018）苏 0602 刑初 850 号刑事判决书。

④ 南宁市中级人民法院（2019）桂 01 刑终 121 号刑事判决书。

⑤ 广西壮族自治区南宁市中级人民法院（2018）桂 01 刑终 748 号刑事判决书。

并按照要求送至买家处。审理法院认为，被告人唐某某私自“接单”，帮助吸毒人员在同城范围内寄递毒品，以运输毒品罪论处。① 虽然行为人在交易双方之间承担的是运毒者角色，与前述案件贩卖人员的身份情况不同，但并不影响司法实践认可其在同城范围内运毒构成运输毒品罪的客观事实。

然而，在部分案件中，司法机关通过强调毒品位移距离较短而排除成立运输毒品罪，考虑毒品位移距离对界定运输行为的影响。例如，在魏某文等贩卖毒品一案中，被告人将毒品从叙永镇某公司带至本镇城郊大桥进行交易。针对检察机关指控被告人犯贩卖、运输毒品罪，审理法院认为，被告人在本镇范围内转移毒品，属于同城内运送且运输距离较短，加上未另收取运毒费用，应属于贩卖毒品罪的一部分，不另成立运输毒品罪。② 又如，在蔡某甲非法持有毒品一案中，被告人在永州市蒙蔽不知情的他人将毒品运至本市看守所内，意图为在押人员提供毒品。针对构成非法持有毒品罪的上诉意见，二审法院认为，被告人为吸毒群体在同城内代购、运送毒品，运输距离较短且无牟利目的，应构成非法持有毒品罪。③ 由此可见，对于短距离运送毒品行为，如证明其并无实施走私、贩卖毒品等其他目的，且携带毒品数量较大，还可评价为非法持有毒品罪。

值得注意的情况是，对于短距离运送毒品行为是否构成运输毒品罪，实际上已有相关参考性意见。在《刑事审判参考》第853号高某贩卖毒品、宋某非法持有毒品一案中，宋某在高某安排下，携带毒品前往同城内距离十分钟左右车程的地点并转交给高某。审理法院认为，被告人宋某为高某代购毒品并进行转送，购毒地点与送货地点之间距离较短，且未以此牟利，构成非法持有毒品罪。关于此案的裁判理由进一步指出，运输毒品罪是否成立还应适当考虑运输距离和目的，毒品从起运地到目的地之间的流转需形成一定的空间距离。同城范围内的运毒行为，因毒品位移距离过短，一般不应以运输毒品罪论处。即使在特殊情况下，也应考虑行为人是否存在运毒牟利目的才可以认定为运输毒品罪。实际上，对于宋某短距离运送毒品行为，完全可将其视为代购毒品行为的组成部分而无须单独评价。④ 为更好地指导司法实践，

---

① 《外卖员“接私单”帮吸毒者同城快送毒品，怎么判?》，2022年6月24日，https：//m.thepaper.cn/baijiahao_18766127，最后访问时间：2023年6月28日。

② 叙永县人民法院（2015）叙永刑初字第196号刑事判决书。

③ 永州市中级人民法院（2018）湘11刑终202号刑事判决书。

④ 最高人民法院刑事审判第一、二、三、四、五庭主办：《刑事审判参考》（总第91集），法律出版社2014年版，第84-85页。

对于短距离运送毒品行为的定性问题已形成指导案例并提供参考，不过，显然并未引起司法机关的足够重视，也未根据参考意见形成相对一致的认定立场，存在相互矛盾的处理分歧。随着同城跑腿寄递毒品现象愈加突出，毒品位移距离的远近是否应作为界定运输行为的考量因素有必要从理论上展开论证。当前情况一般是，若交易上家通过物流渠道跨市、跨省即长距离贩卖毒品，存在是否独立评价运输行为的认定分歧；若交易上家通过物流渠道在同城范围内贩卖毒品，往往不另构成运输毒品罪。其中，对负责寄递的跑腿人员来说，若其明知为毒品仍在同城范围内予以运送，则存在构成运输毒品罪的处理结果。

2. 是否以距离界定运输的理论争议

关于运输毒品行为的规范界定，在我国刑法理论层面从形式解释逐渐走向实质解释。1994 年，《最高人民法院关于适用〈全国人民代表大会常务委员会关于禁毒的决定〉的若干问题的解释》（以下简称《1994 年解释》）中将运输毒品界定为“明知是毒品而采用携带、邮寄、利用他人或者使用交通工具等方法非法运送毒品的行为”，而之后相关文件也基本沿用此规定。承继此形式定义，传统认定立场均围绕运输毒品行为的形式特征予以展开，其中的典型代表就是位移说。位移说立足于物理属性，主张运毒行为是将毒品从一地运送至另一地的活动，即对毒品进行动态上的空间位移。[①] 为进一步区分运输与非法持有毒品行为，避免将毒品在位置上的任何细微变动都认定为运输，部分学者又对毒品位移距离的远近作出限制。如有学者指出，只有长距离毒品位移才构成运输毒品罪，并在此基础上将距离具体限制在地级市之间。还有学者认为，运输毒品行为应限于较远距离，至于如何定义较远可结合社会公众的一般认知。[②] 对于将毒品位移距离作为界定运输的重要标准，也有部分学者持反对意见。如有学者认为，无论毒品位移距离长短，运送行为都不会改变对我国毒品管制制度的侵害。[③] 与形式解释相对，部分学者从实质角度界定运输行为，避免运输毒品罪的扩张适用。根据《刑法》第 347 条的规定，将运输与走私、贩卖、制造毒品罪相并列并配置相同的法定刑，有学者主张，只有与走私、贩卖、制造毒品行为相关联，[④] 即与后者具有同等社会危害程度

① 林亚刚：《运输毒品罪的若干问题研究》，载《法学评论》2011 年第 3 期，第 69 页。

② 陈洪兵：《毒品犯罪定性基本问题研究》，载《检察日报》2020 年 12 月 29 日，第 3 版。

③ 李静然：《特定情形下运输毒品罪与非法持有毒品罪的区分》，载《人民法院报》2014 年 7 月 2 日，第 6 版。

④ 张明楷：《刑法学》（第六版），法律出版社 2021 年版，第 1508-1509 页。

的运输行为，才应构成运输毒品罪，进而排除为自用而将毒品从一地带至另一地的情况。

在考察运输毒品行为之外观表现的基础上，部分学者提出应将运输毒品罪主观要件用于对客观运毒行为的解释上。如有观点认为，行为人应具备将毒品专门从一地转移至另一地的意图。[①] 为更进一步理解此意图，有学者分析运输毒品罪的本质在于将毒品从源头推进社会流通领域，因此，该罪的成立需要行为人主观上具有将毒品交付下家，使毒品扩散并进入社会流通之目的，[②] 即将是否具有促进流通目的作为界定运输行为的重要标准。相应地，只有当毒品的空间位移具有社会流转效果，确使毒品向消费终端推进时，该行为才构成运输毒品罪。[③] 基于此，根据主观说所强调的运输意图及行为所实现的社会流通功能，运输毒品行为应限定为，行为人为自身实施其他毒品犯罪活动，或为他人吸食、实施其他毒品犯罪活动而利用他人或使用交通工具在我国领域内运送毒品。[④] 有学者对以主观流通目的解释运输行为予以反驳，认为几乎所有毒品犯罪其实都兼具"导致毒品流通"[⑤] 的主客观因素，而难以将此属性作为与其他行为的区分标准。随着主观要件被多次强调对于界定运输毒品行为的重要性，又形成了结合主客观多个要素限定行为属性的综合说立场。考虑运输与非法持有毒品罪难以区分的现实问题，该观点主张应综合考虑毒品位移距离远近、毒品查获时状态及所在地点、是否获取运毒报酬即以运毒牟利、行为人是否为吸毒人员或属于为其代购运毒等因素，进而认定其是否构成运输毒品罪。[⑥] 相应地，根据此定罪原则，只有当行为人不占有毒品，按照托运人或交货人的意志，对于毒品在交易两端的流通具有实质性促进作用时，其行为才构成运输毒品罪。

3. 关于距离要素与运输的关系评析

在司法实践中，不论是肯定还是否定短距离毒品位移行为构成运输毒品罪，都存在受限于以距离要素认定运输毒品罪的情况，进而导致要么完全认

---

① 张旭：《关于运输毒品罪认定的法律思考》，载《中国刑事法杂志》2001 年第 5 期，第 44 页。

② 刘凌梅：《运输毒品罪司法适用争议问题探讨》，载《法律适用》2015 年第 7 期，第 78 页；王钢：《运输毒品行为的限缩解释》，载《华东政法大学学报》2020 年第 1 期，第 40 页。

③ 何荣功：《运输毒品认定中的疑难问题再研究》，载《法学评论》2011 年第 2 期，第 147 页。

④ 涂俊峰、黄超荣：《吸毒者为个人吸食携带毒品的定性》，载《人民司法·案例》2010 年第 12 期，第 9 页。

⑤ 包涵：《运输毒品罪的立法扩张与司法限制》，载《中国刑事法杂志》2021 年第 1 期，第 166 页。

⑥ 高艳东：《运输毒品罪疑难问题研究》，载《广西政法管理干部学院学报》2004 年第 6 期，第 47-49 页。

定、要么全部否决的处理结果。在刑法理论层面，是否以毒品位移距离界定运输毒品行为经历了从仅以此为判断标准到排除此判断标准，再到综合距离、目的、方式等主客观因素予以界定的立场变迁，现仍存在诸多争议。

第一，针对是否以毒品位移距离界定运输行为，不论是实务立场还是理论学说均未提出明确的解决方案，进而影响同城范围内等短距离运输毒品行为的定性。具体而言，有学者从立法原意出发，认为运输毒品行为之所以与走私、贩卖、制造毒品行为并列，主要是因为这些行为均具有促进毒品流通的作用。基于此，运输毒品罪的成立无须考虑毒品位移距离的长短，而应着重考察行为人的运输目的，进而将同城短距离寄递毒品行为视为运输毒品罪。① 与此相反，有学者认为不能忽视毒品位移距离对于运输行为界定的基础意义，即不能脱离物流领域相关概念。短距离运送毒品一般不会引起毒品在空间上的变化，在性质上可作为走私、贩卖、制造毒品附随行为而无须单独评价。② 不过，同样考虑运输行为对毒品流通效果的促进，有学者认为，毒品位移距离是衡量毒品流通的重要标准并以市县划分长短距离，只有长距离运送才具有促进毒品扩散流通并危及不特定多数公众生命健康的风险。③ 也有观点并未以距离严格界定运输行为，主张如在意图长距离运输但起运没多远就被抓获、以牟利为目的的短距离运输毒品等特定情形下，可认定行为构成运输毒品罪④，等等。如此分歧，将直接影响同城范围内寄递毒品行为的罪名适用与刑罚裁量。

第二，即使将毒品位移距离作为界定运输行为的重要标准，也未解决具体如何认定以及长短距离划分问题，导致此标准难以把握。综合说不仅依据毒品位移距离的远近，还结合其他主客观因素界定运输行为，因考虑的全面性而备受青睐。不过问题在于，综合说并未具体解决毒品位移距离如何影响运输行为的问题，也就是说，将所有界定运输行为的主客观因素均予以考虑却并未有所突出，导致任何因素都有可能作为案件定性或否定另一因素的根据，进而在个案认定时往往缺少基本逻辑立场。这样看似将所有主客观因素均考虑在内的认定路径，虽然表面上较为科学合理，但实际上欠缺将各要素

① 元明、肖先华：《涉网络毒品犯罪法律适用的几个疑难问题》，载《人民检察》2020 年第 22 期，第 19–20 页。

② 何荣功：《运输毒品罪与非法持有毒品罪的区分》，载《中国刑事法杂志》2021 年第 4 期，第 160 页。

③ 郭嘉明：《运输毒品罪的司法检视与完善路径》，载《湘南学院学报》2022 年第 4 期，第 45 页。

④ 王洪涛、张祎：《运输毒品罪与非法持有毒品罪司法适用问题浅析》，载《黑龙江工业学院学报（综合版）》2023 年第 2 期，第 117–118 页。

如何体系性考虑的解决方案。至于其他解决方案，不论是以强调毒品物流状态为主的形式解释，还是以强调运输目的及社会流通功能等为主的实质解释，所提出的界定标准要么排斥毒品位移距离，要么将毒品位移距离作为考虑因素却并未厘清为何该因素对于运输行为具有重要影响。更进一步来说，即使是主张将毒品位移距离作为考虑因素的解决方案，也并未明确回答以多远距离划分，进而限定运输毒品罪的成立范围。有观点主张把同城作为划分标准，或者以市、县区分距离远近，甚至在个案认定时，有法院审理认为，被告人在重庆市内将毒品从九龙坡区运至渝中区，已属于“远距离”运送毒品，构成运输毒品罪。[①] 因此，如果要确定毒品位移距离对运输行为的认定意义，就有必要对如何把握距离要素作进一步深入论证。

（三）未区分接收目的而机械认定为运输毒品罪

对于购毒或代收者接收物流寄递毒品行为如何认定，相关会议纪要虽然已有规定，但仍未完全解决定性分歧。随着物流涉毒现象越来越突出，购毒或代收者在没有证据证明其具备实施走私、贩卖等其他毒品犯罪故意的情况下，接收藏毒邮寄物品的行为是构成运输毒品罪还是非法持有毒品罪，存在不同意见。有观点认为，物流寄递毒品行为是因购毒者购买及交付要求而发生的，上下家对中间过程中的运输毒品行为存在共同故意，应构成运输毒品罪共犯。但有观点主张，贩毒者通过物流寄递方式向购毒者贩卖并交付毒品，应将运输毒品行为视作其贩卖毒品罪的组成部分。如购毒者所持毒品数量较大，应构成非法持有毒品罪。[②] 争议焦点在于，买卖双方通过物流寄递方式交付毒品的，运输毒品行为应归责于哪一方。《昆明会议纪要》基本沿袭既往规定，明确购毒或代收者明知物流寄递的是毒品仍予以接收，没有证据证明其是为了实施贩卖毒品等其他毒品犯罪，并且毒品数量达到入罪标准的，一般构成非法持有毒品罪。由此可见，类比当面交易毒品的情况，贩毒者为交付毒品而将毒品运至交易现场的行为，不论是单独评价还是将其视为毒品交付过程中的组成部分，都将责任归咎于自身而非购毒者。虽然对购毒及代收者接收物流寄递毒品行为作出原则性认定，但经考察发现，自《昆明会议纪要》出台后，仍有将该行为认定为运输毒品罪的情况，而且案件数量不少。例如，在陈某升等运输毒品一案中，二被告人受他人雇用在西昌市收取藏毒的邮寄

---

① 重庆市第五中级人民法院（2018）渝05刑初94号刑事判决书。

② 李静然：《非法持有毒品罪的司法疑难问题探析》，载《法律适用》2014年第9期，第17页。

物品，在邮政快递大厅收取时被当场抓获。审理法院认为，二被告人为牟取非法利益而运输毒品，构成运输毒品罪。① 又如，在李某机运输毒品一案中，被告人以牟利为目的，受他人安排从湖北省潜江市前往河南省驻马店市汝南县接收寄递的毒品，在宾馆接收时被当场抓获，以运输毒品罪论处。②

由此可见，虽然《昆明会议纪要》已解决购毒或代收者单纯接收物流寄递毒品行为的定性问题，但不能排除在特定情况下该行为可能被认定为运输毒品罪，而具体是何种情况在司法实践中认定模糊。经考察发现，将此类情况认定为运输毒品罪的主要理由包括以下几个方面：一是行为人明知他人通过物流渠道寄递毒品仍在收件地帮助领取，存在事前与他人共谋运输毒品的犯罪故意，构成运输毒品罪共犯。③ 若其对毒品来源、始发地、经过路线及具体数量等均知情，则在收件地接收毒品行为应属于运输毒品罪的一部分。在处罚上，行为人往往是为了赚取运费而为他人代收毒品，应作为从犯处理。二是行为人受他人安排从外地辗转几次专程到收件地等待领取藏毒的邮寄物品，属于毒品运输行为。而且，领取毒品的情况已表明运输毒品罪既遂。④ 三是行为人受到他人指使领取藏毒的邮寄物品并欲转运至他处，即在其拿到毒品后还需继续转交给下家，属于在中转运输毒品的途中被抓获，符合运输毒品罪的构成要件。⑤ 不过，这还牵涉到代收者在同城范围内将毒品转交给他人的行为是否构成运输毒品罪的定性问题。例如，在赵某运输毒品一案中，被告人受他人指使在武汉市帮忙领取藏毒的邮寄物品时被当场抓获，随后配合公安机关按照要求将毒品送至本市东西湖区的最终接收人处。审理法院将被告人明知他人寄递毒品而帮助其领取毒品，并继续转交给本市其他地址的行为，以运输毒品罪论处。⑥ 四是行为人明知他人寄递毒品仍在收件地予以接收，构成运输毒品罪。⑦ 也就是说，将运输毒品行为责任归咎于购毒或代收者。

综上所述，理由一将代收者受雇用前往收件地领取毒品行为作为整个运输毒品罪的一环，并作为认定运输毒品罪共犯的事实及法律依据。然而，在类似情况下，部分案件却将代收者单独以非法持有毒品罪论处。例如，在李

---

① 凉山彝族自治州中级人民法院（2018）川 34 刑初 221 号刑事判决书。

② 驻马店市中级人民法院（2020）豫 17 刑初 30 号刑事判决书。

③ 南宁市中级人民法院（2019）桂 01 刑初 76 号刑事判决书；西安市中级人民法院（2019）陕 01 刑初 35 号刑事判决书。

④ 常州市中级人民法院（2018）苏 04 刑初 32 号刑事判决书。

⑤ 西安市中级人民法院（2019）陕 01 刑初 167 号刑事判决书。

⑥ 遵义市中级人民法院（2021）黔 03 刑初 14 号刑事判决书。

⑦ 贵港市中级人民法院（2019）桂 08 刑初 35 号刑事判决书。

某亮等非法持有毒品一案中，经审理查明，二被告人多次与寄件人员及相关物流工作人员联系，表明受上家委托在收件地领取寄递的毒品，后以非法持有毒品罪论处。[①] 又如，在木某非法持有毒品一案中，被告人在贩毒人员的安排下前往酒店大堂收取快递，因其明知为毒品而代他人接收，构成非法持有毒品罪。[②] 由此可见，代他人接收物流寄递毒品的情况是否区分代上家接收与代下家接收，进而影响是构成运输毒品罪（共犯）还是非法持有毒品罪，存在认定上的混乱。理由二将代收人员在收件地领取毒品之前乘坐交通工具前往该地这一过程认定为运输，即以是否在本市范围内代他人收取毒品为标准，则毫无事实及法律依据，不能以此完全或补充认定其构成运输毒品罪。在理由三中，代收者领取邮寄的毒品后还需继续运送并转交给他人，应属于运输毒品行为的一部分。对于购毒或代收者在接收物流寄递毒品后的行为性质，应予以全面评价。如仅以理由四为裁判根据，不仅有违《昆明会议纪要》的规定，而且未明确在何种情况下购毒或代收者需承担寄递毒品的刑事责任。

在司法实践中，如何认定在特定情况下购毒或代收者接收物流寄递毒品行为构成运输毒品罪，不仅存在相互矛盾的处理结果，其理由或根据也并非完全合理。有学者认为，购毒者在整个物流寄递毒品行为中“起主导、支配地位”，或者其与寄件人在起运地“共同投递毒品”，在“接收后又运送或者交由他人运送毒品”[③]，应构成运输毒品罪。有学者指出，购毒或代收者在此过程中起支配作用或者存在与贩毒者共同寄递等情况，符合运输毒品罪共犯条件的，可认定为运输毒品罪。[④] 还有学者对支配作用进一步分析，如购毒者要求以寄递方式交付毒品、支付邮费，而且从寄出到收件的所有寄递行为均由其安排，可构成运输毒品罪共犯。[⑤] 这表明，不论是司法实践还是刑法理论对接收物流寄递毒品行为的认定，虽都有原则性规定，但在何种情况下购毒或代收者构成运输毒品罪或其他犯罪共犯尚未明确，尤其是代收者受他人安排在收件地接收寄递毒品行为是否均视为运输毒品行为的一环，还存在此罪或彼罪的认定分歧。问题根源在于，欠缺对购毒或代收者在接收物流寄递毒品时主观心理乃至目的之考察，导致对构成运输毒品罪主观要件的认定不足

① 郑州市中级人民法院（2018）豫 01 刑初 154 号刑事判决书。

② 乐山市中级人民法院（2019）川 11 刑初 5 号刑事判决书。

③ 元明、肖先华：《涉网络毒品犯罪的几个问题》，载《上海法学研究》2020 年第 20 卷，第 5 页。

④ 高贵君、马岩、方文军等：《〈全国法院毒品犯罪审判工作座谈会纪要〉的理解与适用》，载《人民司法·应用》2015 年第 13 期，第 16 页。

⑤ 江寒：《寄递型运输毒品罪的犯罪形态研究》，辽宁大学 2022 年硕士学位论文，第 6 页。

而机械界定为运输毒品。

（四）仅基于寄递走私毒品客观表现认定犯罪

随着物流行业向国际化、便利化发展，毒品消费的国内外市场深度融合，造成走私毒品罪的大范围适用。走私毒品行为被规范界定为，用各种方式使毒品进出国（边）境以及间接走私毒品。① 在司法实践中，对于走私毒品罪的认定标准大多以“跨境即犯罪”为主，也就是说，着重考察毒品在物理空间内的位移情况。不论走私目的及数量等其他情节，只要行为人客观上非法运输、携带或邮寄毒品进出国（边）境，就符合走私毒品罪的构成要件。② 在经济全球化的大背景下，不同国家及地区之间的贸易往来日渐频繁。尤其是依托于网络信息技术，跨境电商业务近年来在各国之间飞速发展，使消费者可借助电商平台完成交易协商与支付，企业也可通过国际物流渠道将商品运送至收件地。③ 我国开展的国际物流行业在经济全球化及跨境电商的大环境下，不断扩大发展规模及内外辐射范围，具有更多的市场拓展机会。通过大力合作，世界范围内已经建立了较为完善的国际物流体系网络，推动跨境电商实现商品输送的全覆盖。跨境电商及国际物流所带来的全球化、无时空边界、去中心化等运输特性，较之以往突破了全球范围内的地理限制，淡化了各国家及地区之间的物理界限，使毒品消费市场深度融合。④ 与此同时，不同国家及地区吸毒需求确是客观存在，毒品流通量及交易额仍然巨大，较长时间内国际毒品犯罪活动仍难以消弭。由此造成，基于交易及运输的高效便捷性，遍布全球范围内的吸毒人员无须进行额外烦琐程序，就可以像平时网购一般从境外购买毒品。

经考察发现，在通过国际物流渠道寄递毒品入境的案件中，实际上多数情况是吸毒人员为自用而走私毒品。例如，在程某洋走私毒品一案中，被告人本身系吸毒人员，通过微信聊天软件向境外卖家购入大麻叶用于吸食，在

---

① 《最高人民法院关于适用〈全国人民代表大会常务委员会关于禁毒的决定〉的若干问题的解释》规定：“走私毒品，是指明知是毒品而非法将其运输、携带、邮寄进出国（边）境的行为；直接向走私人非法收购走私进口的毒品，或者在内海、领海运输、收购、贩卖毒品的，以走私毒品论处。”

② 广东省高级人民法院（2014）粤高法刑二终字第85号刑事裁定书。

③ 张毅：《跨境电商环境下国际物流模式解析》，载《全国流通经济》2023年第11期，第49-50页。

④ 石经海、邱胜帆：《走私毒品罪的扩张适用与理性回归》，载《重庆大学学报（社会科学版）》2024年第3期，第280页。

丰巢智能柜附近收取藏有大麻叶的快递时被当场抓获。[①] 审理法院认为，被告人逃避海关监管，违反毒品管制制度，从境外购买毒品大麻叶并伪报品名邮寄通关入境，构成走私毒品罪。又如，在范某某走私毒品一案中，被告人通过邮寄方式向境外卖家购买大麻油用于吸食，并以衬衫为品名进行申报以逃避海关监管。辩护人提出了大麻油仅供自己吸食、主观恶性小的辩护意见。审理法院认为，被告人明知为毒品仍以邮寄方式走私入境，构成走私毒品罪。[②] 由此可见，受到跨境电商飞速发展的影响，国际物流促使国内外毒品市场日渐融合，吸毒人员的购毒行为加速向海外扩张，毒源差异也随之淡化甚至无从区分。借助网购平台及发达的物流网络，吸毒人员通过同一网络群组或论坛、同一卖家并采取相同邮寄方式就可以购买到不同来源的毒品，只需保证质量无差别即可，进而使“跨境即犯罪”这一构罪标准广泛适用，最终导致走私毒品罪处罚范围的极速扩张。

虽然国际物流仅改变了走私与运输的行为方式，但“跨境即犯罪”的构罪标准使大量吸毒人员受到走私毒品罪的刑事处罚。吸毒人员通过国际物流或其他方式购入毒品的行为，一律以走私毒品罪处罚是否合理存在疑问。以国际物流发展为动因，吸毒人员日渐向国（边）境外寻求毒品用于吸食，从而大量进入刑法规制范围内。即使在司法认定过程中考虑自吸问题，也仅将其作为量刑情节予以从轻处罚，而均认定为走私毒品罪。

具体而言，一方面，吸毒行为在我国并不受到刑事处罚，若忽略吸食目的，可能与现有立法规定相悖。《昆明会议纪要》严格区分医疗目的与非法用途、贩卖牟利与自吸自用，强调欠缺故意主观要件的行为不能将其认定为毒品犯罪，形成主观与客观、形式与实质的有机统一评价。其中，突破性规定为，在“代购蹭吸”中吸毒人员为托购人员购买仅供吸食的毒品，并收取、私自截留少量毒品用于自吸，一般不构成贩卖毒品罪。由此可见，对于吸毒人员的涉毒行为，需考虑其自吸情况才能予以定罪。然而，随着吸毒人员通过国际物流渠道购买毒品用于吸食的现象频发，忽视自吸因素对罪与非罪、此罪与彼罪的影响，就与吸毒行为非罪化的处理立场相背离。在这些案件中，有些人是因好奇想尝试毒品，有些是身心需求所致，均未脱离自吸目的的范畴，那么此类毒品转移入境行为是否均构成走私毒品罪就有待商榷。因吸毒行为往往伴随着购买、接收、持有乃至携带毒品的情况，为自吸而寄递毒品入境，

---

① 天津市第三中级人民法院（2021）津 03 刑初 10 号刑事判决书。

② 上海市第三中级人民法院（2020）沪 03 刑初 116 号刑事判决书。

实际上属于在吸毒之前的准备行为，均应包含在吸毒行为之内。

另一方面，立足于犯罪本质特征，对于吸毒人员为自吸而走私少量毒品的行为也应存在非罪处理余地。吸毒人员通过国际物流渠道寄递毒品达到自吸目的，其购毒用于吸食的行为本质并未发生改变，但大范围应承担构成走私毒品罪的刑事责任。这不仅有违吸毒行为非犯罪化的应然立场，从社会危害性角度来看，还与牟利性走私毒品行为存在明显差异。[①] 即使吸毒人员违反了海关管理秩序，也并不表明一定要对其行为作入罪处理。尤其是其仅为自吸而寄递少量毒品入境的行为，在主观上并不以危害他人身心健康为目的，在客观上因数量少也不会引起毒品滥用风险，或对社会乃至个人造成实害结果。如此一味地将吸毒人员为自吸而寄递或携带少量毒品入境的行为认定为走私毒品罪，基于当前轻易便可从境外直接购买毒品的高发情况，势必会造成走私毒品罪不合理地扩张适用，将一些吸毒人员自损并且社会危害性不大的行为纳入刑法规制。总体而言，对因国际物流发展而带来的大量吸毒人员走私毒品案件如何认定，需重新审视在刑法语境下的走私行为，对“跨境即犯罪”的形式判断标准应如何修正，才能排除不应受刑事处罚的相关行为。

（五）未有主观明知的证据支撑而认定为犯罪

毒品犯罪主观明知如何有效证明，是历来司法审判中的关键问题。因人货分离、与业务行为相混合等行为特点，寄、运、收三方主观明知为毒品又存在新的认定疑难，进而影响对寄递毒品行为的司法认定。

1. 收寄双方主观明知证明不足

近年来，以“第三代毒品”为代表的新精神活性物质大量充斥于国内外消费市场，基本以大约 30 种/年的速度更新换代，“与一二代毒品相比，往往表现出更强的隐蔽性、成瘾性和社会危害性”[②]。相较于鸦片、海洛因等耳熟能详的传统毒品，新型毒品种类繁多，往往超出社会公众的认知范围。如行为人对列管目录不及时关注增补变化，确实难以判断自身所接触的物质是否属于受管制物质，[③] 进而产生对毒品属性、犯罪构成乃至相关法律条款的认知

① 曹波、郑兰旭：《论毒品犯罪中“动态持有”的司法认定规则》，载《学术探索》2020 年第 12 期，第 128-137 页。

② 石经海、赵戈：《新精神活性物质法律管制的困境与出路》，载《郑州轻工业大学学报（社会科学版）》2022 年第 1 期，第 60 页。

③ 张汝铮：《毒品犯罪“主观明知”的实质性研究》，载《广西社会科学》2019 年第 2 期，第 111 页。

误区。毕竟，作为明知对象的“毒品”既是因自身物理属性而客观存在的事实概念，又是含有价值判断及法律属性的规范概念。在案件侦查过程中，行为人会辩解不知寄递物品为何物，或辩解不知所查获毒品属于受管制的麻醉药品或精神药品，或辩解知道是管制药品但不知为毒品，等等。随着毒品种类日渐更新、行为手段趋于隐蔽、证据获取难度加大，对行为人明知为毒品的主观要件证明尤为困难。我国部分规范性文件专门规定了主观明知的推定规则，即当基础事实已经被证明成立时，根据通常情况下事物之间的常态联系来推定对毒品具有主观明知，进而解决“零口供”的主观认定问题。通过“列举+兜底+反驳”的表述方式，《昆明会议纪要》根据毒品犯罪方式手段的变化进行新的扩充。其中，对毒品这一行为对象的认识，成为主观明知认定问题的关键。基于生活行为惯常逻辑及法则所提供的认定经验，主观明知的推定规则主要是从行为人被查获时是否存在异常行为、携带及交接方式是否高度隐蔽、联系方式是否高度隐秘以及是否获取高额报酬四个方面予以判断。

物流寄递毒品行为所呈现的与网络相融合、各构成要素相分离、与业务行为相混合等特点，更便于行为人逃避公安机关侦查，在具体个案中也借此产生了更多不具备主观明知的辩护意见。如在引起公众广泛关注的“四川主播为粉丝跨省取藏毒快递”一案中，被告人牟某作为一家文化传媒公司的主播，受到其粉丝杨某指使，从四川成都坐飞机到陕西咸阳某洗衣店取一个行李箱，随后被公安机关当场抓获。针对非法持有毒品海洛因的客观事实，被告人辩称其与杨某存在纠纷，帮助杨某取东西也是偿还债务所致，并不知行李箱内藏毒，不构成犯罪。经过案件重审、上诉，审理法院认为，被告人收取了远超于寄递快递所需的路费，并且随时向其“上线”杨某汇报路况，足以认定其对行李箱内可能藏毒具备主观明知。[①] 据案件考察发现，对于收寄双方主观明知的推定标准如下：其一，从行为人联系内容、行动轨迹等生活情况不符合常理进行推定，如其从居住地辗转几千公里之外专门代他人收取快递，在出发前曾检索过如“帮朋友取的快递里有毒品会判几年”等内容。其二，从行为人收寄件时的异常表现进行推定，如收寄双方身份、住址及联系方式均为虚构，或者在收寄件之前数次前往物流驿站踩点、指派亲朋好友或物流工作人员代收等违背交接惯例的行为，至少能够表明主观明知物品不正常。其三，从涉案人员是否具有贩毒、吸毒等特殊身份进行推定，如收寄双

① 《一网络主播，被判无期!》，2024 年 5 月 10 日，https：//m. gmw. cn/2024-05/10/content_1303733184. htm，最后访问时间：2024 年 5 月 15 日。

方曾实施涉毒违法犯罪行为，则明知为毒品及再犯的可能性会有所上升。其四，从是否获取高额报酬进行推定，如收寄双方受雇用或指示，获得了远超于惯常交易规则的报酬，反映出其认识到所交接的物品可能是违禁品。

从处于毒品运输两端的收寄双方来看，对主观明知的推定证明力度不足。在传统贩运模式下，不论是贩卖、运输、走私还是非法持有毒品，都需要行为人与毒品处于同一时空之内，也就是说，毒品从始至终都与行为人关联密切。即使行为人隐于幕后，雇用或指示他人带毒，也可通过联络内容、方式等证据推定二者存在非正常交易，进而对与毒品相关联的违法犯罪行为人进行循线追踪。例如，交易双方在某地准备交接毒品或由上家将毒品置于某地时，被公安机关抓获。除了明显被蒙骗、利用的情况，犯罪嫌疑人难以说清为何会携带毒品并进行交接，对主观明知所能够辩解的空间比较有限。通过聊天、转账记录等与毒品交易直接相关的案件事实，足以反映行为人满足构成毒品犯罪的主观要件。在行为人选择通过物流渠道寄递毒品的情况下，其主观犯意并不明显，表现在认识、意志及共犯之间的犯意联络更难以证明。自毒品进入物流渠道之后，与收寄双方的关联度大幅减弱，很难完全根据既往的侦查思路来收集认定基础事实的相关证据。在流通过程中，本应属于交易双方或者运毒者之间有关毒品的联络内容被第三方物流运输服务关系完全替代。第三方物流可能作为无犯罪故意的事实承运者，与收寄双方仅就物品寄递产生联系。即使毒品确系由行为人接收，也难以直接推导出其明知为毒品的基础事实，还需要补充其他证据加以认定。虚构收寄双方的身份信息、拒绝接受开箱验视等情况，在主观明知为毒品的证明力上也有所不足。收寄双方可能是出于保护隐私、避免“不必要”的麻烦而拒绝提供身份信息及开箱检查，第三方物流也可以节省时间等为由不严格执行安检工作。由此可见，这一基础事实显然存在其他符合公众认知的合理解释，难以简单、机械地套用列举式规定。尤其是对于收件方，如是替他人接收完全可辩解是在不知情的情况下代收快递，如是自己接收则可辩解其仅是接到收件消息并取件，并不知对方寄出物品为毒品。因人货分离的行为特征，携带、接收毒品的人也并不一定知道经手的物品内藏毒，通过在案证据往往难以排除其他可能性。

收寄双方存在主观明知为毒品的其他可能性，对基础事实的证据确实、充分的证明标准提出了更高的要求。如行为人对毒品明知达到了必然程度，在构罪方面不存在障碍。如行为人对毒品明知仅达到了可能程度，其构成犯罪的主观要件尚未成立，需进一步证明。以寄递代收情况为例，行为人需认识到代为接收的物品内藏毒，或可能藏毒，才能认定其具备主观明知。但若行为人确切认识到是除毒品外的其他违禁品，而不可能认识到是毒品，则发生事实认识错误。在推定明知的情况中，如通过体内藏毒、高度隐蔽的方式交接、接受检查时的异常表现等基础事实，存在主观明知为毒品的概率极高。[①] 但对于收寄双方而言，这种基础事实与推定事实之间的常态化联系便值得推敲，按照既往的推定思路认定为犯罪，实际上并不严密，需针对物流这一特殊情况对列举规定进行具体阐释。

2. 第三方物流主观明知证明不足

第三方物流借助于日常业务行为实现运输毒品的犯罪效果，如予以刑事归责，需考察其主观上是否明知邮寄物品内藏毒，在证据收集及推定上更具有难度。与毒品交易上下家相比，第三方物流否认明知为毒品的情况更容易出现，而且难以从生活行为的惯常逻辑及法则予以辨别。由于运毒行为与自身业务行为高度重合，第三方物流会以本就从事货物运输业务为由，否定明知邮寄物品内藏毒。不论是运输毒品还是邮寄普通物品，在不太可能引起社会公众怀疑的同时，为其主观明知为毒品而仍实施承运行为提供了“理所应当”的辩解理由。案发后，第三方物流可辩解其仅是按照平时工作流程处理邮寄物品，即使被查证另外收取过报酬，也可声称是为赚取外快而受到蒙骗，表明自身并不存在运输毒品的主观故意。而且，对第三方物流与贩运人员之间共同犯罪故意的判断，也不能一概而论，牵涉到“明知说”与“共谋说”的传统分歧。如何考察第三方物流在此过程中存在愿意参与的意思表示，受到业务因素影响，同样存在证明困难。

具体而言，从现有关于毒品犯罪的主观明知推定规则来看，考察第三方物流是否明知为毒品，存在证明力不足的问题。其一，根据联系内容、行动轨迹等生活情况是否符合常理进行推定。第三方物流的日常工作职责就需要与客户沟通联络运货事宜，负责将客户托运的物品辗转各处并最终送至收件地。关于收货运货等联系内容，也有可能属于正当业务关系。其二，根据收寄件过程中行为表现是否异常进行推定。当前物流领域经营情况普遍粗放，因发展速度过快、规模急剧扩张，出现质量不均的现实问题。第三方物流在日常经营过程中，忽视收寄、运输及派送等环节安全检查的现象比比皆是。在此现实背景下，第三方物流即使在收寄过程中明知为毒品而故意不执行

---

① 梁坤：《毒品犯罪主观明知推定规则之实证检讨》，载《证据科学》2018 年第 5 期，第 544 页。

“三个100%”的安检要求，也不足以据此推定其具备主观明知。其三，根据收寄双方是否实施过毒品违法犯罪活动进行推定。涉案物流工作人员作为运毒第三方，除非与收寄双方存在事前共谋，否则会因联系松散而难以从收寄情况推导出其一定明知为毒品而予以寄递。其四，根据行为人是否获取不同寻常的高额或不等值报酬进行推定。行为成本和收益的不对等往往表明行为人对风险是“心中有数”。《昆明会议纪要》在“获取不同寻常的高额、不等值报酬”的推定情形中补充了运输、携带或接收物流寄递毒品行为。第三方物流应熟知符合市价的寄递费用标准，在处理这单业务时确实收取远超于市价的报酬，可产生其应明知邮寄物品内为违禁品的推断性事实。一般来说，对价超出正常市价越高，行为人主观明知为毒品的可能性就越大。① 如果行为人仅是帮助别人搬运、运送物品，却获得极高报酬，多半是因为这个物品运输风险很大。不过，如仅从报酬的收取情况推定主观明知，结合运输的业务身份，可能会在一定程度上削弱证明力。

若第三方物流对寄递毒品存在直接故意，尚且可以通过与其他贩运人员是否存在事前共谋与是否收取高于市场价的邮寄费用等客观事实予以推定，但证明其存在间接故意尤为困难。实践中，第三方物流提供运输服务之初可能存在缺乏主观明知的情况，而是在收寄件、派送等具体工作过程中发现或被告知客户有意实施毒品违法犯罪活动，如何证明其有放任故意乃至是否具有刑法上的可归责性存在很大的认定障碍。原因在于，除与贩运人员事前共谋的情况外，即使第三方物流明知对方所交寄的邮寄物品内藏毒，基于“多一事不如少一事”、提升业务处理量等考虑或在此过程中形成犯罪合意，也不需要主动实施更多作为，只需按照对方的业务委托要求并在工作过程中尽量不检查、不上报，就等于成为毒品“承运人”，将毒品当作正常邮寄物品投入物流渠道。也就是说，其缺乏显示外观异常的相关行为。若第三方物流具备放任毒品运输的主观故意，从已查实的证据中就更难以推导出其在运输毒品行为时的主观心理态度。

在“规避检查型、行为隐蔽型、违背常理型、信息虚假型、既往受罚型、实际控制型、痕迹指向型”② 的明知列举情形中，大部分如“高度隐蔽”“明显违背合法物品惯常交接方式”等因第三方物流运毒行为表现之日常化、职

---

① 杜颖：《毒品犯罪案件中“主观明知”认定的实证解析》，载《西南政法大学学报》2014年第3期，第41页。

② 梁坤：《毒品犯罪主观明知推定规则之实证检讨》，载《证据科学》2018年第5期，第538页。

业化而难以适用，进而在司法实践中规避了大部分主观明知的推定规则。现行对毒品犯罪主观明知所形成的“列举+兜底+反驳”① 推定方式，其整体仍倾向于被动式回应，而毒品犯罪手段方式的快速变化也必然会对现有推定规范提出新的问题。针对第三方物流运毒行为主观明知如何认定，从当前所列举的情形来看，难以周延并符合日常经验法则，应从“有其他证据足以认定行为人应当知道的”“其他可以认定犯罪嫌疑人、被告人明知的情形”等兜底规定中，进一步予以补足并限制适用。虽然寄递在毒品犯罪活动中仍属于运输方式的一种，但从亲自或雇用他人带毒到由第三方物流寄递毒品的转变，表明了在打击物流渠道贩运毒品案件过程中，有必要将第三方物流作为重要参与主体予以考察。在规范物流行业自我发展及有效监管的同时，应着重考察第三方物流对毒品贩运情况是否知情，进而认定对其能否进行刑事归责，这也是依法严厉打击毒品犯罪、严密刑事法网的应有之义。

二、有违刑法谦抑精神导致定罪扩大化

虽然对涉毒违法行为定罪量刑有违刑法谦抑精神成为当前刑事惩处毒品犯罪的普遍性问题，但在物流寄递情形下，此定性问题又有新的表现。将情节显著轻微的收寄、分拣、运送或派送行为一律入罪，主要集中在对寄递走私毒品与接收物流寄递毒品行为的认定上。通过实证分析，定罪扩大化的处理导向也并未起到遏制物流寄递毒品行为的治理实效。作为运输服务平台，如何将第三方物流纳入禁毒责任主体范围，更好地发挥预防、控制毒品犯罪的阵地作用，需要平衡多种治理手段。从当前司法实践来看，对第三方物流的其他治理手段有所忽视，在罪与非罪的认定上均作入罪处理，进而导致刑法适用扩张。

（一）未考察情节是否显著轻微而作出犯罪认定

当采用刑法手段惩治物流寄递毒品行为时，存在未考察情节是否显著轻微而作出犯罪认定的问题。对于情节显著轻微的寄递毒品行为一律作入罪处理，有违我国《刑法》第 13 条的规定。事实上，刑法过度介入物流寄递毒品行为，动用更多的刑罚对预防及控制物流领域毒品犯罪的治理效果不佳。

---

① 王锐园、刘叶：《毒品犯罪中明知推定的立法范式与适用逻辑》，载《福建警察学院学报》2022 年第 3 期，第 38 页。

1. 将情节显著轻微的寄递毒品行为一律入罪

刑法以积极入罪的态度介入毒品问题治理，过分延伸处罚边界导致行政处罚难以适用。如前所述，《禁毒法》第 59 条“构成犯罪的，依法追究刑事责任；尚不构成犯罪的，依法给予治安管理处罚”的规定，以及《刑法》第 13 条关于“情节显著轻微危害不大的”但书条款，均表明了对于故意走私、贩卖、运输及非法持有毒品等行为存在非罪处理余地。然而，《刑法》第 347 条又明确了“无论数量多少，都应当追究刑事责任，予以刑事处罚”。最高人民检察院、公安部发布的《关于公安机关管辖的刑事案件立案追诉标准的规定（三）》进一步规定，“走私、贩卖、运输、制造毒品，无论数量多少，都应予立案追诉”。对毒品数量乃至含量不作入罪要求的立法规定，与我国从严治毒的政策立场密切相关。自 1990 年《全国人民代表大会常务委员会关于禁毒的决定》出台以来，基本确立了依法从严打击毒品犯罪的治理思路，从毒品制造、贩卖、运输到促进消费各个环节实现刑罚的全面覆盖。随着毒情态势的复杂化，1997 年的《刑法》单独将“走私、贩卖、运输、制造毒品罪”作为一节，在入罪门槛、处罚对象及措施等方面进一步趋严。尤其是“无论数量多少”的立法规定，表明了毒品犯罪不同于其他刑事犯罪类型的处罚趋向。①

这意味着在司法实践中，行为人只要实施走私、贩卖、运输、制造毒品的行为，在不考虑数量及纯度的前提下，均应按照毒品犯罪定罪处罚，难以避免受到刑法规制。《刑法》第 347 条给其第 13 条但书规定的适用，带来不可逾越的实践障碍，表现为前者未留出罪的可能性，而后者保留不构成犯罪的定性结果。一般情况下，行政违法行为与刑事犯罪之间的区别在于，前者的社会危害性尚未严重到需要动用刑法来处罚，后者经刑法的价值评价，对刑法所保护的社会关系产生严重社会危害，达到应受刑事制裁的程度。但对于毒品犯罪的定罪处罚，受到依法从严打击的驱动，依托于无论毒品数量多少都追究刑事责任的立法规定，呈现出积极入罪的司法现状。毒品犯罪认定圈的过分扩张，导致本应与刑法协同治理的行政法难以发挥作用。行政处罚在面对涉毒违法行为时，几乎没有适用空间，其相关的行政处罚规定逐渐沦为所谓“僵尸条款”。在这种积极入罪的认定导向下，明显存在将情节显著轻微的收寄、分拣、运输或投递毒品等行为一律入罪的问题。考察发现，一旦证明寄、运、收三方主体明知为毒品并实施相应寄递行为，就会根据客观表

① 伍晋：《毒品犯罪刑罚适用研究》，西南政法大学 2020 年博士学位论文，第 22-24 页。

现认定为走私、贩卖、运输或非法持有毒品罪。虽然毒品犯罪对个人、社会乃至整个国家的严重危害不言而喻，依法予以从严打击乃是应有之义，但具体个案的事实情况并不相同，行为手段、危害后果、实施方式等影响行为社会危害性程度的情节也必然存在“显著轻微”而不构罪的认定结果。

以接收寄递毒品入境均构成走私毒品罪的情况为例，一方面存在仅基于毒品是否进出境的客观表现来定罪，导致通过国际物流渠道将毒品直接邮寄至接收地的吸毒人员大范围适用走私毒品罪；另一方面出现混同行政法与刑法语境下的走私行为，导致对此行为并无出罪余地的定罪扩大化问题。在物流寄递情形下，走私毒品罪之所以大范围地扩张适用，很大原因就是吸毒人员已经无须借助中介购买毒品，可通过国际物流渠道直接将毒品邮寄到其所在地。除了未考虑吸毒人员身份的情况，也有将走私行为一律认定为走私犯罪的情况发生。虽然行政法及刑法语境下的走私行为都破坏了海关监督管理秩序，违反相应海关管理法规，但二者存在社会危害性程度是否严重的界分。从情节来看，只有具有严重社会危害性、刑法所规定的应予以刑事处罚的走私行为，才能从行政违法属性“升级”到刑事犯罪属性。例如，走私普通货物、物品，走私假币，走私武器、弹药等行为构成相应的走私犯罪，均需数量或情节的入罪条件要求。由此可见，寄递走私毒品进出境的客观行为，并不一定具有构成走私毒品罪的严重社会危害性，可能构成逃避海关监管、违反海关管理法规的行政法语境下的走私行为。而且《海关法》《行政处罚法》等对于违反海关管理规定的走私违禁品行为，存在没收走私货物、物品及违法所得，并处罚款等行政处罚，应存在可适用行政处罚的空间。

又如，代收者帮助他人代取快递行为，同样存在出罪的可能性而未考虑情节显著轻微的问题。在物流寄递情形下，贩运毒品活动所牵涉的行为主体及环节增多，所产生的社会危害性也存有差异，有必要针对个案具体情况采取有针对性的治理措施。随着物流体系的建成完善，在网络平台上购物并寄递到家，再由接收者前往当地物流营业网点收取快递已然成为社会公众日常生活的重要组成部分。其中，代取快递成为衍生的新型服务行业，不少从事此服务行业的人员，通过代取并直接将快递运送至客户具体所在地点来获取报酬。违法犯罪分子为进一步增强隐蔽性，还会雇用他人帮助自己前往物流营业网点代收快递，在指定地点进行转交。在部分案件中，代收者本身并不参与之前上下家之间的毒品贩运活动，而是与接收者仅就帮助收取快递达成了共谋。从罪刑相适应的角度出发，代收者被雇用代取快递对整个毒品违法犯罪活动的贡献程度较小，主观上是为了获取代收的相应报酬，在犯罪中所发挥的作用也远低于背后的接收者及直接参与毒品贩运活动的其他人员。

对于物流寄递毒品行为的定性，存在过度依赖刑罚手段的司法认定逻辑，有违《刑法》第 13 条的但书规定。其受到主客观要素的影响，事实上存在情节显著行为危害不大的个案情况，应按照但书规定予以出罪处理。但过度依赖刑法的治理导向，将刑法规定的不应受刑事惩处的物流寄递毒品行为认定为相应犯罪，严重挤压行政处罚的适用空间，不当扩大了刑法的打击范围，也造成了物流寄递毒品行为的行政违法与刑事犯罪行为边界的机械认定。尤其是第三方物流如一律进行刑事追诉并定罪处罚，必会影响其日常生产经营活动，进而危及其生存发展，最终有损社会经济秩序的正常运行。基于此，还需兼顾控制毒品犯罪与维系物流行业合法经营的多重治理目的，进一步平衡保生存促发展与刑事惩罚的力度。而这些目的仅依靠刑法一律进行定罪处理，将难以充分实现。

2. 刑法的过度介入并未实现有效治理

刑法对物流寄递毒品行为介入过早、过多，不仅有违刑法谦抑理念导致定性泛化，从传统到物流行为手段的变化，也表明“刑罚失灵”的治理窘况。作为严重社会问题之一的毒品犯罪，历来是通过刑法干预早期化、扩张化形成的“重刑治毒”治理模式，通过依法严厉打击毒品犯罪达到预防及控制毒品问题之目的。这种过度依赖刑法的治理手段，将情节显著轻微危害不大而本应由行政法规制的涉毒违法行为纳入犯罪圈，一律都认定为犯罪并依法严厉打击，在有违刑法谦抑精神的同时，并未达到有效预防及控制犯罪的效果。从传统到物流行为手段的变化，实际上表明毒品犯罪在严厉打击下并未完全消弭，反而寻找新的“寄生”渠道及领域，增大社会危害程度。除我国历年所发布的禁毒形势报告、公检法系统所披露的案件数据或新闻报道外，本部分基于中国裁判文书网数据库，在“案件类型”栏目中选择“刑事案件”，在“文书类型”栏目中选择“判决书”，在裁判日期栏目中限定为 2020—2023 年，依次在“全文检索”栏目中输入“毒品”“物流”等关键词进行检索。通过对刑事判决书内容的再次筛选，排除与物流寄递毒品行为无关或者内容重复的判决书，最终共获得有效判决书 300 余份，对物流寄递毒品行为的治理效果进行考察。

第一，物流寄递毒品案件数量呈高发态势。我国历年来禁毒形势报告的相关表述，总体上表明我国毒品贩运主流方式的更迭变化。自《2013 年中国禁毒报告》首次提及“物流寄递渠道”以来，直到《2022 年中国毒情形势报告》仍提及通过雇用专门运毒团队或人员、物流火车代送、邮包寄递、同城快递等方式将毒品从供应地转移至接收地的非接触式贩毒模式突出。从注意到毒品贩运活动中的物流涉毒现象，到网络与物流对毒品犯罪的影响，再到“互联网+物流寄递”，已成为毒品犯罪的常见方式，直接表明物流寄递领域毒品问题的严重性。从官方数据、实证分析情况来看，物流涉毒案件数量持续走高。具体而言，2011 年，全国共破获物流涉毒案件 611 起，缴获毒品 1504.3 千克，均同比上升 50%以上；2013 年，全国破获物流涉毒案件 271 起，缴获毒品 800.4 千克；2017 年，全年破获物流涉毒案件猛增至 1499 起，抓获犯罪嫌疑人 1789 名，缴获毒品 10 吨。而且，通过国际物流，大麻、恰特草等毒品走私进出境的情况严峻；2019 年，物流贩毒案件仍呈大幅上升趋势，其中破获货运渠道贩毒案件 491 起、邮寄快递渠道贩毒案件 2037 起，同比分别上升了 29.6%、32.4%；2020 年，全国破获物流涉毒案件 3011 起，其中货运渠道贩毒案件 414 起，快递渠道贩毒案件 2303 起；2021 年，全国破获物流涉毒案件 3741 起。在最高人民法院于 2021 年、2022 年、2023 年所发布的十大毒品（涉毒）犯罪典型案例中，均有利用“互联网+物流寄递”实现毒品贩运的行为手段，表明犯罪分子依托于网络平台联络交易并收取毒资、利用物流渠道运输毒品的现象较为突出。① 在 2022 年我国发布的典型案例中，还有一起通过国际邮包少量、多次、分散寄递毒品入境后在国内贩卖的毒品案件。最高人民检察院指出，当前新型毒品犯罪借助于现代信息技术及寄递业的发展，以“互联网+物流寄递+线上支付”作为毒品贩运的主要手段。②

第二，物流寄递毒品行为在运输距离上形成巨大跨度半径，加速毒品在境内外、各省市乃至同城之间的流通。一方面，借助高速、辐射性强的互联网技术，通过国际物流跨境运毒现象较为突出。例如，在 2021 年广东禁毒的“1 号专案”中，运毒人员辗转于珠海市各国际物流企业，通过网约平台接单并寄递藏有毒品的哑铃、滚轴、羽毛球杆等五金制品到世界各地，形成在国内制造毒品与销往境外之间的利益链。公安部门通过与柬埔寨开展禁毒执法合作，彻底斩断了通过物流跨境走私贩卖毒品的犯罪通道，所抓获的犯罪嫌

① 最高人民法院：《2021 年十大毒品（涉毒）犯罪典型案例》，2021 年 6 月 25 日，https：//www.court.gov.cn/zixun-xiangqing-310731.gtml，最后访问时间：2023 年 4 月 48 日。

② 崔晓丽：《最高检：对新型毒品犯罪一手抓打击一手抓治理》，2023 年 2 月 10 日，https：//www.spp.gov.cn/zdgz/202302/t20230210_600747.dhtml，最后访问时间：2023 年 4 月 28 日。

疑人、缴获的各类毒品的数量突破历年纪录。① 另一方面，跨省、跨市运毒情况更加常态化。毒品一旦经过始发地的收寄验视关卡，对贩运人员来说就等同于进入了“绿色通道”，由专人运送到收件地。正是这种低风险、高回报的运输方式，较少受限于交通工具的转化、关口的检查及人力上的安排，为远距离毒品运输提供了较大便利。有学者总结了国内贩运毒品的几条主要路线，依托于物流运输线路，毒品在全国范围内基本可实现短时间流通。② 如前所述，短途物流业务也为毒品违法犯罪分子所利用，在同城内寄递毒品的情况时有发生。违法犯罪分子将毒品混在普通物品内，利用同城内物流业务的安全检查漏洞，委托跑腿、闪送等快递人员短时间送达毒品。

第三，寄递毒品种类趋于集中化。当前所收集、分析的数据显示，物流寄递的毒品种类主要集中于冰毒、大麻及其制品两类。如表 2-1 所示，在物流涉毒案件样本中，涉案毒品种类按照频发性依次为冰毒频数 157 次，约占总频数的 46.87%；大麻及其制品频数 79 次，约占总频数的 23.58%；海洛因频数 39 次，约占总频数的 11.64%；氯胺酮频数 17 次，约占总频数的 5.07%；复方磷酸可待因频数 12 次，约占总频数的 3.58%；麦角酸二乙基酰胺（LSD）频数 8 次，约占总频数的 2.39%；吗啡频数 4 次，约占总频数的 1.19%；咪达唑仑和氯硝西泮频数各 3 次，约占总频数的 0.90%；γ-羟丁酸、苯巴比妥、鸦片、氟西泮、曲马多、二甲基色胺、溴替唑仑、盐酸哌替啶、盐酸二氢埃托啡、氟胺酮、可卡因、莫达非尼、氯苯那敏频数各 1 次，类型上统称其他，共约占总频数的 3.88%。由此可见，虽然在案件样本中既有冰毒、氯胺酮、海洛因这类公众认知度较高的毒品种类，也有大麻、曲马多、麦角酸二乙基酰胺等虽为国家管制但不为公众所熟知的毒品，但从频发性来看，冰毒几乎占据了全部样本的“半壁江山”，大麻及其制品频数也“遥遥领先”于其他毒品种类。显然，当前物流寄递的毒品种类实际上较为集中，以冰毒、大麻及其制品为主。有学者分析，冰毒占比较大可能与冰毒体积小、价格高，犯罪交易风险及回报率双高等因素有关。③ 大麻及其制品是以走私毒品犯罪案件为主的。域外部分国家或地区推行了大麻合法化政策，允许社会

---

① 《蹲守 3 年终露“狐狸尾巴”！揭秘广东禁毒 2021 年 1 号专案!》，2022 年 6 月 27 日，www.chinapeace.gov.cn/chinapeace/c100055/2022-06/27/content_12641201.shtml，最后访问时间：2023 年 4 月 30 日。

② 李云鹏：《物流贩毒研究》，载《云南警官学院学报》2011 年第 5 期，第 16 页。

③ 郭瑞霞、董倩雯：《对快递运输毒品的调查与思考——基于 G 省 Z 市的实证分析》，载《山东警察学院学报》2015 年第 6 期，第 136 页。

公众自用一定数量的大麻，增加了我国公民获得大麻及其制品的机会，导致近年来通过国际物流走私大麻及其制品入境的情况比较突出。不过，从涉案毒品种类、数量来看，也有不少毒品类型开始充斥于物流领域，在未来发展态势上趋向于多样化、复杂化。

表 2-1　物流寄递毒品类型示意

类型	频数（次）	百分比（%）
冰毒	157	46.87
大麻及其制品	79	23.58
海洛因	39	11.64
氯胺酮	17	5.07
复方磷酸可待因	12	3.58
麦角酸二乙基酰胺（LSD）	8	2.39
吗啡	4	1.19
咪达唑仑	3	0.90
氯硝西泮	3	0.90
其他	13	3.88

第四，毒品数量通过多频次逐渐向上累积。相较于传统人力运毒，通过物流渠道贩运毒品的数量更为巨大，总体运毒量惊人。传统人力贩运毒品受限于各种主客观因素以及较高的风险，其运送量比较有限，如一般人体藏毒数量上限在 1500 克。而通过物流渠道贩运毒品的情况则不然，总体运毒量较多。据《2011 年中国禁毒报告》数据显示，通过物流渠道贩运毒品的数量大约是前者的 5.65 倍。物流寄递毒品行为发展至今，近 3 年所流通的毒品数量更是有增无减。如表 2-2 所示，在 300 余份物流涉毒的一审刑事判决书中，对贩运毒品数量分布由低到高进行排列。通过进一步筛查，明确注明物流运毒数量的有 154 份案件样本，再考虑不同毒品种类在性质、成分及危害性等方面的较大差异，本表仅录入在此次案件样本中冰毒的运输量。根据《刑法》第 347 条关于运输毒品罪的规定，甲基苯丙胺（冰毒）的“少量”对应“不满十克”，“数量较大”对应“十克以上不满五十克”，“数量大”对应“五十克以上”。物流寄递冰毒的数量由低到高依次为：不满 10 克的 25 起，约占总

数的16%；10克以上不满50克的30起，约占总数的20%；50克以上不满100克的23起，约占总数的15%；100克以上不满500克的39起，约占总数的25%；500克以上不满1000克的11起，约占总数的7%；1000克以上不满5000克的26起，约占总数的17%。不仅如此，涉案冰毒量达几千克的案件也占有一定比重，甚至在几起案件中运毒量达到上万克，这与物流领域毒品贩运风险低、成本低等因素密切相关。

表2-2　物流寄递冰毒数量统计

数量	案件（起）	百分比（%）
不满10克	25	16
10克以上不满50克	30	20
50克以上不满100克	23	15
100克以上不满500克	39	25
500克以上不满1000克	11	7
1000克以上不满5000克	26	17

毒品违法犯罪分子通过物流渠道贩运的毒品数量，有时是以少量多次、"蚂蚁搬家"的方式累积而成的。考察案件样本发现，并非通过一两次物流运输活动便能完成贩运，一般情况下会借助多次物流运输活动不断累加运毒数量。具体而言，贩运人员每次寄递毒品都控制在少量范围内，化整为零，即将持有的毒品分开包装运输，经对案件样本考察发现，最多可达60多次。如在部分案件中，贩运人员将几克、十几克毒品藏于平信中，再将平信邮寄到收件地。一方面，此犯罪手段便于藏匿毒品，少量夹带于正常物品内不易引人注意，降低被查获的风险；另一方面，如事后被查获，因仅有少量毒品，交易双方之间的单笔损失也可控。[①] 因此，虽然每次寄递毒品数量较少，但实际上可能仅为数次交易中的一环，背后牵涉整个毒品贩运活动，最终由少积多形成更大的贩运量。

第五，寄递毒品的伪装方式多样且隐蔽。具体而言，一是将毒品变化为各种形态夹藏在普通物品中寄出。违法犯罪分子为掩人耳目，往往在将毒品

① 王志超：《快递贩毒的特点、成因及打击对策研究》，载《北京警察学院学报》2014年第5期，第75-76页。

寄出之前进行伪装处理。如将毒品藏匿于日用品、食品、手工艺品、工业产品等内部空间，或在正常物品外包装上加厚或制造夹层，将毒品藏匿于夹层中寄出。有的将毒品压成薄片、磨成粉末、搓成丸状，或者稀释成液体注入衣物内再提取，等等。有的则在寄递物品体积、数量上“做文章”，如利用集装箱货运复杂、抽检率低等特点，将毒品藏匿于“超大型货柜内部深层”。[①]这种多样化的藏毒方式难以直接观察辨别，给收寄验视工作增加难度。二是在交寄、收件环节上“两头不见人”，隐匿真实身份来贩运毒品。在毒品运出之前的交寄阶段，寄件方在填写物流单据时，利用第三方物流收寄工作的疏漏，登记虚假姓名、住址及联系方式，以防交易暴露而被公安机关发现。据考察发现，一般寄件人姓名都标注“××先生”或代号，根据联系电话及地址更是查无此人。一旦事发，公安机关难以通过寄件单据上的个人信息进行查证。在收件方确认毒品到达后，并不马上亲自来取，而是观察一段时间后雇用跑腿、骑手等或者安排亲朋好友前往收件地代收快递。毒品在通过物流渠道抵达收件地后，还会经过重复的“接力”才能让最终的收件方接手。因此，公安机关很难确定不同阶段接收毒品的行为人是否与毒品贩运活动有关联，给真正的涉毒人员以可乘之机。此外，毒品违法犯罪分子还会充分利用物流业务活动特性来减少自己被查获的风险。如寄件方会先寄出空包裹或者普通物品包裹给收件方，上家将毒品填充进包裹后通过退货手段，由第三方物流将快递寄回，装作普通快递进行来回交接，从而避免被公安机关察觉。另外，近年来出现的以丰巢科技等为代表的智能快件柜服务更是成为人货分离新的表现形式。凭借智能快件柜的暂存服务功能，寄件方甚至无须与第三方物流当面接触，便可将毒品存入智能快件柜中寄出，而收件方可凭借取件码等信息前往智能快件柜收取毒品。

（二）忽视平台其他治理手段而致刑法适用扩张

如何有效预防、控制毒品通过物流渠道流入社会，除依法严厉打击毒品犯罪外，第三方物流作为运输服务平台，也理应发挥重要的“关卡”治理作用。但现实情况表明，对其故意或过失实施运送毒品行为，因未厘清如何承担责任、承担何种责任的归责依据，造成未考虑平台其他治理手段而僵化适用刑事惩处的问题。

---

① 张黎、邵俊程：《论物流渠道贩毒问题及防治对策》，载《中国人民公安大学学报（社会科学版）》2011 年第 5 期，第 37 页。

1. 第三方物流应发挥平台治理作用

第三方物流作为运输服务平台，通过日常经营活动提供服务的同时，给毒品违法犯罪活动以可乘之机，使其成为事实参与主体。随着互联网技术的发展，为进一步提升运输服务水平、满足日益增长的客户需求，平台经济与物流服务相融合，催生出以菜鸟为代表的第三方物流企业平台。[①] 一方面，从正向作用来看，为满足经济发展对物流产业的需求，专门承担货物流通功能的第三方物流纷纷出现，提供运输、仓储、配送、信息管理等多种服务。除了由物资提供者组织运输力量送货的第一方发货人、由物资需求者组织运输力量提货的第二方收货人，当前占据物流领域的主要是以接受客户委托并为其提供专门运输服务的第三方物流。第三方物流连接第一方发货人、第二方收货人并处于二者之间，通过合约形式专门将物品运至接收地，充分发挥物流领域协调各环节的枢纽作用。另一方面，这种运输服务在促进经济发展、方便公众日常生活的同时，被毒品违法犯罪分子利用，成为运毒工具。借助于物流寄递渠道，毒品在运输范围上跨度更大且用时更短，而且这种以合法形式来掩盖违法犯罪目的之行为，破坏了物流领域的正常运输秩序，进一步加剧了社会危害性。面对“互联网+物流寄递”的毒品犯罪新常态，如果仍以传统禁毒模式即以公权力打击为主，因毒品违法犯罪活动更强的隐蔽性、智能性等特征，则很难全面延伸并发挥作用。尤其是面对日益庞大的快递量，由于人力、技术受限，难以做到对所有邮寄物品的全面筛查。毒品的交易及运输活动所呈现的新特征，使国家事前查获与事后打击难度持续增大，阻碍对毒品违法犯罪活动的打击效能，此时强调网络及物流服务平台的治理作用就显得尤为重要。现实情况表明，网络及物流服务平台在日常经营过程中，是可以通过自主自治、自我完善及调节，达到预防毒品犯罪、维系禁毒安全之目的。

在毒品犯罪手段方式日益更新、复杂化的当下，单靠刑法手段自身所具备的惩罚及预防功能已难以应对，在毒品犯罪及物流领域涉毒风险方面，可将预防责任部分下沉于第三方物流的日常经营业务活动中，积极实现事前介入。第三方物流作为运输服务平台所具有的逐利、增长经济效益原动力，促使其对任何经营行为都需进行成本与收益衡量，出现如对部分违法违规行为放任不管、怠于执行各项职业规范等问题。对自我规制的不足与失灵，导致

---

① 陈艳霞：《平台型物流企业的治理与商业模式创新研究》，载《物流科技》2023 年第 4 期，第 30 页。

第三方物流未能充分发挥禁毒的治理作用。物流寄递毒品行为之外观与业务行为相重合并表现出的不作为特征，正是源于增容了第三方物流的事实参与主体。第三方物流治理作用阙如表现为，怠于执行在寄递安全方面“三个100%”的工作要求，放任毒品通过其所提供的货物运输服务流入社会，进而实现在不同主体间的线下转移。结合收寄验视、实名收寄与过机安检的工作要求，第三方物流对邮寄物品能否起运的条件审查不力，既不认真检查、登记收寄双方真实的身份地址信息，也对检查邮寄物品的安全性有所疏漏。这种情况造成本应在进入运输环节之前就能够发现并查获毒品，却因第三方物流故意、过失等主观心理而缺少应有作为，等同于将毒品当作普通邮寄物品进行运输。无论毒品交易在线上如何进行，都需要在线下发生毒品转移才能最终完成贩运活动，此时把好物流寄递关就等同于从根本上阻止毒品流入社会。

综上所述，当前司法实践中，对于如何维系物流领域禁毒安全，不仅第三方物流作为运输服务平台的社会责任缺失，而且内部不同规模、经营水平的私营物流企业在犯罪预防层面的努力千差万别，并未充分发挥很好的禁毒预防效果。在个体履责表现方面，《禁毒法》《邮政行业安全监督管理办法》《邮件快件实名收寄管理办法》等法律法规均对第三方物流所应执行的安检操作要求有所规定，赋予了其在收寄、运输及派送等阶段所应履行的工作责任，但仍存在不建立、不执行或放宽执行制度要求的现实问题。在内部责任治理方面，第三方物流并未有效监管客户的收寄行为，以及按照职业规范要求严格履行各项收寄程序。在系统整体贡献方面，[①] 如何根据自身技术及服务内容，协助配合公安机关查获毒品进而抓获犯罪嫌疑人，有待进一步转化为打击毒品犯罪的治理优势。部分物流企业内部，因缺失对收寄双方真实身份地址信息的记录，或者所保存、披露的数据时限及范围有限，极大地影响了公安机关侦查取证工作。

2. 对第三方物流的刑事归责未考虑特殊性

出于事前预防的需要，第三方物流应积极发挥毒品治理作用，但存在忽视其如何履行作为义务的问题，导致责任清单及后果并不明晰。虽然服务、技术加持并未改变毒品犯罪的基本罪质，但也切实放大毒品违法犯罪活动的隐蔽性、社会危害性，需要考虑如何将网络、物流平台治理纳入毒品问题治

---

① 吴群、杜媛媛：《平台型物流企业供应链生态圈社会责任治理研究——以满帮集团为例》，载《管理案例研究与评论》2023 年第 6 期，第 783 页。

理工作中。以网络服务提供者为例，《刑法修正案（九）》新增了拒不履行信息网络安全管理义务罪等罪名，进一步完善了网络犯罪治理的相关立法规范。虽然对该罪名如何理解适用存有争议分歧，但不可否认的是，这使网络服务提供者在网络犯罪中所应履行的义务内容、履行程度及法律后果都规范化。同理，面对“互联网+物流寄递”的新常态，第三方物流对于控制毒品犯罪、防止毒品流入社会也能够发挥重要作用，但缺少相应的归责依据，参与毒品犯罪治理的规范基础及实施机制不足。具体而言，虽然相关法律法规强调了第三方物流所应履行的禁毒社会责任，但从内容来看仍是偏宣示性、原则性的规定，也未结合物流寄递毒品行为等新情况予以补充完善。尤其是在以刑事打击为主的毒品问题治理模式下，更难以有效地激发第三方物流参与禁毒工作的动能，无法应对毒品犯罪的严峻态势。而且对于第三方物流在应对寄递毒品情况时应为或不为等行为要求，应如何履行及履行程度比较模糊。[①] 这种模糊性的行为要求，一方面，可能会过分扩张第三方物流所承担的社会责任，因负担增加而不利于物流行业的整体发展。另一方面，可能会使第三方物流对如何更有效履行禁毒责任产生困扰，难以发挥其在毒品犯罪问题上的治理优势。毕竟，第三方物流所应承担的对邮寄物品安全性等监督管理的义务，并不仅是政府责任的简单转移，而应考虑经济效益与禁毒责任的平衡。

与其他毒品犯罪不同，第三方物流是通过自身所提供的运输服务产生运毒的行为效果。第三方物流应否以及在何种程度上对所经手的邮寄物品负有安检等作为义务，并承担何种程度、何种类型的刑事责任问题亟待回应。第三方物流是通过不作为而产生运毒的效果，在其不作为的背后蕴含着某特定义务的违反，必须先厘清构成犯罪的前置条件，即前提依然是作为义务的判断问题。客观来说，物流领域中毒品这一风险并非由第三方物流所引起，但基于其主导及支配性地位，应承担阻止毒品流入社会的相应责任。只不过不能将第三方物流未履行好行业规范要求，将毒品流入社会的风险全部归责于第三方物流自身。由此可见，对第三方物流、网络服务提供者这类事实参与主体，是否构罪及定何种罪名，应严格作为义务、可能性及该当性等，在归责理念、模式及正当性等方面都应与其他行为主体有所区别。然而，当前我国毒品问题治理过于依赖刑法手段，导致对第三方物流平台治理作用有所忽

① 梅传强、董寅辉：《网络毒品犯罪的平台治理困境与出路——以网络平台提供者的企业合规为视角》，载《浙江警察学院学报》2023 年第 6 期，第 41–42 页。

视，以致刑法适用扩张。但对于毒品问题并不仅限于刑事打击，只要能够降低犯罪发生可能性的战略、措施都应包含在内。如一味将打击、管控重点集中于毒品违法犯罪活动本身，而忽略第三方物流参与主体所应履行的禁毒责任及预防毒品犯罪的技术优势，仍难以实现全面有效的防控。刑事治理更多的是强调行为构成犯罪后的打击与惩治，但对于第三方物流而言，如何更有效地发挥其作为运输服务平台的治理作用也需同步推进。

总的来说，当第三方物流对于寄递安全取得支配地位，同时被法律法规赋予相应的监督管理义务时，因怠于履行此义务而造成危害结果，如何在其可归责的范围内承担不作为责任，有待于进一步厘清。一方面，刑法在对第三方物流运毒行为予以规制时，需明确其构成不作为犯罪的前提条件即对邮寄物品安全性承担的义务内容及应履行的程度，才能划定归责条件及免责义务，进而明晰责任边界。这也是严密刑事法网、依法从严打击毒品犯罪的必然要求。另一方面，不论是网络服务提供者还是第三方物流，在日常经营管理过程中，完全可通过加强内部控制机制进行管理、监督及预防，有效避免毒品以此为渠道流入社会，成为遏制毒品犯罪的关键防线。这就需要国家转变过分依靠刑事手段的传统治理思路，通过明确处于管理、支配地位的第三方物流所应履行的相应义务，促进形成毒品犯罪“公私合作”[①] 的共治模式。此模式的形成，需要多方利益相关者共同合作，由强调打击、围堵、控制转向多主体、多手段的综合防控。例如，腾讯公司在 2016 年与公安部达成了“守护者计划”，创建反电信网络诈骗及黑色产业链的企业社会责任平台。对内联合业内专家致力于提升反诈骗技术支持，对外积极配合公安部等主管部门、其他行业及民众等多个方面的力量。如此一来，由单一的政府主导模式转向主体更为多元、灵活及社会性的治理模式，鼓励和保证第三方物流能够以最大的自由度及独立性参与毒品犯罪治理。[②] 要达到此制度效果，促使单位参与到毒品犯罪治理中，必须厘清对其刑事归责的正当性基础，否则既会对第三方物流经营能动性产生消极影响，也无法达到全面治理毒品犯罪的目的。

三、未厘清犯罪特殊形态导致法律适用混乱

在刑法理论层面，关于毒品犯罪的既遂标准本就存在诸多争议，并主要

---

① 梅传强、周鹏程：《论网络毒品犯罪中安全管理义务的实现路径》，载《河南警察学院学报》2022 年第 2 期，第 25 页。

② 江溯：《论网络犯罪治理的公私合作模式》，载《政治与法律》2020 年第 8 期，第 40 页。

集中于贩卖、运输毒品罪的既未遂形态如何认定。在此传统分歧仍未得到解决的前提下，当前毒品交易及贩运形式发生了结构性变革。不论是网络还是物流因素的介入，均在很大程度上改变了传统毒品交易规则、拉长了交易链条，且较之以往增添了毒品流通的多个环节，造成了毒品犯罪既遂标准认定的新困境。除事前通谋的情况外，在第三方物流与其他贩运主体之间联络松散、行为较为独立、利益关联度较弱的情况下，其行为构成相应毒品犯罪共犯、单独构罪或者不构成犯罪就会存在认定混乱。

（一）寄递行为的犯罪既遂认定标准无序

尽管既未遂形态并不影响毒品犯罪的成立，但明确既遂认定标准对于实现刑罚的实质正义具有重要价值。本着依法从严打击毒品犯罪的政策精神，在司法实践中即使存在认定不明、证据不清等问题，也多倾向以毒品犯罪既遂论处。甚至有专家学者认为，为了实现严惩目标，多年来司法机关一般不区分毒品犯罪的既未遂形态。[①] 经考察发现，事实也是如此。关于毒品犯罪既未遂形态被纳入争议焦点进行说理回应的案件少之又少，最终被认定为未遂的毒品犯罪案件比例非常低，而且何时构成既遂形态显然未达成统一，更不存在对预备、中止等未完成形态的认定。犯罪未完成形态作为法定从轻、减轻处罚情节，如果忽略甚至认定混乱，将难以体现司法的公平公正性。

为进一步分析物流寄递毒品行为所带来的犯罪既未遂形态认定问题，本部分拟通过案例分析方式揭示司法实践对毒品犯罪未完成形态的裁判情况。以聚法案例数据库为样本来源，以“毒品”“物流”“刑事”为关键词，以“走私、贩卖、运输、制造毒品罪”为案由，以“判决”为文件性质，以“普通案例”为文件类型，以“近五年”为裁判日期，共获得此次研究样本1000余份。经考察发现，与“一手交钱，一手交货”的传统毒品贩运模式相比，在物流寄递毒品行为中货物流、资金流并非同时、同向发生，而是存在上家已收取毒资，尚未寄递或已完成寄递，下家未收到毒品等特殊情形。从被查获的时间来看，毒品从供应地向接收地转移过程中所处地点、环节的不同，影响毒品犯罪何时构成既遂。

1. 毒品未寄出情况下的既遂标准不统一

在毒品尚未寄出的情况下，有两个节点存在既遂标准不统一的问题。当

① 张洪江、周智勇、王力欣等：《人民法院审理毒品犯罪案件司法适用与定罪量刑》，中国法制出版社2020年版，第18页。

违法犯罪分子前往当地营业网点或到达后交寄毒品、第三方物流查验邮寄物品及毒品准备寄出的不同阶段，贩卖、运输毒品罪是构成既遂还是未遂的形态认定不统一，如以下多个案例。

第一，在贩毒人员准备交寄毒品给物流工作人员的案情中，部分刑事判决将此情形认定为贩卖毒品罪既遂。案例一，宋某等二被告人在网上与位于云南省曲靖市的买家达成毒品交易并完成毒资转移后，通过某快递向买家邮寄大麻时被公安机关抓获。针对犯罪未遂的辩护意见，审理法院认为，交易双方就毒品数量、价格、方式达成合意，并按照约定完成毒资转移，表明大麻已然进入交易环节。因此，二被告人贩卖行为已对国家毒品管制秩序造成了实质侵害，构成贩卖毒品罪既遂。① 案例二，公安机关在成都市锦江区某小区门外，当场抓获了正欲通过某快递邮寄冰毒的被告人舒某奎。审理法院将此次查获的冰毒数量计入贩卖毒品罪既遂的刑罚裁量中，但值得注意的是，其以模糊性表述认可了毒品未流入社会的客观因素，并在量刑中酌情给予从轻处罚。②

针对相似的案情，部分刑事判决将行为人认定为贩卖毒品罪未遂。案例三，刘某等二被告人准备通过物流渠道向外地贩卖冰毒被当场扣押。审理法院认为，因这部分毒品已被公安机关扣押，可按照贩卖毒品罪未遂从轻处罚。③ 案例四，张某等二被告人在出门邮寄快递的过程中，在小区电梯口被当场抓获。审理法院认为，此时贩卖毒品罪由于意志以外的原因而未得逞，系犯罪未遂，可以比照既遂犯从轻或者减轻处罚。④

第二，当物流工作人员在检查邮寄物品过程中发现藏毒时，部分刑事判决将此情形认定为贩卖、运输毒品罪既遂。案例五，物流工作人员在检查阶段先后发现林某某、宋某二被告人寄往乌鲁木齐、大连及喀什的邮寄物品内藏毒。在毒品未寄出之前，二被告人即被公安机关抓获。审理法院认为，此时毒品已由二被告人带至交运环节，构成贩卖毒品罪既遂。⑤ 案例六，被告人赖某将毒品藏匿于两盒茶叶中并委托寄送，在接受物流工作人员开箱检查时被抓获。审理法院认为，被告人明知为毒品而采取物流方式运至内蒙古，构

① 金昌市金川区人民法院（2019）甘0302刑初16号刑事判决书。
② 渭南市中级人民法院（2018）陕05刑初80号刑事判决书。
③ 枣庄市山亭区人民法院（2018）鲁0406刑初202号刑事判决书。
④ 泰安市中级人民法院（2019）鲁09刑初16号刑事判决书。
⑤ 广东省深圳市中级人民法院（2019）粤03刑初763号刑事判决书。

成运输毒品罪既遂。[①]

针对相似的案情，部分刑事判决认定其属于“未得逞”，主张贩卖、运输毒品罪未遂。案例七，周某平等二被告人拟通过物流渠道将冰毒贩卖至湖南省平江县，因安检未通过遂将冰毒取回。审理法院认为，二被告人此次贩卖毒品行为未得逞，在量刑时考虑犯罪未遂情况。[②] 案例八，被告人刘某将冰毒藏匿于食品包装内并通过某快递点进行运输。物流工作人员在检查时发现可疑物随即报警，将毒品及时控制在寄件区域。审理法院认为，被告人已经着手实施运输行为，由于意志以外的原因而未得逞，系运输毒品罪未遂。[③]

第三，当毒品准备从寄件地运出即被查获时，部分刑事判决将此情形认定为贩卖、运输毒品罪既遂。案例九，被告人余某文通过腾冲市腾越镇某物流公司将罂粟壳和罂粟籽寄往四川省成都市，随后其在恒大物流公司所邮寄的全部毒品被查获。审理法院认为，被告人贩卖及运输行为已全部完成，构成贩卖、运输毒品罪既遂。[④] 案例十，公安机关在寄件地顺丰速运分拣中心查获了被告人黄某富准备寄出的冰毒。审理法院认为，被告人为牟取非法利益实施运输毒品行为，构成运输毒品罪既遂。[⑤]

针对相似的案情，部分刑事判决认为当毒品还未由第三方物流寄出时，行为人贩卖、运输毒品罪并未完成，进而主张系未遂。案例十一，谢某林在毒品将由第三方物流寄出时，被公安机关抓获。审理法院认为，在此情况下被告人虽已着手实施运输毒品行为，但因意志以外的原因并未实行完毕，系运输毒品罪未遂。[⑥] 案例十二，公安机关在毒品尚未寄出的当天就发现被告人廖某伟通过其安排的物流工作人员运输毒品，并查获其投递的冰毒。审理法院认为，因被公安机关查获，被告人与买家之间并未实际完成毒品交易，系贩卖毒品罪未遂。[⑦]

综上所述，在贩运人员已将毒品交寄给第三方物流后，待寄出之前的不同阶段中，既未遂形态的认定疑难在于，贩运人员交寄毒品行为的完成是否能视为贩卖、运输毒品罪的既遂节点。多数刑事判决在处理此类行为时倾向

---

① 绵阳市培城区人民法院（2018）川 0703 刑初 553 号刑事判决书。
② 北京市第三中级人民法院（2020）京 03 刑初 53 号刑事判决书。
③ 鄂州市鄂城区人民法院（2019）鄂 0704 刑初 516 号刑事判决书。
④ 保山市中级人民法院（2019）云 05 刑初 192 号刑事判决书。
⑤ 普洱市中级人民法院（2020）云 08 刑初 112 号刑事判决书。
⑥ 湖南省怀化市鹤城区人民法院（2020）湘 1202 刑初 432 号刑事判决书。
⑦ 龙门县人民法院（2021）粤 1324 刑初 40 号刑事判决书。

采用“达成合意说”“交易环节说”“起运说”，认为只要贩运人员将毒品交寄给第三方物流，就等同于实际交付毒品甚至贩卖、运输行为的完成，构成贩卖、运输毒品罪既遂。在贩运人员交寄毒品后，毒品实际上能否运出、何时运出、运至哪里等结果都已脱离其事实控制范围，即自身所能实施的所有贩运行为都止于将毒品成功交寄之时，导致司法实践易将既遂节点限制在其自身交寄行为范围内。由此造成，在从达成合意、支付毒资到买家收取毒品之间拉长的时空距离下，对第三方物流的介入因素有所忽视，而沦为“一刀切”的犯罪既遂处理方式。在考虑此种标准是否存在过于提前认定既遂形态风险的同时，少数刑事判决则持相反意见，认为此种情形下贩卖、运输行为因意志以外的原因而未得逞。

2. 毒品在签收过程中的既遂标准不统一

在投递派送毒品阶段，毒品犯罪既未遂形态的认定不统一表现为对倒卖、持有、运输与走私毒品实行行为是否完成的差异理解，如以下多个案例。

（1）倒卖行为是否已完成的认定不统一。当贩毒人员前往物流营业网点准备接收毒品而被公安机关抓获时，部分刑事判决将此种情况认定为贩卖毒品罪既遂。案例十三，余某民、吴某星等三被告人商量倒卖毒品，并联系上家将冰毒以快递形式邮寄至江西省景德镇市。其中一被告人在景德镇市某快递点被公安机关抓获，从其收取的邮寄物品中查获冰毒。审理法院认为，三被告人行为已构成贩卖毒品罪既遂。① 理由是，被告人以贩卖为目的购入毒品，只需完成其中一个行为即可将其认定为贩卖既遂，将其与上家转移毒资、毒品寄出的情况认定为倒卖行为的完成。甚至于贩毒人员在物流营业网点实际取到毒品之前，其贩卖毒品罪就已被认定为既遂。案例十四，寄件方在收取毒资后，通过邮寄茶叶的形式向被告人李某林所在地寄出冰毒。被告人在尚未接收之际即被公安机关抓获，其所购入的毒品在物流营业网点被查获。审理法院将此次所查获的毒品数量均计入对贩卖毒品罪既遂的量刑考虑中。②

在相似的案情中，部分刑事判决将此种情况认定为贩卖毒品罪未遂。案例十五，被告人陈某德通过物流渠道从云南边境地区购入冰毒并准备贩卖，在阳新县某网点签收藏毒的邮寄物品时，被公安机关抓获。审理法院认为，因所邮寄的毒品在运输途中已被发现，被告人客观上无论如何都无法获得涉案毒品，也无法再进行贩卖，其购买及贩卖行为均未实施完毕，应作为贩卖

① 景德镇市中级人民法院（2020）赣 02 刑初 18 号刑事判决书。
② 天津市南开区人民法院（2019）津 0104 刑初 181 号刑事判决书。

毒品罪未遂处理。[①] 案例十六，被告人蔡某采取预售形式贩卖毒品并已收取毒资，但所购入毒品在签收时被公安机关当场查获。审理法院认为，被告人所预售的毒品尚未实际由其接收即被查获，是由于意志以外的原因而未得逞，系贩卖毒品罪未遂。这属于上下家已达成交易合意、转移毒品，而毒品尚未购入的情况。

综上所述，倒卖行为的犯罪既未遂形态分歧集中在买入行为上，在毒品已寄递至收件地的情况下构成贩卖毒品罪既遂抑或未遂。司法实践倾向将倒卖行为认定为犯罪既遂，将既遂时点置于贩毒人员买入毒品阶段。“买入即既遂”的立场根据在于，一方面，倒卖行为和直接贩卖毒品行为都破坏了国家毒品管制秩序，并且毒品交易可能由无数个倒卖及直接出卖行为构成，如此认定也有利于从严打击毒品犯罪。另一方面，如果考虑直接出卖行为一经完成即构成既遂的司法取向，那么倒卖行为中包含贩毒人员买入毒品动作，应将其认定为贩卖毒品罪既遂。在此立场下，当毒品已到收件地时，贩毒人员接收能否被视为其买入行为已实际完成，将直接影响对犯罪既未遂形态的认定。

（2）持有行为是否已完成的认定不统一。当毒品被寄递至收件地后，购毒者在接收毒品过程中被公安机关抓获时，多数刑事判决将此种情况认定为非法持有毒品罪既遂，并具体表现为尚未实际接收毒品、收取毒品后短暂占有及雇用跑腿、骑手或委托亲朋好友收取毒品等节点。案例十七，公安机关在收件地物业处查获被告人亢某艳所留手机号码关联的可疑邮寄物品，并从中提取出冰毒成分。审理法院认为，被告人明知为毒品而非法持有，并且数量已达 335. 13 克，构成非法持有毒品罪既遂。[②] 案例十八，被告人沈某强明知待收取的快递内藏毒，仍作为收件方前往某快递服务部签收快递，与另一被告人在取得毒品准备离开时被公安机关抓获。审理法院认为，被告人明知他人通过物流形式寄递毒品仍帮助接收，构成非法持有毒品罪既遂。[③]

在相似的案情中，部分刑事判决则认定其构成非法持有毒品罪未遂。案例十九，被告人唐某兵通过物流形式准备接收氯胺酮，在某智能快递柜取件过程中被公安机关抓获。审理法院认为，被告人已经着手实施犯罪行为，但

① 阳新县人民法院（2020）鄂 0222 刑初 331 号刑事判决书。
② 常熟市人民法院（2017）苏 0581 刑初 2158 号刑事判决书。
③ 西宁市城中区人民法院（2020）青 0103 刑初 114 号刑事判决书。

由于意志以外的原因而未得逞，系非法持有毒品罪未遂。[①] 案例二十，被告人王某在收取并携带毒品至他人住处准备交接时，被公安机关抓获。次日，公安机关又从他人寄给王某的另一个邮寄物品中查获冰毒。经法院审理，被告人构成非法持有毒品罪未遂。[②]

非法持有毒品罪在此阶段构成既遂抑或未遂，争议焦点集中于对持有行为如何理解。一方面，认定既遂的裁判理由主张，购毒者此时已取得毒品，即使持有时间较短，也足以表明其已对毒品处于掌管、保有状态；或者主张把是否签收作为既遂节点，当购毒者签收后即表明其对该快递实际控制、持有，形成事实上的支配力；或者主张在毒品到达指定的收件地后，物流营业网点仅是代管毒品，实际上已经由购毒者自身控制毒品；或者从买方角度出发，主张即使公安机关在毒品交寄、运输过程中进行布控，也不妨碍购毒者已实现毒品交易的现实结果。由此可见，在既遂主张内部又存在毒品寄出、到达收件地、购毒者签收等不同的既遂标准。另一方面，认定未遂的裁判理由认为，只有当购毒者客观上能够支配、控制毒品才符合非法持有毒品罪的构成要件。基于此，当毒品尚在物流营业网点或者在接收过程中被查获时，主张购毒者未能正式直接或间接持有毒品，无法形成刑法意义上的持有；或者主张购毒者所实施的非法持有行为在寄出之时或邮寄过程中一直处于公安机关的监控范围内，无论如何都无法真正持有毒品。

（3）运输行为是否已完成的认定不统一。经考察发现，除通过物流形式直接寄递毒品的情况之外，还存在运输“接力”现象。具体而言，为逃避公安机关侦查，贩毒人员往往会安排多段线路运输毒品，通过网上招聘等形式雇用、委托他人在收件地等待接收毒品，接收后再根据下家所在地通过物流或由他人继续送往其他区域，在此过程中可能会循环往复地进行“接力”运输。这不仅涉及共同运输毒品罪对未完成形态的影响问题，还涉及运毒人员在接收毒品时是否构成运输毒品罪既遂的形态问题。一方面，各共犯之间的实际分工不同，并且互为配合发挥整体推进毒品违法犯罪活动，在犯罪未完成形态上应当是整体的停止，即所有共犯应处于一致的犯罪阶段。其中一人停止犯罪并非意味着所共同实施的运输毒品行为停止，也就是说，即使既遂结果是由部分共犯所造成，所有共犯也均应构成犯罪既遂。另一方面，在起运后，物流运毒行为的实施一般会呈现毒品运输—到达收件地—投递派送—

① 上海市奉贤区人民法院（2020）沪 0120 刑初 493 号刑事判决书。
② 常熟市人民法院（2018）苏 0581 刑初 1703 号刑事判决书。

取货等动态的渐进过程。当运毒人员受到雇用或委托前往收件地接收毒品，接收后继续运输时，在接收过程中被抓获是否构成运输毒品罪既遂的认定不统一。

运毒人员在投递派送阶段被当场抓获时，是构成运输毒品罪既遂还是未遂形态的争议焦点在于，其前往收件地并接收毒品的行为是否表明运输行为已完成。一方面，部分刑事判决认为运毒人员在接收毒品时已构成运输毒品罪既遂。案例二十一，被告人何某新接受他人安排在成都收取快递后再将毒品送至指定地点。其乘坐汽车、飞机等交通工具从云南到达成都后，在物流营业网点接收毒品时被公安机关抓获。针对不能实际取到毒品并构成犯罪未遂的辩护意见，审理法院认为，被告人所取毒品虽系他人邮寄，但其前往收件地并领取毒品，足以表明其运输行为已经完成并构成犯罪既遂。① 另一方面，部分刑事判决则认定此情形构成运输毒品罪未遂。案例二十二，被告人王某军前往汉中市汉台区收取并拟将毒品转送至其他区域，在前往物流营业网点的过程中被公安机关抓获。审理法院认为，被告人因公安机关事先掌握犯罪事实意志以外的因素，未能实际取到毒品，构成运输毒品罪未遂。②

针对运毒人员受指使、雇用的情况，司法实践缺少对共同犯罪既未遂形态认定的考量。考察发现，在何种情况下受雇用的运毒人员与他人构成共同犯罪，在认定上较为模糊，如以下两个案例。案例二十三，被告人王某广在他人的指示安排下帮助运输过三次毒品，第三次前往山西省太原市寿阳县并在快递站接收毒品时被公安机关抓获。针对从犯的辩护意见，审理法院认为，在该案中被告人的运毒行为系单独犯罪行为，在主观与客观层面与他人不构成共同犯罪。③ 案例二十四，针对王某军运输毒品的客观事实，审理法院认为，被告人与雇佣者在微信上多次沟通运毒事宜，并接受安排前往收件地随时待命接收毒品，与雇佣者应构成运输毒品罪共犯。④ 由此可见，受他人指派并帮助收取、转运毒品的运毒人员，是否构成运输毒品罪共犯形成不同的处理结果。而且，司法实践往往忽略共犯关系对运输毒品罪既未遂形态的影响，进而有碍于运毒人员刑事责任的分配与承担。

（4）走私行为是否已完成的认定不统一。走私毒品罪根据行为类型的不同，在司法实践及相关解释中形成差异化认定路径。早在 2000 年最高人民法

---

① 成都市中级人民法院（2018）川 01 刑初 345 号刑事判决书。

② 汉中市汉台区人民法院（2020）陕 0702 刑初 96 号刑事判决书。

③ 晋中市中级人民法院（2019）晋 07 刑初 49 号刑事判决书。

④ 汉中市汉台区人民法院（2020）陕 0702 刑初 96 号刑事判决书。

院研究室《关于对海关监管现场查获的走私犯罪案件认定既遂、未遂问题的函》规定，走私罪在海关监管现场被查获的，应构成走私既遂。随后，最高人民法院、最高人民检察院发布的《关于办理走私刑事案件适用法律若干问题的解释》第23条规定，针对在海关监管现场被查获、以虚假申报方式走私并实施完申报行为等情形，应构成相应走私犯罪既遂。基于此，根据行为类型的不同，如行为人采用通关方式走私毒品，在司法实践中一般是以申报行为是否实施完毕作为区分既未遂形态的标准；如行为人不进行通关申报，在海关监管现场被抓获的，构成走私毒品罪既遂；如行为人采用绕关方式走私毒品进出境，一般是以毒品是否越过国（边）境线作为区分标准。问题在于，当前越来越多的毒品是通过国际物流渠道进出国（边）境，应如何认定走私毒品犯罪的既未遂形态？

考察发现，在毒品到达收件地后至行为人取件前这一阶段，存在不同的形态认定结果。一方面，部分刑事判决将行为人接收毒品时被抓获的情况认定为走私毒品罪未遂。案例二十五，对于周某走私毒品行为，审理法院认为，被告人第二次向境外卖家购入大麻的行为，因其在收货地点签收准备离开时被查获，构成走私未遂并依法从轻处罚。① 案例二十六，在毒品通过境外物流渠道邮寄入境后，公安机关安排物流工作人员将毒品取出，导致被告人黄某某在某快递柜取空包裹时被当场抓获。虽然毒品最终未由被告人实际取得，但毒品入境已成事实。审理法院以被告人所接收的包裹内并无毒品为由，将其认定为走私毒品罪未遂。② 对于在海关现场毒品被当场查获的情况，有法院审理认为此时毒品未能通过我国海关，走私行为因意志以外的因素而未能得逞，构成犯罪未遂。③ 另一方面，部分刑事判决将此种情况认定为走私毒品罪既遂。案例二十七，被告人赖某丙在收取藏毒包裹时被当场抓获，同时其第二个国际快递在物流营业网点被查获。审理法院认为，被告人从境外走私的毒品已经入境，即越过国（边）境线，构成走私毒品罪既遂。④

对于通过国际物流渠道输出毒品的情况，在认定既未遂形态时也并非全无疑问。如有学者认为，当行为人能够主观控制的全部走私行为终止于将毒品交寄给第三方物流时，所实施的走私犯罪已实施完毕，应以其完成交寄手

---

① 南昌市中级人民法院（2020）赣01刑初52号刑事判决书。

② 深圳市中级人民法院（2019）粤03刑初645号刑事判决书。

③ 东莞市第二人民法院（2018）粤1972刑初1145号刑事判决书。

④ 钦州市中级人民法院（2019）桂07刑初5号刑事判决书。

续为既遂节点，在此之后都构成走私毒品罪既遂。[①] 显然，此界定标准结合物流特性并在原有规定的基础上进行突破，与通过物流向境内输入毒品的情况一样，均表明现有关于走私毒品罪的既遂标准规定已无法满足实践需要，需要结合物流寄递方式对走私毒品进出境行为何时既遂作出适当补充认定。

3. 毒品被退回或拒收时的既遂标准不统一

根据《邮政法》《快递市场管理办法》以及《邮政局关于印发〈无法投递又无法退回快件管理规定〉的通知》等文件，存在邮寄物品可拒收、退回的用户权利，进而导致本次交易未达成的事实情况。收件人员如不知邮寄物品为何物、对所购买货物不满意、发货速度太慢等主客观因素，根据具体接收方式，可直接联系物流工作人员或通过官方程序选择拒收，使邮寄物品从收件地流回寄件地并送至寄件人员手中。第三方物流对于无法联系收件人员、收件人员拒收或拒付应付费用、邮寄物品滞留期届满时仍未有人领取等情况，应将邮寄物品退回至寄件地。同样，通过物流渠道寄递毒品也存在毒品有质量问题或交易未谈妥等事实情况，导致毒品从寄件地到收件地之间来回转移，最终流回寄件方。

当毒品被当作普通邮寄物品拒收、退回时，部分刑事判决将此种情况认定为贩卖毒品罪未遂。案例二十八，被告人张某通过某快递给贾某邮寄冰毒。因贾某未实际转移毒资，被告人通知物流工作人员将毒品退回至寄件地，后其在领取被退回的毒品时被公安机关抓获。审理法院认为，被告人贩卖给贾某的 2.3348 克冰毒并未实际交付，此次贩卖行为系犯罪未遂，依法从轻处罚。[②] 案例二十九，被告人孙某凯将毒品销往各地，因毒品存在质量问题，有买家拒收并将毒品退回。审理法院认为，这部分被退回的毒品并未实际流入社会，系贩卖毒品罪未遂。[③]

针对拒收的客观事实，部分刑事判决将其认定为贩卖毒品罪既遂。案例三十，被告人张某某通过临漳县某物流公司向买家贩卖、交付“奥亭”复方磷酸可待因口服液。其中一次因买家不想要，毒品返回至该物流公司后被公安机关查获。审理法院将本次退回毒品数量计入贩卖毒品罪数量中，并将其认定为犯罪既遂。[④] 案例三十一，被告人姚某通过物流渠道共三次邮寄冰毒，

---

① 陈明蔚:《邮寄型走私毒品犯罪的既遂标准》，载《人民司法（案例）》2016 年第 2 期，第 17–18 页。

② 涿州市人民法院（2019）冀 0681 刑初 437 号刑事判决书。

③ 吉林省辽源市中级人民法院（2018）吉 04 刑初 29 号刑事判决书。

④ 临漳县人民法院（2018）冀 0423 刑初 291 号刑事判决书。

前两次因毒品质量问题被买家拒收退回，第三次则是在邮寄过程中被抓获。审理法院将被告人三次所邮寄的甲基苯丙胺数量均进行计算叠加，认为被告人的三次贩卖行为均构成贩卖毒品罪既遂。①

当毒品被当作普通邮寄物品拒收、退回时，争议焦点在于毒品被退回至寄件方的现实因素是否会影响前次毒品交易的完成。部分法院在审理时认为虽然毒品已被寄递至收件地，但最终并未交付收件方，进而导致此次双方之间的交易未达成。然而，部分法院则主张，虽然毒品最终被退回至寄件方手中，但双方在此之前已完成交易合意及毒资与毒品的相互转移，不能否认毒品已交付的事实。

（二）第三方物流是否构成共犯认定混乱

各行为主体之间是否构成共同犯罪，主观上需判断其是否存在共同故意，而对于第三方物流的共同犯罪故意认定存在证明困难。我国《刑法》第25条将共同犯罪界定为二人以上共同犯罪，包括共同故意的主观要素、实施共同犯罪行为的客观要素。共同犯罪与单独犯罪的区别在于，前者参与的各行为主体之间存在意思联络，包括实行犯、组织犯、教唆犯、帮助犯等具体类型，② 针对同一犯罪行为如何实施形成分工合作。作为认定不同主体之间是否构成共同犯罪的重要判断要素，意思联络重在强调意思表示的双向性。若无意思表示的双向性，即使多个行为主体针对同一对象、在同一地点实施同样的犯罪行为，也不构成共同犯罪。一般而言，这种双向性表现为发出意思表示、传递意思表示、接收意思表示、反馈意思表示、达成合意五个步骤，完成后基本可确定为共同故意。但对于第三方物流而言，其涉毒行为属于独立、松散且与其他贩运人员关联度较弱的情况。基于经营活动的日常性，从第三方物流运输货物的外观表现很难看出其与收寄方达成双向的犯意联络，尤其是所实施的中立帮助行为除是否构罪之外，还面临与其他贩运人员是否构成共犯的认定问题。类比出租车为贩毒者提供乘载服务的情况，第三方物流在提供日常运输服务的过程中，明知他人所交寄的邮寄物品内藏毒，仍为其提供寄递服务，并按照物流行业通常标准收取运输费用的行为性质应作何种规范化评价？

在这种情况下如果意思联络不够紧密，认定共同犯罪故意就尤为困难。

---

① 吉林省吉林市船营区人民法院（2018）吉0204刑初373号刑事判决书。

② 周岸崇：《毒品共同犯罪相关实务问题研究》，载《法律适用》2023年第4期，第109页。

具体而言，一方面，从证据收集角度来看，意思联络发现及证明难。与其他不具有业务身份的贩运人员不同，第三方物流本身就从事货物运输业务，即使存在沟通运毒的联络内容，也具有极高的隐蔽性。如关于“有无时间取货”“送到哪”“运货费用”等表述，就存在进行正常物流运输的合理解释，也不易引起怀疑。尤其是在部分情况下第三方物流事前并未与贩运人员形成共谋，而是在收寄、运输及派送等各个物流阶段发现邮寄物品内藏毒，放任、默许或“心照不宣”地继续推进毒品流入社会，造成难以区分各行为主体之间是属于双向意思联络还是单向意思表示。[①] 基于第三方物流运毒行为的中立性、业务性等特征，其他贩运人员意思表示是否发出或传递难以证明，而提供运输服务的第三方物流是否为意思表示的接受者也难以确定，存在意思联络内容的模糊性。更为重要的是，当贩运人员将毒品交寄给第三方物流时，有可能是想借助于后者本身的日常运输业务完成毒品转移，并非向后者传达运毒的意思表示，也就是说，后者可能并不知情，存在片面共犯的认定情况。除事前共谋的情况外，第三方物流即使事实上承运毒品，所给予的反馈也是不确定、不充分的，是否构成犯罪乃至构成共同犯罪的帮助犯存在认定困难。另一方面，结合我国刑法关于共同犯罪的规定，因未严格界定“共同故意”内容，对于客观行为是否构成共同犯罪，存在“明知说”“共谋说”两种认定思路。“明知说”认为，毒品共同犯罪人只要明知对象为毒品而参与到走私、贩卖、运输、制造等犯罪行为中，即认识到自身与他人在实施同一犯罪即可将其认定为具有共同故意。“共谋说”则主张，毒品共同犯罪人在认识的基础上，仍希望、支持或愿意与其他共同犯罪人配合而完成犯罪行为，才具有共同故意。在行为人认识到自己并非在单独实施犯罪的基础上，还需决意与他人共同实施犯罪的意志因素。[②] 这种意志因素，要求第三方物流既认识到是与他人共同实施毒品犯罪，也要求通过如主动更换毒品外包装、故意不执行安检等行为表示仍愿意配合完成贩运毒品活动。

当第三方物流中立涉嫌运毒行为符合帮助犯的构成要件并能够成立犯罪时，还需进一步明确应以毒品犯罪的帮助犯处罚，抑或单独构成运输毒品罪。如前所述，中立帮助行为与一般帮助行为不同的是，为正犯提供便利与职业行为相重合。第三方物流在提供运输服务的过程中，对毒品违法

---

① 陈小彪、黄卉：《网络共同犯罪中意思联络之司法认定》，载《北京邮电大学学报（社会科学版）》2023 年第 3 期，第 64 页。

② 张汝铮：《毒品犯罪共犯归责路径与反思》，载《社会科学家》2021 年第 12 期，第 138-139 页。

犯罪活动起到了客观促进作用。既然兼具中立性与帮助性，对是否构罪及罪名的选择就应回归于共犯可罚性的探讨。① 以网络中立帮助行为为例，在《刑法修正案（九）》颁布之前，从参与犯罪客观角度将提供网络服务的帮助行为认定为帮助犯。在《刑法修正案（九）》颁布之后，帮助信息网络犯罪活动罪与拒不履行信息网络安全管理义务罪的设立，脱离于传统共同犯罪的归责模式，将帮助行为予以正犯化、独立化。但这两种罪名始终具有帮助他人犯罪的辅助性质，引发了属于共犯抑或单独构罪的理论争议。如第三方物流中立涉嫌运毒行为构成犯罪，需进一步判断其是与收寄双方构成相应毒品犯罪共犯，还是单独以运输毒品罪处罚，同样是正确定性的必然要求。不论是通过共犯论解决还是独立构罪的非共犯论解决，构成两条截然不同的解释路径，直接关系到罪名选择及刑罚轻重。对此，需解决的问题是，因涉嫌运毒的中立性，第三方物流与收寄双方的承运关系是否会因意思联络被刺破，而超出日常服务范畴，从而构成毒品犯罪共犯，融入犯罪行为之中。

第三方物流中立涉嫌运毒行为是构成共犯还是单独的运输毒品罪，问题关键仍应回归于双向的犯意联络如何确定。通过形式比较，帮助犯与正犯化的帮助行为区别在于，前者是根据正犯行为间接侵犯刑法所保护的社会关系，而后者经构成要件正犯化后，其帮助行为本身就被视为具有独立侵犯刑法所保护社会关系的可能性，而无须认识到正犯化的危害行为。尤其是当第三方物流运毒行为具有中立性时，面向的对象具有广泛性及不特定性，但这并非构成共犯或独立运输毒品罪的判断标准。原因在于，只要中立帮助行为在个案中确实促进了他人毒品犯罪，存在提供帮助的客观事实，就构成相应犯罪，而这与帮助行为是否应正犯化的关系不大。通过实质比较，帮助犯与正犯化的区别主要在于处罚根据。具体而言，一是基于共犯从属性要求，帮助犯的成立要求被帮助的行为必须是犯罪实行行为，正犯化的帮助行为构成犯罪则无须从属于被帮助行为属性，即包括违法及犯罪行为。二是对被帮助犯罪行为是否既遂的依赖程度不同。② 就第三方物流而言，其中立性并不影响前述帮助犯与正犯化帮助行为的形式与实质差异，而帮助犯与正犯化的帮助行为都可能具有中立特性。那么判断第三方

① 张博洋、张汝铮：《论中立帮助行为可罚的归因实质》，载《理论观察》2023 年第 3 期，第 114-115 页。

② 孙鹏：《网络中立帮助行为的可罚性界定与罪名选择》，载《刑法论丛》2022 年第 3 期，第 45-49 页。

物流中立涉嫌运毒行为构成共犯抑或单独的运输毒品罪，在客观方面确定为毒品犯罪提供帮助的基础上，应回归于双向意思联络的证明问题。如有法院认为对于此类情况，被告人与毒贩之间的意思联络可以在事中发生，其形式也可以表现为点头示意、附和或接受他人提议等，应属于达成事中共谋并将其认定为毒品犯罪共犯。但有司法机关主张，被告人仅是按照正常市场价格收取运输费用、提供日常运输服务，即使对毒贩产生怀疑，也不能据此认定二者形成意思联络，不能将其认定为有罪。[①] 由此可见，如何认定共同犯罪的主观故意成为认定共犯的关键。对第三方物流共犯的认定混乱，会产生贩卖及运输毒品罪共犯是运输毒品罪还是不受罚的正当业务行为的不同判断立场，直接影响罪与非罪、此罪与彼罪的刑法适用。

---

① 梅传强、张嘉艺：《论毒品犯罪的共犯认定思路》，载《西南政法大学学报》2019 年第 3 期，第 131-132 页。

第三章

物流寄递毒品行为定罪的基本立场

不论是“互联网+物流寄递”还是传统毒品贩运的行为结构，都共同指向关于毒品犯罪刑法适用立场的修正及完善。具体包括：行为是否构罪及罪名的选择，都应始终坚守主客观相统一原理，立足于犯罪主客观要件作有机整体评价，而不能割裂某一要素孤立认定；针对过于依赖刑法导致物流寄递毒品行为定罪扩大化问题，应充分体现应然层面预防性、多手段结合的禁毒形势政策要求。在刑法谦抑精神的指引下，明晰刑法介入毒品问题的正当性，厘清对毒品犯罪行为的归责依据，进而合理划定罪与非罪范围；在治理主体、内容及手段方面，继续严格贯彻宽严相济的刑事政策，调整治理毒品问题过于依赖刑事处罚的司法适用现状，回归理性的刑法功能定位；根据我国刑法关于犯罪未完成形态认定条件、共同犯罪成立条件等规定，给予物流寄递毒品行为既合法又合理的认定。

一、坚守主客观相统一原理

欲解决物流寄递毒品行为定性片面问题，需要正确理解及适用主客观相统一原理。主客观相统一原理在要求主客观要素统一于犯罪行为之中的同时，强调构成犯罪的主客观要件应作一体式分析，而不可割裂各要件要素的相互关系作孤立评价。物流寄递毒品行为是否构罪、构成何罪，都需要结合客观方面如距离、方式、数量、毒品被查获时的状态等要素，主观方面如行为主体、动机、故意或过失等要素，在同一平面上作有机整体认定，这是使物流寄递毒品行为乃至整个毒品犯罪的刑法适用具备合法性、合理性的具体保障。

（一）主客观相统一原理的定位与理念内涵

刑法层面的主客观相统一处于何种地位始终存在争议，但不可否认的是，其贯穿于我国刑法对违法行为定罪量刑的整个阶段。刑法明文规定了罪刑法定原则、罪刑相适应原则与刑法面前人人平等原则。主客观相统一是否属于刑法基本原则存在争议，这关乎对基本原则的界定与理解。在刑法基本原则应具备全局性、根本性特征的基础上，又产生了是刑法所特有还是其他部门法所共有，是属于立法还是司法指导原则抑或两者皆有，是体现刑法指导思想、性质还是协调具体犯罪与刑罚之间关系的原则等认定分歧。显然，如刑法面前人人平等原则并不是刑法所特有的，而是一项普适性原则。也就是说，刑法基本原则并不必须表明刑法与其他部门法所不同的特性。而且，既然将某些原则确立为基本原则，就应表现在刑法规范从确立到适用的全过程，应对刑事立法、司法及刑法解释具有指导作用。对于主客观相统一而言，其并未明文规定在刑法当中，导致其是否应定位于刑法基本原则有不同见解。如有学者认为，主客观相统一属于刑事责任原则，与其他刑法基本原则都发挥实质性的指导作用，“在刑法中的地位都是平等的”[①]，是否被刑法明文规定并不重要。但也有反对的声音，认为刑法基本原则这种表述应只适用于刑法明文规定的三大原则。为避免主客观相统一的地位之争，可将其作为具有普遍意义、最基本的规律来认识。马克思主义辩证唯物论为主客观相统一提供了理论基础，认为人的犯罪行为一定是客观危害行为与主观罪过的统一，并由实践所检验、确定。因此，主客观相统一原理的表述具有实践性与科学性，揭示犯罪行为的基本规律并可用于阐明对行为主体归责的必要性，同样可对刑事立法、司法及刑法解释活动起指导作用。

主客观相统一原理发源于对主观主义与客观主义刑法理论的批判与扬弃。基于对欧洲封建社会中的罪刑擅断、刑罚不均及残酷性的否定，刑事古典学派主张客观主义，即犯罪、刑事责任及刑罚的根据、目的等应以危害行为及其后果为核心判断标准。这种“行为刑法”的论述，将客观的违法行为作为犯罪构成基础，强调刑罚是个人基于自由意志选择的行为结果的报应。刑事可罚性在于外化的客观违法行为，只要确定其是否存在危害行为及其对社会的危害程度，就等同于确定行为主体的主观恶性。随着工业革命后社会的高速发展，过于强调对已然之罪报应的客观主义学说对于高犯罪率就显得无能

---

① 聂立泽：《主客观相统一原则地位论要》，载《法学家》2004年第3期，第93页。

为力，缺少对犯罪及犯罪人本身的研究思考。这一阶段自然科学方法论、进化论及精神病学等新兴领域的兴起，推动刑事实证学派及主观主义学说的诞生。刑事实证学派支持主观主义，认为犯罪、刑事责任及刑罚的根据、目的等应以行为人及其人格为核心判断标准。这种“行为人刑法”的论述，是以具体的犯罪人作为研究对象，通过考察犯罪原因，有效预防犯罪。在主观主义导向下，行为人性格是犯罪产生的重要因素，刑罚应作为改善行为人性格并使其恢复正常、重返社会的一种手段。具体而言，刑法惩治的对象并非危害行为，而是犯罪人性格中的危险性。在近现代刑法中，主、客观主义理论发展呈现出折中趋势。有学者指出，事实上，二者所提倡的刑法观并非完全对立，而是客观主义从行为中推导主观罪过，主观主义对犯罪人危险性格的考察也需基于客观行为。① 从发展后期来看，刑事古典学派所强调的构成要件符合性、违法性、有责性的犯罪构成理论已包含主观方面，而刑事实证学派也对犯罪构成理论等成果在形式上进行吸纳接收。② 这表明，无论是只重视行为的片面客观认定，还是仅以行为人作为科刑对象的做法，都不符合社会环境下个人行为的生成机理。

主客观相统一原理强调，在解决刑事责任的问题上，必须同时考虑犯罪的主客观要素，并注意二者是否统一于犯罪行为中，成为现代刑法的基本价值诉求。根据马克思主义辩证唯物论，基于主观能动性，人可以根据外部世界所带来的反馈，来认识及指导自身的实践活动，不断地认识和改造世界以达到目的。犯罪行为是实践活动的一种，也是人在一定自由意志支配下进行的反社会行为。没有主观罪过，即使行为有客观实害，也无法构成犯罪。没有客观危害行为，主观罪过也无法得到外化显露。坚持主客观相统一原理，便能够防止在犯罪主观与客观要素相分离的状态下只根据其中一个方面就定罪，进而保证罪刑相适应。③ 虽然关于主客观相统一原理的内涵及定位存在争议，但不可否认的是，在刑事立法及司法的不同阶段，其都充分发挥了自身的功能作用。犯罪构成主要从主客观两方面予以定性，也符合认识行为的客观规律。针对物流寄递毒品行为，有必要以主客观相统一原理为指导，纠正仅基于主观或客观方面构罪的定性片面问题。

主客观相统一原理具体表现为，首先，从存在论角度来看，任何犯罪行

---

① 陈兴良：《刑事法评论》（第 2 卷），中国政法大学出版社 1998 年版，第 148-149 页。

② 聂立泽：《刑法中主客观相统一原则研究》，法律出版社 2004 年版，第 40-48 页。

③ 张智辉：《刑事责任通论》，警官教育出版社 1993 年版，第 363 页。

为都应是行为人基于主观心理而产生的社会危害行为或结果。其次，从价值论角度来看，构成犯罪的行为必须是一系列主客观要素的总和，这是我国认定犯罪构成要件的必然要求。按照惯常认知规则，以行为人为行为产生的前提及起点，指向的是客体即刑法所保护的社会关系，联结主体与客体的是客观行为，而客观行为能够表现主观心理，正是践行了主客观相统一原理。① 通过辩证考量行为人在主观心理支配下所实施的危害社会行为，主客观相统一原理应贯穿于犯罪构成适用的全过程。最后，从认识论角度来看，司法人员的主观认识应与案件事实本身相符。只有司法人员对案件事实本身存在正确认识，才能进一步明晰行为定性所对应的法律规范。毕竟，犯罪作为一种社会现象而存在，本身的客观性是毋庸置疑的。某行为是否构成犯罪及如何处罚既属于立法评价，又直接关系到立法者是以何种根据理解规范，这表明在定罪量刑过程中包含主观性。②

（二）要求对寄递毒品行为作有机整体认定

主客观相统一原理不仅要求主客观要素统一于犯罪行为中，还强调定罪时对犯罪各构成要件应作一体式分析，只有将体现犯罪主客观方面的各要件要素置于个案的本土化刑法规范评价体系之中，才能避免对物流寄递毒品行为定性产生不完整的法律适用。

1. 主客观要素统一于犯罪行为之中

主客观相统一原理要求，认定某行为是否构成犯罪应同时考虑主客观要素，不能仅根据外化的客观行为就片面认定犯罪，作出对物流寄递毒品行为的孤立评价。之所以强调主客观相统一原理在物流寄递毒品行为定性中的作用，主要原因包括两个方面。第一，违法犯罪分子无论是通过物流渠道寄递毒品还是亲自贩运毒品，基于刑法层面上对行为的规范评价，都不能脱离于对个罪成立所需主客观要素的考量。物流寄递手段相较于传统毒品贩运模式而言，在交付方式上有所差异，但并未根本改变毒品犯罪性质。在厘清交付方式差异的基础上，应从寄递行为所对应的毒品犯罪构成要件予以整体认定。第二，对物流寄递毒品行为定性应坚持主观恶性与客观危害的辩证统一。关于物流寄递毒品行为的定性片面问题，都与脱离主客观要素进行孤立评价有

---

① 郑军男：《论定罪中的“主客观相统一原则”——解读刑法理论中的主观主义与客观主义》，载《法制与社会发展》2005 年第 4 期，第 103 页。

② 陈兴良：《主客观相统一原则：价值论与方法论的双重清理》，载《法学研究》2007 年第 5 期，第 113 页。

关，尤其是忽视主观要素。如国际物流发展所引起的走私毒品罪扩张适用现象，主要表现为将与吸毒相关联的准备、购入及接收等违法行为认定为走私毒品罪。有不少吸毒人员出于自吸、自用目的，先通过电商平台跨境购买毒品，再借助国际物流渠道运至接收地。从主观要素来看，基于吸毒不是犯罪的立场原则，吸毒人员为自用而走私毒品，与他人出于贩运目的而走私毒品的行为应存在根本区别。不区分是自吸还是贩卖牟利的主观因素而均以走私毒品罪论处，则陷入了客观归罪的适用误区。又如，对接收寄递毒品行为是否构成运输毒品罪的问题，同样缺乏对主观故意的判断，导致定性为运输或持有的实践分歧。不能仅基于走私、运输等行为之外观契合相应毒品犯罪实行行为的客观表现，就认为行为人同时具备实施毒品犯罪的主观故意，还应进一步考察其是否存在构罪的主观要件。

对物流寄递毒品行为定性中的主客观要素认定，应牢牢把握“共存性”“一致性”的原则。[①]“共存性”要求，既然犯罪行为是主客观方面的统一体，对其否定性评价就应从主客观方面分别考虑。任何一个犯罪行为都应是先有主观方面，再有客观外化表现的主客观统一体。在物流寄递毒品情形下，并非仅通过走私、运输等行为之外观就认定行为人寄递毒品而构成相应毒品犯罪。根据主客观相统一原理，犯罪本质的体现既包括犯罪行为及其危害后果等客观要素，又包括犯罪故意、过失，甚至动机、目的等主观要素。同样是在通过物流渠道接收毒品的情况下，如仅以行为人携带藏毒的邮寄物品并前往其他区域这一动态行为来认定运输毒品罪，必然带来罪刑不相适应的问题。行为人很有可能是替他人代收，或者为了逃避公安机关跟踪侦查而动态持有毒品，这与运输目的存在根本差异，只有加大对行为主观要素的考察力度，才能通过明知为毒品的推定事实准确构罪。“一致性”要求，主观罪过与客观行为应指向同一内容，即必须是由主观罪过支配客观行为，才符合犯罪构成要件要素。我国《刑法》第 14 条、第 15 条关于故意犯罪、过失犯罪的规定都表明行为只有在一定的罪过心理状态下实施，并且对社会造成一定危害才能构成犯罪。基于此，必须严格区分自吸、医疗使用或贩卖牟利的主观心理，以及运输及持有毒品的主观心理，才能准确区分此罪与彼罪。

2. 对犯罪主客观要件一体式分析

立足于对犯罪主客观要件的一体式分析，只有将所有影响行为定罪的个

① 陈山：《刑法学中主客观相统一原则的承继或废弃》，载《中国刑事法杂志》2009 年第 2 期，第 13 页。

案情节进行相互关联的综合评价，才能对物流寄递毒品行为作出既合法又合理的定性。

（1）犯罪主客观要件应相互关联并有机统一。在对犯罪主客观要件作一体式分析之前，应正确理解适用我国刑法的条文规定，明确个案认定所需的完整法律适用。关于对刑法总分则关系的理解，形成抽象与具体、普遍性与特殊性等理论立场。例如，刑法总则阐述指导性原理、原则等共性要素，而分则是对总则所提出的原理、原则的具体适用。[①] 如此一来，仅就刑法分则关于某犯罪的罪状规定，直接用来认定某行为是否构成犯罪及罪名，未能明确厘清刑法总分则关系导致定罪量刑不完整的法律适用。为保证刑法适用完整，刑法总则对分则应发挥补充、限制或修正的指导性、总领性作用。具体而言，一是针对具体个案，在适用刑法分则条文进行定罪量刑的过程中，总则适当发挥补充作用。关于犯罪成立的共通性要素，通常在刑法总则规定后不在分则中再行规定，如犯罪主体、主观要件及刑罚类型等。二是刑法总则对分则个罪的定罪量刑具有限制作用。即使某一行为完全符合犯罪构成的全部要件，也并非一定构成犯罪并受到刑事惩处。[②] 立足于“定性+定量”的构罪模式，行为是否构罪还应回归到《刑法》第13条关于犯罪概念的规定中，可能通过“情节显著轻微危害不大”而予以出罪。三是刑法总则对分则个罪的定罪量刑具有修正作用。刑法总则关于共同犯罪的规定可对行为是否构罪、此罪或彼罪予以修正。例如，在甲乙二人合谋贩卖毒品的案件中，按照事前安排，甲负责联系买家寻找销路，乙负责将毒品带至交易地点并实际交付。结合共同犯罪的刑法总则规定，可统一对二人以贩卖毒品罪论处。刑法总则关于犯罪未完成形态、罪数形态的规定，同样体现了修正功能。如存在预备、未遂或中止犯的情况，可根据刑法总则规定减轻处罚。刑法总则关于免予、减轻刑事处罚的其他规定等，也均体现了刑法总则对分则个罪刑罚裁量上的修正。

在正确理解适用我国刑法的条文规范，明确个案认定所需的完整法律适用后，再来分析犯罪主客观要件之间的关系。犯罪主客观要件虽然相对独立存在，但在犯罪认定中是相互关联并有机统一的，要求对物流寄递毒品行为构罪的主客观要件作整体评价。有机是指事物的各部分互相关联协调而不可分，共同构成一个如生物体般的整体。以德、日刑法为代表的三阶层犯罪构

① 高铭暄、马克昌：《刑法学》（第十版），北京大学出版社、高等教育出版社2022年版，第312-313页。

② 周鑫：《刑法条文的体系性适用研究》，西南政法大学2019年硕士学位论文，第40-41页。

成要件体系是由该当性、违法性与有责性组成，并且在判断上三者存在递进关系。首先，从危害行为、犯罪对象、危害结果、因果关系等方面考察该行为是否符合刑法所规定的某种犯罪。在明确具备该当性后，司法机关会进行违法性筛查，判断是否存在正当防卫、紧急避险等违法性阻却事由。如行为满足构成要件该当性、违法性，最后会进行有责性的判断，涉及刑事责任能力、期待可能性、违法性认识等。不同于域外三阶层的犯罪构成认定思路，我国四要件犯罪构成体系是由犯罪客体、犯罪客观方面、犯罪主体及犯罪主观方面耦合而成。在犯罪四要件中，又包含了构成单独要件特定的组成要素，总体形成了对一犯罪行为由表及里、从部分回归整体的合理剖析。[①] 这种耦合式的犯罪成立评价体系，要求应对各要件作一体式分析。具体而言，将主客观方面的各要件要素置于个案的本土化规范体系中，并基于犯罪本质作出整体评价，而不能分割主客观要件要素之间对犯罪的影响予以孤立评价，这样才能避免盲人摸象式的法律适用。犯罪构成应回答犯罪是怎样成立的，以及成立犯罪都需要哪些法定要件。这一评价过程，需要统一的思维模式及方法，只有将影响定性的各个主客观要素进行整合及协调，才能作出行为是否构罪、构成何罪的处理结果。

犯罪主客观要件之间的有机整体关系，表现为相互嵌入、相互依存、相互贯通。行为主体通过感知、思维等方式或过程产生对客观事物的外化反映，而且主观认识不可能脱离客观事物而独立存在。行为主体的主观认识表达，就投射在对外部世界改造的客观行为中。具体而言，只有是刑法所保护的，被犯罪主体所实施的犯罪行为因故意或过失侵犯的社会关系，才能称之为“犯罪客体”。只有犯罪主体针对刑法所保护的社会关系实施刑法规定的危害行为及产生的危害结果等外在表现，才能称之为“犯罪客观方面”。只有刑法规定的具有刑事责任能力的自然人或单位，在故意或过失的心理支配下实施了危害行为，侵犯了刑法所保护的社会关系，才能称之为“犯罪主体”。只有刑法所规定的，犯罪主体实施了危害行为或造成了危害结果时的主观心理态度，才能称之为“犯罪主观方面”。[②] 客体及客观方面成为衡量行为是否构成犯罪的前提，说明行为对刑法所保护的社会关系造成了侵害威胁或实害结果。若并无行为或者对社会的危害，则不属于犯罪范畴。主体及主观方面说明行

① 高铭暄：《论四要件犯罪构成理论的合理性暨对中国刑法学体系的坚持》，载《中国法学》2009 年第 2 期，第 6 页。

② 石经海：《论犯罪成立评价体系的本土化规范构造》，载《现代法学》2023 年第 6 期，第 174 页。

为对自身所实施的危害行为或结果持何种心理态度，构成能否进行道义及法律上谴责的判断标准。[①] 对于物流寄递毒品这一客观行为是否构罪，需要考虑与此行为所关联的寄、运、收三方主体，在交寄、运输乃至接收的环节中是否存在刑法所规定的、毒品犯罪的主观故意态度，以及此行为对刑法所保护的社会关系是否构成侵犯。而且，主客观相统一原理不仅指导行为是否构成犯罪，通过具体剖析，在某些情况下也可区分此罪与彼罪。如行为人同样持有一定数量毒品，出于牟利、储存或者运输等目的将直接影响对贩卖、运输及非法持有毒品罪的认定。

（2）对寄递毒品行为是否构罪应整体考察。在对物流寄递毒品行为进行刑法规范化评价时，对具体主客观要件可以单独考察，但在是否构罪、构成何罪的认定过程中应将其作为有机整体进行考察。如对于第三方物流中立涉嫌运毒行为是否构罪的定性问题，涉及中立帮助行为的特殊性。关于中立帮助行为是否可罚、如何处罚，从客观到主观、从不法到责任的判断路径，从主客观相统一原理来看都不恰当，存在脱离我国犯罪构成要件体系而孤立评价的情况。中立帮助行为之中立，并非规范层面上的法律特征，而是行为人在销售商品、提供服务或者社会交往的同时，偶然介入到他人犯罪行为中并产生了帮助效果，进而所形成的事实特征。对此行为是否构罪的判断，即使存在中立的事实特性，也应按照我国犯罪构成要件体系进行整体规范评价，而非单一强调从主观或客观层面限定其可罚性，这些都与我国犯罪认定思路不相符。基于此，在主客观相统一原理指导下，应通过中立涉嫌运毒行为所表现的第三方物流主观恶性、社会危害性等，综合认定其是否构成犯罪，其中考虑中立性是否会影响对主客观要件的判断。

例如，对于同城内寄递毒品是否构成运输毒品罪的定性问题，同样是违背主客观相统一原理而陷入了盲人摸象式的法律适用误区。以故意伤害案为例，存在仅以“轻微伤或轻伤认定故意伤害罪还是寻衅滋事罪”[②] 的片面理解，但显然完全模糊了二罪在主观故意内容、犯罪客体及实行行为等的界限。不能因为难以将轻微伤认定为故意伤害罪，就使寻衅滋事罪沦为“口袋”，加剧此罪与彼罪的界分不清。当出现轻微伤的基本伤害时，应充分考察案件情况是否契合故意伤害罪的主客观要件。同理，距离远近虽然对于运输毒品罪

---

① 黎宏：《我国犯罪构成体系不必重构》，载《法学研究》2006 年第 1 期，第 32 页。

② 石经海：《故意伤害“轻伤与否”定性共识的刑法质疑——以刑法总分则关系下的完整法律适用为视角》，载《现代法学》2017 年第 3 期，第 114 页。

定性的重要性不言而喻，但显然并非唯一的决定性要素。司法实践受困于毒品位移距离远近，不仅对同城内短距离运输毒品是否构成运输毒品罪产生认定分歧，而且忽视除距离之外的其他主客观要素，造成对毒品位移距离与运输关系的僵化理解。毒品位移距离长，并不意味着行为一定构成运输毒品罪；毒品位移距离短，也并不表明行为一定不构成运输毒品罪。

正是因为各主客观要素共同发挥定性作用，并不存在如客观判断先于主观判断、形式判断先于实质判断、类型判断先于个别判断等顺序上的认定规则。从犯罪客体、客观方面、主体到主观方面这样的组合排列，并非指认定顺序，而是根据犯罪构成要件对于犯罪成立的重要性所形成。[①] 还有从犯罪主体、主观方面、客观方面到客体的排列顺序，是根据行为人实施犯罪的行为进程予以展开。这些排列组合同样印证了犯罪四要件之间的相互关联，即符合犯罪主体条件的自然人或单位，在刑法所规定的故意或过失主观过错下，实施了危害社会的客观行为，而此客观行为所指向的是刑法所保护的社会关系。犯罪主客观相统一原理下的犯罪构成，并非影响犯罪的各主客观要素的简单相加或罗列，而是结合各主客观因素间的相互关系进行整体评价。在司法实践中，一定是基于物流寄递毒品的客观行为，考察寄、运、收三方是否存在相应毒品犯罪故意，在对故意的判断过程中就已然确定了是否存在犯罪主体。

二、秉持刑法谦抑精神

处于最后保障法地位的刑法必须保持谦抑，在民事、行政乃至道德等手段足以控制并产生预防性效果的情况下，刑法无须强加干预、介入。这种在介入范围及方式上的自我抑制精神，因治理毒品问题过于依赖刑法及刑罚，在惩治毒品犯罪的过程中受到了一定冲击，也造成对物流寄递毒品行为的定罪扩大化问题。但现实情况表明，刑法介入过早、过度，并未从根本上遏制毒品违法犯罪活动滋生，反而陷入了投入更多成本却未达到预期治理效果的困境。基于此，对物流寄递毒品行为的定性应秉持刑法谦抑精神，在预防性禁毒政策导向下，通过明确刑法对毒品问题的介入根据，达到合理划定犯罪圈之目的，实现以较小的刑法成本支出换取最大化的预防效果。

---

① 陈兴良：《主客观相统一原则：价值论与方法论的双重清理》，载《法学研究》2007 年第 5 期，第 112 页。

（一）刑法谦抑精神强调刑法应处于保障法地位

刑法谦抑精神作为现代刑法应有的价值追求，指导刑法理论与实践。刑法谦抑精神的提出，主要是警惕并反对刑法以保护社会等为理由过度介入社会生活中，避免使其滥用刑罚权并成为侵害公民自由权利的工具。对于刑法谦抑精神的价值定位，存在将其等同于刑法品质、刑法特征、刑法价值、刑事立法及刑事政策的基本原则或者观念等立场。刑法谦抑精神所蕴含的自我克制等内涵，更多地表现为刑法如何立法及司法适用的价值追求，具有自由、人权等实践理性，将其定位为一种价值目标较为适宜。[①] 刑法谦抑精神的出发点在于，尽可能地限制刑法适用，即能不用就不用。即使动用刑法，也应以最小的刑罚支出换取最大的预防、控制犯罪的社会效果。只有在其他部门法无法充分保护个人及社会利益的情况下，才能施以刑事处罚。也就是说，刑法谦抑从处罚的范围及程度两个层面限制刑法过度干预社会生活，尽可能地少用甚至不动用刑罚来达到社会治理的理想状态，充分强调刑法的补充性地位。刑法之所以需保持谦抑，是因为刑法预防犯罪的有限性、手段的严厉性及高成本性。[②] 具体而言，其一，刑法具备惩罚犯罪、保障人权的功能，但在社会治理中刑法并非预防犯罪的“万金油”。在刑法“万能主义”的指导下，产生寄希望于通过扩张刑事立法或加大惩处力度来解决各种社会问题的冲动，但忽视了对预防效果的考察。[③] 社会治理中所面临的各类问题十分复杂，产生原因也多种多样，难以仅通过刑法就从根本上解决社会基本矛盾。其二，刑法通过剥夺犯罪主体的自由、财产乃至生命来达到维系社会安全、稳定之目的，相较于民事及行政制裁等手段，其刑罚手段最为严厉。在刑事案件中，国家需主动介入并严格追究刑事责任，而且惩罚手段包括对自由、财产乃至生命的剥夺。尤其是犯罪人的生命与自由，一旦被剥夺就无法恢复。而且，刑法所赋予的犯罪身份标签，将给犯罪人再社会化带来严重的负面效应。[④] 其三，刑法及刑罚是一种稀缺的社会资源，[⑤] 动用刑罚的成本代价极其高昂，如

---

① 张颖杰：《论刑法谦抑之本质》，载《北京理工大学学报（社会科学版）》2006 年第 5 期，第 41-42 页。

② 苏桑妮：《数据爬取行为的刑法规制研究》，西南政法大学 2021 年博士学位论文，第 121-122 页。

③ 叶亚杰：《论刑法谦抑性的价值与整合》，载《河北法学》2016 年第 12 期，第 112-113 页。

④ 王良顺：《刑法谦抑与轻罪立法：观念调整与立法检视》，载《广西大学学报（哲学社会科学版）》2023 年第 4 期，第 130-131 页。

⑤ 陈兴良：《刑法的价值构造》（第三版），中国人民大学出版社 2017 年版，第 292-322 页。

监狱系统的巨大开支。

刑法谦抑精神所强调刑法的补充性、最后手段性等，在整个法律体系之内是否动用刑法应首先判断与其他部门法之间的协调。对涉毒违法行为的认定及处罚，在整个法秩序之中的行政法、刑法不应作出相互矛盾、冲突的解释，[①] 根据自身所承担功能及所处地位的不同，保持相对独立并互相配合。为确保国家通过法律向社会公众传达应当做什么、不应当做什么的行为指引明确而不冲突，各部门法之间存在层级高低、处罚力度及内容相互交叉但互相配合的紧密关联，应形成相互统一、完整的规范体系。刑法作为规范体系中的一部分，自然应保证与其他部门法相协调，并贯彻到罪与非罪的认定中，避免行政与刑事处罚在对某类行为的处理上相互挤占处罚空间，进而导致不当出罪或入罪。[②] 基于刑法保障法地位，行政法、民法等部门法认为合法的行为，无论如何都不可能构成刑事犯罪，反过来看，只有行政法、民法等部门法认为违法的行为，才可能成为刑事犯罪。从行政违法行为到刑事犯罪之间，在社会危害性程度上表现为量的梯级认定。针对毒品问题，因过于依赖刑法规制手段解决，呈现出行政处罚条款“虚置”而刑法提前介入的现象。在入罪条件的认定上，忽视了《禁毒法》《治安管理处罚法》等所规定的行政处罚，几乎是将涉毒违法行为均作为犯罪处理。由此造成，对涉毒违法行为缺乏法律体系之间的位阶性、层级性认定，其行政违法与刑事入罪标准并不明晰，难以区分社会危害程度的高低。例如，对于以自吸为目的的寄递走私少量毒品行为，无论是从主观恶性还是从客观的社会危害性来看，可能不被评价为走私毒品罪，但均作入罪处理，并未较好地贯彻法秩序统一性。在毒品问题治理过程中，行政法的缺位与刑法的越界，都表明缺少区分刑事犯罪与行政违法行为之间的“进阶性”认定标准。

在刑法体系内，刑法谦抑精神所指导的刑事立法与司法实践，是随着社会情况的发展变化在“必要且合理的最小范围”[③] 内发挥刑法功能。以自我抑制为底色，刑法谦抑精神所倡导的是刑法在积极参与社会治理的过程中，应满足社会公众对安全感、稳定秩序的强烈需求，进而充分发挥其保障法作用。虽然尽可能非犯罪化符合刑法谦抑目的，但并不是一定要求刑罚脱离于现实而越来越轻缓化，对于一些严重危及人身安全、社会稳定的犯罪必须依

① ［日］松宫孝明：《刑法总论讲义》，钱叶六译，中国人民大学出版社 2013 年版，第 81 页。

② 王勇：《法秩序统一视野下行政法对刑法适用的制约》，载《中国刑事法杂志》2022 年第 1 期，第 125 页。

③ 武晓雯：《刑法谦抑性的再探讨》，载《人民检察》2022 年第 15 期，第 33 页。

法从重惩处。其认定逻辑在于，如果适用其他法律足以遏制某种违法行为、足以保护合法权益时，就无须将此行为认定为犯罪。如果适用较轻的制裁方法足以控制某种犯罪行为、足以保护合法权益时，就无须适用较重的制裁手段。刑法谦抑精神应充分发挥对犯罪构成要件的合理解释，注重刑法分则条文立法目的之实现，并调和罪刑相适应与刑法平等的原则，等等。基于此，“必要且合理的最小范围”在定罪方面的表现为，一是违法行为需具有严重的社会危害性。违法行为必须侵犯了刑法所保护的社会关系，而且从我国刑法总则的但书规定来看，这种侵犯需达到一定的严重程度。只有具有严重社会危害性的违法行为，才具备构成犯罪的门槛要求。二是如仅采取道德、民事、行政等其他部门法规制手段对合法权益的保护不够充分甚至缺失时，发动刑事处罚是必要且妥当的。三是将违法行为以犯罪论处的效果是利大于弊的。如某违法行为以刑法规制，既难以起到特殊预防效果，又无法发挥一般预防价值，显然以刑事惩处为手段并不妥当。同时，不能为了实现预防，而超出对犯罪构成要件的合理解释，将违法行为以犯罪论处。

（二）刑法谦抑精神用以反思刑法惩治的合理性

刑法谦抑精神所强调刑法的补充性、宽容性，可以用于反思我国对毒品问题重打击、轻预防的治理现状，过度依赖刑事制裁是否达到相应的禁毒效果。从应然层面来看，在国家治理体系与治理能力现代化的大背景下，以毒品问题综合治理为导向的预防性禁毒政策，要求预防、矫治与打击措施相互配合与融通，契合刑法谦抑精神的价值追求，应对定罪扩大化现象进行调和。

1. 刑法谦抑精神在惩治毒品犯罪时所受的冲击

对毒品犯罪的惩治过度依赖刑法及刑罚的现状，使刑法谦抑精神受到一定冲击。过于强调刑事制裁的表现为，一方面，形成立法重刑化的刑事治理路径。例如，通过无论数量多少都入罪的分则规定，毒品数量成为行为是否构罪及刑罚适用的主要标准，进而造成司法实践存在过于倚重毒品数量定罪量刑的现实问题。在此情况下，只要违法行为涉及毒品，就不考虑情节是否显著轻微、危害不大而一律入罪。如刑法为毒品犯罪设置较为严厉的刑种与刑度，包括从死刑到管制的全部主刑类型。在死刑问题上，虽然关于走私、贩卖、运输、制造毒品罪的死刑设置饱受诟病，但经过几次刑法修正案及纪要规定的补充完善，死刑为最高刑的规定始终没有改变。刑法为毒品犯罪设置从重处罚规定，形成了特有的毒品再犯制度。另一方面，形成司法严惩化的治理路径。如为严惩毒品犯罪，司法实践中甚至不区分既未遂形态，[①] 都在无形中加大对毒品犯罪的惩处力度，以及认罪认罚从宽制度的限制适用，都会影响判处缓刑、假释等的从宽处理结果。[②] 在物流涉毒行为发生后，最先考虑通过刑法手段加以制裁，而忽视了第三方物流平台对维系禁毒安全主体责任的重要性。不论是对寄递走私、运输及接收毒品行为的片面定性，还是对情节显著轻微、危害不大的寄递毒品行为一律入罪等泛化定性，都与克制、谨慎发动刑罚的刑法谦抑精神相违背。基于毒品可能造成的潜在、巨大社会危害，对毒品犯罪从重处罚本无可厚非，采取刑事制裁具有正当性。但在禁毒斗争的历史经验、民族感情等因素影响下，整个禁毒刑事立法及司法呈现出情绪化、非理性化及干预过度化特征。

虽然刑法谦抑与刑法扩张、早期介入并不必然发生冲突，但这种扩张与介入对于物流寄递毒品行为而言，并不合理也未达到有效预防及控制犯罪的治理效果。近年来，预防刑法观、积极刑法观的兴起为刑法扩张及早期介入提供了理论根据。在预防刑法观下，在产生巨大社会危害之前的行为时段进行刑法干预，具体表现为“预备行为实行行为化”与“帮助行为正犯化”。[③] 出于对重大风险发生的不可恢复性、严重性等考虑，刑法不再严格恪守最后保障法地位，而是提前进入可能由民法、行政法等法律法规足以规制的违法行为中。[④] 积极刑法观则是以刑事立法为视角，提倡增设新罪来满足社会治理需要。虽然刑法谦抑精神并未因此受到明确反对，但多数持预防刑法观、积极刑法观的学者结合当前社会变革情况强调了运用刑法手段规制的重要性。例如，有学者主张不仅要将原本由民事、行政法律法规所规制的行为进行犯罪化，还应通过扩大解释等方法扩充刑法适用，进而严密刑事法网。[⑤] 出于严密刑事法网的需要而进行的入罪化处理，与刑法谦抑精神并不矛盾。纵观我国刑法近年来的几次修改，都是涉及食品药品安全、公共安全、知识产权保护及未成年人保护等方面，满足社会公众所集中关切的迫切需求。刑法的补充性也并非指机械地将刑法作为适用的最后顺位，而是在其他部门法对合法权益保护不充分的情况下及时作出回应。适度、理性的犯罪化与严厉处罚是

---

① 张洪江、周智勇、王力欣等：《人民法院审理毒品犯罪案件司法适用与定罪量刑》，中国法制出版社 2020 年版，第 18 页。

② 陈伟：《毒品犯罪案件适用认罪认罚从宽制度状况研究》，载《法商研究》2019 年第 4 期，第 3-5 页。

③ 王良顺：《预防刑法的合理性及限度》，载《法商研究》2019 年第 6 期，第 52 页。

④ 周光权：《转型时期刑法立法的思路与方法》，载《中国社会科学》2016 年第 3 期，第 130 页。

⑤ 付立庆：《论积极主义刑法观》，载《政法论坛》2019 年第 1 期，第 101-102 页。

依据社会情况、维护社会秩序而作出的综合考量。但这并不意味着，可以将本可不构成犯罪的物流寄递毒品行为恶化为严重的毒品犯罪，对不需要适用刑罚的行为作入罪处理。即使是如黑恶势力、腐败犯罪等社会公众所重点关注、严重危及安全感、应依法从严惩处的犯罪类型，也同样存在情节显著轻微、危害不大的情况，可结合宽严相济刑事政策进一步实现当宽则宽、当严则严。

而且，刑法过度介入并不能从根本上改变我国毒品犯罪的发展趋势。目前，虽然我国毒品供应、消费及滥用规模持续减少，但毒品滥用种类层出不穷，尤其是新精神活性物质正有取代传统毒品的趋势，毒品走私、贩运活动并未得到有效控制，在犯罪手段及方式上花样翻新。物流寄递毒品行为的多发、频发，表明毒品犯罪隐蔽性、危害性及复杂性增强。一方面，刑罚并不能达到良好的预防效果。毒品所形成的高度身心成瘾性使消费群体很难将其完全摆脱，消费群体是否吸毒、吸多少毒主要取决于对毒品的依赖程度，这是仅靠刑罚不能解决的问题，需要医学、社会学、心理学等其他社会资源给予支持。另一方面，一味地打击毒品供给侧，而刚性的毒品需求侧仍存在，市场上的毒品就会处于供不应求的状态。在巨额经济利益的驱动下，会有更多意图牟利的人愿意承担重刑风险进行毒品犯罪。因此，应重视消除毒品犯罪产生的内在驱动力。

2. 预防性禁毒政策对刑法谦抑精神的坚守

从禁毒的政策基调来看，应充分运用打击、预防及矫治手段来实现毒品问题治理的长效性。继“工业、农业、国防和科学技术四个现代化”之后，2013 年党的十八届三中全会提出了“国家治理体系和治理能力现代化”的重大命题，我国进入了“第五化”的发展阶段。在“国家治理体系和治理能力现代化”的重大命题下，如何将毒品治理体系纳入国家治理体系中并满足现代化要求，需要重新考虑刑法的功能定位并调整其介入方式。党的十八大开启了中国特色社会主义及国家建设和发展的“新时代”，也标志着我国毒品问题治理开始步入现代化发展阶段。2017 年党的十九大报告提出，“依法打击和惩治黄赌毒黑拐骗等违法犯罪活动”“打造共建共治共享的社会治理格局”。2018 年，习近平总书记就禁毒工作作出重要指示，“完善治理体系，压实工作责任，广泛发动群众，走中国特色的毒品问题治理之路，坚决打赢新时代禁毒人民战争”。[①] 2019年，中国共产党第十九届中央委员会第四次全体会议通过的《中共中央关于坚持和完善中国特色社会主义制度 推进国家治理体系和治理能力现代化若干重大问题的决定》，要求“构建系统完备、科学规范、运行有效的制度体系，加强系统治理、依法治理、综合治理、源头治理”。不论是禁毒政策理念导向的转变，还是治理现代化要求的提出，都表明应将毒品问题的刑法治理置于毒品治理的法治体系、社会治理体系及国家治理体系中，并作为其中的有机组成部分发挥其应有的作用，修正过分依赖刑法介入毒品问题的刑事政策及治理模式。我国对毒品始终坚持零容忍底线，但这并不等同于将其片面理解为重刑治毒，寄希望于通过刑法威慑及严惩来遏制毒品违法犯罪活动，需要根据国家治理体系和治理能力现代化要求与时俱进。

具体而言，以深化禁毒人民战争为主线、以完善毒品问题治理体系为重点，在始终保持对毒品犯罪依法严厉打击的高压态势下，建立完善禁毒堵源截流、打击制毒犯罪等专项机制，开展“两打两控”“百城禁毒会战”等专项行动。基于从源头控制毒品的导向，毒品治理方式也趋于多主体、多手段。[②] 对于吸毒人员，在坚持“帮助”“教育”“挽救”一体化原则的基础上，强调创新网格化、网络化的服务管理方式，提升戒毒医疗服务水平，在禁毒的同时大力推进扶贫建设，有效帮助吸毒人员及犯罪人复归社会。[③] 借助互联网及新媒体技术，强调“智慧禁毒”，在毒品检测、预警预防及毒品犯罪打击方面发挥积极作用。实践证明，我国毒品问题治理政策在应然层面从“打击”走向“治理”的转变是必然的。重刑治毒政策的长效性极其有限，促使对毒品问题治理模式的反思与转变，注重如何从严惩处毒品犯罪转向社会综合治理。打击毒品犯罪毕竟不是最终目的，而是控制毒品问题及犯罪的治理手段之一，应为如何实现预防性的治理效果服务，在刑法发动及惩处力度上应保持谦抑。

由此可见，预防性禁毒政策所内含的综合治毒理念，对刑法的要求本身就表现出刑法谦抑精神。针对物流寄递毒品行为如何定性，主要强调在刑法

---

① 习近平：《走中国特色的毒品问题治理之路 坚决打赢新时代禁毒人民战争》，载《人民日报》2018年6月26日，第1版。

② 吴宏耀、吴琼、梁彦：《新时期我国毒品犯罪治理的理念转型与实践突破》，载《刑事司法论丛》2022年第1期，第7-8页。

③ 苏青：《我国毒品问题治理政策的回顾与展望——以毒品治理现代化为基点》，载《郑州轻工业大学学报（社会科学版）》2022年第1期，第74-76页。

适用过程中的谦抑。通过将情节显著轻微、危害不大的行为作出罪处理，强化第三方物流的禁毒主体责任，在解决行为定罪扩大化问题的同时，尽量以最小的刑罚换取最大限度的长效治理效果。预防性的禁毒政策要求，应修正过分依赖刑法治理毒品问题的介入方式，协调刑罚威慑、一般预防功能与刑罚改造、教育功能，将刑法作为毒品问题治理体系中的有机组成部分来发挥作用。这不仅关系到刑法谦抑的问题，也关涉毒品问题综合治理格局的落实。

（三）要求对毒品犯罪的定性符合刑法介入根据

为调整刑法过度介入毒品问题，需明确对部分涉毒违法行为动用刑法的必要充分理由，厘清何种严重程度的社会危害行为才能允许刑法介入干预。基于对毒品危害的深入剖析，刑法介入根据主要在于毒品对公众生命健康的侵犯，而不仅是行为破坏了毒品管制秩序。在此前提下，第三方物流如构成不作为犯罪需厘清作为义务问题，对接我国在邮寄物品安全管理方面的制度要求，形成对邮寄物品的藏毒监督义务。

1. 介入根据在于毒品侵犯公众生命健康

刑法谦抑精神要求，需明确将某类行为作入罪处理的正当性根据，并尽可能地在合理且必要的范围内动用刑法。作为具有严厉性、最后手段性等特征的刑法，一定是基于某类合法权益被侵犯而其他部门法的保护并不充分或缺位的情况，将与之关联的危害行为认定为犯罪，进而充分发挥惩罚犯罪、保障人权的功能。作为一种“不得已的恶”，刑法基于何种原因将某类行为规定为犯罪，需说明将其作为犯罪惩处的正当性依据。对于物流寄递毒品行为而言，只有明确刑法介入毒品问题的正当性何在，才能以此指导对毒品犯罪构成要件的解释，进而合理划定刑事惩处范围。刑法本身就凝结着立法者的价值判断，在进行三段论的推导过程中就是要将其中的价值判断适用于具体个案，进而得出合理的解释结论。其中，尤为重要的价值判断就在于规范保护目的，即刑法分则条文规定的犯罪行为类型所侵犯的特定利益。在构成犯罪的客观外在表征背后，蕴含着犯罪能否成立的实质认定条件，[①] 也就是行为是否达到应受刑事惩处的程度。当前司法实践对涉毒违法行为的整体处理都过于形式，而更为重视入罪乃至重刑化的认定结果。尤其是关于对走私、贩卖、运输等实行行为的理解，从社会危害性、人身危险性等角度来看，也出

① 刘艳红：《走向实质解释的刑法学——刑法方法论的发端、发展与发达》，载《中国法学》2006年第5期，第178页。

现过于依赖条文规定而认定僵化、机械的问题。主要原因可能在于未厘清刑法介入毒品问题的理由或依据，进而缺少对犯罪构成要件的实质认定，在一味从重处罚中使刑法对毒品问题的介入陷入非理性、适用扩张的困境。即使是在积极刑法观、预防刑法观下，刑法干预呈现出前置化趋势，也必须厘清对社会公共安全、社会管理秩序或者个人合法权益提前保护的理由。只有考察行为与刑法所保护社会关系的关联性，才能以此综合判断其社会危害性及程度，从而避免刑法适用的无限扩张。[①]

刑法介入的正当性在于防止毒品对生命健康权益的侵害。之所以全世界各国及地区均“谈毒色变”，将毒品问题视为全球公害之一，主要是因为毒品作用于人体会产生巨大毒害性，如不加以控制，会造成越来越多的社会群体被毒品侵蚀，最终导致整个社会经济、政治、文化等全面崩塌。我国毒品问题由来已久并影响深刻，早在清朝时期鸦片祸患就尤为严重。“迨流毒于天下，则为害甚巨，法当从严。若犹泄泄视之，是使数十年后，中原几无可以御敌之兵，且无可以充饷之银。”[②] 毒品本是作为治病救人的良药而被引进，在类型上主要包括麻醉药品与精神药品，在自然属性上与药物同源。随着对人体生理及精神副作用的显现，鸦片、罂粟等物质就从药用转化为追求刺激、愉悦等快感的依赖品，进而演变为困扰我国乃至整个世界的治理难题。由此可见，吸毒者个人的身心健康乃至生命最先受到毒品侵害。毒品所含的化学成分不仅会对吸毒者的神经、呼吸、心脑血管等重要器官及组织产生巨大损伤，还会造成兴奋、幻觉等精神障碍。若停止使用或减少使用量会产生戒断反应，使中枢神经系统对毒品产生强烈的身心依赖，直至生命终结。一旦毒品不加控制地在社会上流通，因高度的传染性及危险性，就会蔓延至社会公众的日常生活中。从对社会的危害来看，毒品滥用会影响吸毒者的正常生活及工作能力，不仅易引发次生犯罪威胁社会安全，还会影响家庭及工作环境的正常运转，最终从内部消耗社会生产力、破坏政治稳定。

毒品所侵害的生命健康，并非仅指代吸毒者的身体机能，而应理解为不特定多数人即公众的生命健康更为合理。一方面，基于自伤不罚原则，有相当部分的吸毒者出于好奇、精神空虚等原因，自愿选择吸食毒品，并且容忍毒品给身心带来的机能损伤。因属于自主选择，无论吸食毒品产生何种后果

---

① 王强军：《刑法干预前置化的理性反思》，载《中国法学》2021 年第 3 期，第 242 页。

② 江琳：《林则徐虎门销烟——“誓与此事相始终”》，载《人民日报》2018 年 10 月 17 日，第 6 版。

都应由吸毒者自负其责。另一方面，现实中有相当部分吸毒者事先并未认识到毒品成瘾性、危害性等重大风险的情况。尤其是近年来以新精神活性物质为代表的第三代毒品频频出现，往往在包装形式上更接近于公众日常生活所使用的物品。这些隐蔽的新型毒品使人难以通过肉眼辨别，对于青少年而言这些色彩缤纷、五花八门的物品极具吸引力。由此造成不少吸毒者很容易受到他人引诱或欺骗而接触、吸食毒品。更何况，即使吸毒者刚开始是自愿吸食毒品，也无法在每次吸毒过程中都能正确判断出毒品种类、纯度及对自身造成多大程度的损害。这表明，并非所有吸毒者都自愿承担毒品所带来的巨大风险，对毒品给个人、家庭乃至社会所带来的潜在危害也不全然了解，因此不能笼统地将所有的损害结果都归咎于吸毒者自身。而且，毒品具有强烈的扩散性，并易形成群体性共识。出于好奇、寻求刺激快感等心理，吸毒者在聚众吸食的同时，会拉亲朋好友“入伙”，不断壮大消费群体，增强吸毒的群体效应。实践中，吸毒者常聚集于宾馆、酒店、酒吧、KTV、出租屋或个人住宅等场所相约共同吸食。尤其是依托于互联网技术的发展，全国陆续出现了多起利用网络论坛、通信群组等组织吸毒者在线上平台展示、直播吸毒过程，交流吸毒感受，甚至可提供毒品交易渠道的案件，更加快了毒品传播的速度及扩大了传播的范围。吸毒者的群体性及毒品的高传播性，导致毒品极有可能对不特定的多数公民生命健康产生威胁或损害。

综上所述，刑法介入的正当性在于防止毒品对公众生命健康的侵害，强调保护主体的多数、不特定性，也更契合“互联网+物流寄递”毒品犯罪的危害情况。因对象的不特定性，无须司法机关大费周折去查实涉案毒品最终是否被吸食、被谁吸食、吸食主体是否出于自愿、毒品对身体及精神损伤程度等情况。根据涉案毒品数量、种类等客观事实，就能够判断行为的社会危害性。在物流寄递毒品情形下，涉毒违法犯罪行为所造成的危害范围更大。如前所述，一是在毒品运输距离上跨度更大，且用时更短。经过几十年的飞速发展，我国形成了由点及线、由线及面的公路、铁路、水运及航空等全方位的物流网络体系。为进一步提升服务水平，第三方物流在扩大运输线路版图的同时，致力于尽可能地压缩在途时间，使物品能够以最快速度到达千里之外的目的地。一些大型物流企业会根据不同需求设置即日达、次日达等送达时限服务。毒品通过物流渠道运输，便可实现短时间、长距离的社会流通。伴随经济全球化趋势，社会公众足不出户就可购买到国外的各类商品。行为人可通过国外购物平台直接将毒品从产出地运送至其所在地，产生毒品获得渠道的无差别性，扩大毒品的波及范围。二是毒品通过物流渠道实现大范围运输的背后，关涉物流领域各部门之间的日常工作，实际上破坏了物流领域运行的正常秩序，更是将可能本无犯意联络的第三方物流牵涉进承担刑事责任风险的“旋涡”中。这在一定程度上增加了国家对物流领域各单位及人员的监管成本。三是物流寄递毒品行为的匿名性，加之高效便捷的运输，促使毒品贩运活动潜滋暗长。这种匿名性对违法犯罪分子形成了莫大的吸引力，意味着实施毒品犯罪的低风险、低成本与高回报率，也成为物流领域毒品渗透严重的重要影响因素。

2. 构成不作为犯罪需厘清义务前提

第三方物流作为毒品犯罪的事实参与主体，是以不作为的形式进行毒品运输行为的。在不作为的背后，实际上隐藏了对特定义务的违反。只有厘清其具有何种义务及应履行义务的程度等，才能补充对不作为毒品犯罪的归责依据。在实质与形式义务来源方面，第三方物流主要是基于对毒品这一危险源而产生了作为义务。此义务在实质上表现为基于业务行为所产生的对邮寄物品是否藏毒的监督义务，在形式上表现为基于法律法规等制度所明确的法定义务。

（1）基于对毒品危险源的事实支配。对于第三方物流所实施的运输毒品行为，实质的法义务根据更能明确其归责基础。围绕承担作为义务的主体即保证人地位如何取得，实质义务来源说将作为义务的产生根据归纳为“基于对危险源的支配产生的监督义务”“基于与法益的无助（脆弱）状态的特殊关系产生的保护义务”“基于对法益的危险发生领域的支配产生的阻止义务”。[①] 第三方物流在日常经营管理过程中，就其业务内容所涉的违法犯罪风险，具备刑事归责的可能性。具体而言，其一，第三方物流因其职业特性，将毒品交易活动从网络虚拟空间带入现实社会，已然成为治理毒品问题的重要环节。毒品作为一种现实违禁品，无论在线上如何交易，最终都需要通过线下转移才能产生实际危害。因网络空间的隐蔽性、智能性，受限于人力、技术等客观因素，公安机关在侦查过程中往往比较被动。线下的物流寄递渠道对于侦破毒品犯罪案件至关重要，而第三方物流如何强化禁毒安全成为阻止毒品进入社会流通的关键防线。其二，面对毒品犯罪方式及手段的异化、更新态势，传统禁毒模式难以全面延伸并发挥作用。中小微规模的物流寄递单位大量充斥于市场，快递处理量日益膨胀，造成公安机关专门查缉工作的

① 张明楷：《刑法学》（第六版），法律出版社 2021 年版，第 198-204 页。

重负荷，难以对所有的邮寄物品进行全面检查。加之，由于第三方物流的运毒行为外观呈职业化、日常化，社会公众难以从寄出的邮寄物品中识别是否藏毒，进而使依靠社会力量发现毒品违法犯罪活动的可能性大大降低。其三，从市场经济学角度出发，第三方物流作为市场主体如果是通过经营货物运输业务获取收益，就应承担由其业务行为所产生的经济及法律风险。[①] 所谓“收益越大，承担的经营风险也越大”，这要求第三方物流不能为了一己私利而侵犯社会乃至个人利益，应遵守必要的经营安全秩序。种种因素皆表明，为应对物流寄递领域滋生的毒品问题，需考虑第三方物流在运输、仓储、流通、加工、配送货物等业务经营过程中获得相应收益权利所对应的等价义务，即与其服务范围、业务类型相对应的作为义务。

不仅存在将刑事上的作为义务赋予第三方物流的现实考量，其不作为运毒与作为之间还应具有等价性。作为与不纯正的不作为之间具有等价性这一要求虽并未体现在我国刑法规定中，但也是后者构罪的应有之义。具体而言，一方面，虽然与传统运毒方式不同，但第三方物流同样产生了毒品运输的行为效果，实现了毒品在物理上的空间位移。而且第三方物流在运输邮寄物品过程中本应通过一系列监督检查工作识别出毒品，但出于不同主客观因素考虑而怠于执行，造成毒品流入社会。这种在相应义务履行上的不作为与不法分子运毒的作为犯罪对于犯罪因果流程的支配程度相当，前者是借助于物流业务特性完成毒品运输，在本应阻止毒品流通的环节中不作为即利用或放任了能够造成客体侵害的客观起因，最终使毒品通过物流渠道运至接收地。[②] 这表明，在客体侵害与支配程度上，第三方物流不作为运毒均与作为的运输毒品罪之间具有等价性。另一方面，刑法并不规定第三方物流未尽监督义务就构成犯罪。只有某种不作为符合具体的犯罪构成时，才能以犯罪论处。也就是说，第三方物流在安检工作中的不作为如构成运输毒品罪，需满足该罪的构成要件及责任要素。

立足于实质的法义务根据，第三方物流产生了对邮寄物品在刑事层面上的藏毒监督义务。第三方物流作为流通领域管理者，如构成保证人地位，应明确其在经营过程中的不作为对毒品贩运活动所产生的影响程度。一方面，从风险支配上看，所有物流寄递单位成立之目的及功能就是通过各种交通方

① 葛立刚：《网络服务商不作为刑事责任的边界》，载《西南政法大学学报》2016 年第 6 期，第 81 页。

② 何荣功：《不真正不作为犯的构造与等价值的判断》，载《法学评论》2010 年第 1 期，第 111 页。

式将货物快速配送至收件地，在各区域之间实现物品的社会流通。这表明，第三方物流掌握货物运输、搬运、储存、保管、包装、流通加工等各个环节的控制权，其产生的支配意志显然最强，所对应的保证人义务也比较凸显。当违法犯罪分子试图将藏毒的邮寄物品交付时，第三方物流此时就处于控制危险源的地位。毒品一旦寄出，就等同于进入社会流通并通过物流各环节运至收件地。由此可见，虽然在物流领域的毒品危险源可能并非由第三方物流所造成，但因其在此领域中所占据的支配地位，其应承担发现并阻止毒品从管辖领域内流入社会的责任。另一方面，从结果避免上看，因对交寄后的邮寄物品处于实际、绝对的支配，第三方物流可直接决定能否起运，显然是拦截运毒行为、阻止毒品流入社会最为靠近的监督者。这又表明，第三方物流具有控制危险源并使其不对社会产生现实危害的能力，可以通过落实行业安全规范做到从源头发现毒品并及时拦截。相反，其在收寄、运输、派送等环节对邮寄物品安检工作的疏忽，在故意或过失心理下直接促成了毒品通过物流渠道进入社会流通，是对管辖场所的疏漏负有改善责任而未改善的结果。[①]综上所述，无论是在作为义务还是作为能力层面，第三方物流在经营管理过程中，对邮寄物品能否起运、起运后防止造成社会危害都应有所作为，且处于保证人地位。

（2）细化作为义务的内容及应履行程度。在对第三方物流作为义务进行实质判断的同时，需结合形式的法义务根据作法定化、形式化限定。我国刑法理论通说认为，形式的作为义务来源包括“法律规定的作为义务、职务或者业务要求的作为义务、法律行为设定的作为义务及先行行为引起的作为义务”[②]。虽然该理论存在缺陷，但是以法律法规等为基础予以展开，具有易操作、特征鲜明等优势，能够限制以实质判断为由而不当扩大的处罚范围。而且，实质与形式的作为义务来源理论也并非水火不相容。如有学者认为，二者之间存在逻辑上的位阶关系，前者探讨的是价值论意义上的作为义务，而后者阐述的是存在论意义上的作为义务。[③] 在明确形式义务存在的基础上，可进一步探寻其产生根据，对义务来源作实质判断。从历史脉络来看，二者所

① 黄勇、莫洪宪：《拒不履行信息网络安全管理义务罪：实质解释与适用检视》，载《湖北社会科学》2022 年第 3 期，第 131 页。

② 李世阳：《实质的作为义务论——立足于德日学说史的考察》，载《北大法律评论》2012 年第 2 期，第 497-498 页。

③ 陈兴良：《作为义务：从形式的义务论到实质的义务论》，载《国家检察官学院学报》2010 年第 3 期，第 78 页。

聚焦的争议点是义务来源之原因力，并非排斥对方。基于此，结合我国现有关于物流行业邮寄物品的安全管理规范，在确立第三方物流作为义务的过程中，不如均予以适用，使各理论能够发挥不同的支撑作用。

立足于形式的法义务根据，根据我国对邮寄物品安全管理方面的制度要求，需明确界定第三方物流作为义务的具体内容及应履行程度。虽然将对邮寄物品内是否藏毒的监督义务赋予第三方物流，但也不能由其全部或过多承担，需要辅之以作为义务的形式根据，将监督义务予以具体化、法定化，防止因过于实质判断而扩大处罚范围。《禁毒法》《快递暂行条例》《寄递渠道治安检查工作规定》《邮件快件收寄验视规定〈试行〉》等文件，规定第三方物流自收寄到派送整个阶段的安全管理职责，并进一步明确其对邮寄物品内藏毒所应承担监督义务的具体内容，在违反时可予以规范审查。结合法律法规要求，第三方物流应建立事前的实名收寄制度、收寄验视制度、安全检查制度、禁限寄物品处理制度及突发事件应对制度，可归结为对寄件双方身份信息的事前管理、对邮寄物品的事前检查以及对刑事案件侦办的事后配合。具体而言，第三方物流在收寄物品时应详细及完整登记、录入收寄双方的个人信息，验视其是否属于国家禁止或限制寄出的物品范围。对于寄件方拒绝提供或提供虚假的个人信息、拒绝验视邮寄物品的情况，不得收寄。一旦发现可疑物品，就应形成畅通的监督报告渠道，做到及时上报并积极配合公安机关侦查，并做好此类事件的突发应对处理工作。对于邮寄物品的安全检查工作，人员、安检设备、监控、消防等人力物力也是必不可少的。由此可见，除第三方物流利用自身业务行为组织、策划毒品犯罪的情况外，相关规范并不要求其采取措施积极、主动制止违法犯罪分子贩运毒品等犯罪行为。也就是说，其应认识到，日常业务存在被违法犯罪分子利用进行毒品贩运活动的风险，而这种风险可通过自身作为能力、措施予以避免并消除。

在作为义务的履行程度上，以尊重并维系正常经营行为所应遵守的行业规则为前提，第三方物流应承担起在其业务范围内合理的作为义务。随着管理能力的强化，第三方物流在业务范围内完全有可能承担对邮寄物品安全性的相关作为义务，但也需根据自身实际情况进行合理承担。经营规模、能力及条件的客观情况，会影响其对邮寄物品作为义务的履行程度。所谓“法律不强人所难”，只有特别强调第三方物流作为治理主体的责任能力，才具有技术可控性与保障可能性。也就是说，法律规范要求的是，能够履行作为义务的主体履行义务，而不会强求其在能力范围之外履行作为义务，否则无益于预防毒品违法犯罪活动、保障自主经营。对于作为义务可能性的认定，应从第三方物流在当时履行义务的客观条件与个人能力两个方面予以判断，涉及经营业务范围、规模等事实情况。

三、贯彻宽严相济刑事政策

宽严相济作为我国基本刑事政策，应在毒品犯罪的定罪量刑过程中予以贯彻指引。我国对毒品问题治理一直保持高度重视，主要形成以刑事手段制裁毒品犯罪分子、以严厉的刑事惩处形成震慑的禁毒刑事政策。但这种过于依赖刑法及刑罚的政策导向在未起到较好治理效果的同时，有违宽严相济的基本刑事政策，忽略对涉毒违法犯罪行为的轻缓化处理。当然，一方面，应突出打击重点，坚决依法严惩源头性或其他具有严重情节的毒品犯罪不动摇。另一方面，对于犯罪情节不严重、主观恶性不大的涉毒违法犯罪行为应适当从宽处理。通过宽与严两个方面的协调补充，刑法规范能够得到更好的贯彻适用。

（一）宽严相济刑事政策强调区别对待

无论中外学者如何定义刑事政策概念，其确立主要目的都在于如何更有效地打击与预防犯罪。刑事政策作为名词出现于 18 世纪末 19 世纪初，始见于费尔巴哈所著的刑法教科书中。[①] 在此阶段，刑事政策反对封建式的罪刑擅断乃至死刑、残酷且无人道的刑罚，通过确立新的刑事策略，惩罚既符合人道观念又具有长远效果，所追求之目的是如何科学地运用刑罚来控制、预防犯罪，属于刑事立法的指导策略。随着犯罪数量的增加且手段形式的日益复杂，以及对刑法的探讨趋于实证化，刑事政策概念的研究范畴开始发生如下转变：第一，目的逐渐明确为打击、预防犯罪，并以如何预防犯罪进而实现刑法保护社会为主。第二，手段从单一的刑罚方式向多样化的刑罚、非刑罚、非惩罚乃至预防犯罪等其他社会治理方式转变。第三，随着手段日趋多样化，主体由单一的国家主体，发展为国家、社会的双层次主体，共同承担打击与预防犯罪责任。虽然对于手段及对象范围存有诸多见解，但各观点对打击与预防犯罪目的之认识趋于统一。由此可见，刑事政策是对阶段性社会犯罪情况的集中反映，并通过对犯罪的惩治来展现社会公共政策。理论界对于刑事

---

① 马克昌：《中国刑事政策学》，武汉大学出版社 1992 年版，第 2-4 页。

政策的阐释基本形成广义说与狭义说两种立场，前者包括打击与预防犯罪所需的全部手段及措施，涉及全部的社会政策，而后者仅包括如何制定、运用刑法及相关制度来打击与预防犯罪，主要集中在刑事立法及司法适用方面。虽然广义的刑事政策具有综合性与广泛性，但过于宽泛，在刑法理论层面所探讨的刑事政策一般是从具有直接性、狭义性的角度出发。在狭义的刑事政策观下，有关毒品问题治理的刑事政策被认为是用刑法手段禁毒的相关内容。

我国所确立的宽严相济刑事政策，在犯罪惩治上包含宽与严两方面，贯穿于整个刑事立法、司法及执法过程中。针对一段时期内的犯罪态势、数量及形势等现实情况，刑事政策通过动态发展来指导刑事立法、司法及执法等活动或措施，与刑法之间存在指导与被指导、整合与被整合以及校正与被校正的密切关系。① 我国的基本刑事政策经历了从“惩办与宽大相结合”到“严厉打击刑事犯罪”再到“宽严相济”的确立。② 实践表明，片面强调严厉打击的刑事政策并未达到减少犯罪、维护社会治安的预期效果。③ 为更有效地解决犯罪问题，我国提出了宽严相济刑事政策，并一直适用至今。根据《最高人民法院关于贯彻宽严相济刑事政策的若干意见》，其基本内容被概括为“该严则严，当宽则宽；严中有宽，宽中有严；宽严有度，宽严审时”④，在依法从严打击社会危害性及人身危险性极大的犯罪的同时，应在刑法框架内对程度较小的犯罪从宽处理，实现区别对待。宽严相济之“宽”表现为刑罚上的轻缓化，对于本就轻微的犯罪或者行为人具有法定或酌定情节的犯罪，判处较轻之刑。宽严相济之“严”表现为作为犯罪处理的应受刑罚处理，该重则重。宽严相济之“济”尤为重要，表现为在宽与严之间需形成平衡并把握尺度，避免刑罚宽大无边或过于严苛。⑤ 唯有如此，才能使刑事惩罚产生更大的预防效果。

具体而言，宽严相济并非简单地将“宽”“严”拼凑或混合在一起，而是强调宽与严两方面的相互协调与补充，展现了理性与人道主义的惩治策略。如何根据具体情况进行区别对待，可以从以下几个方面进行考察：一是危害行为或其结果本身的危害性。例如，抢劫行为明显重于盗窃行为、贩卖走私

① 魏东：《论广义刑事政策的基本内涵》，载《清华法学》2011 年第 2 期，第 20 页。

② 吴宗宪：《解读宽严相济的刑事政策》，载《中国人民公安大学学报（社会科学版）》2007 年第 1 期，第 43-44 页。

③ 马克昌：《宽严相济刑事政策的演进》，载《法学家》2008 年第 5 期，第 70 页。

④ 马克昌：《宽严相济刑事政策研究》，清华大学出版社 2012 年版，第 75 页。

⑤ 陈兴良：《宽严相济刑事政策研究》，载《法学杂志》2006 年第 1 期，第 21-22 页。

毒品行为明显重于非法持有毒品行为等。二是危害行为或与其结果相关的事实情节。例如，危害行为的产生动机、行为主体的事后表现等都会在一定程度上影响刑事责任的轻重。三是不同阶段存在不同的社会情势，对具体犯罪的惩治力度也有所差异。四是行为主体自身的情况。例如，同等数额的罚款或赔偿，在不同规模的企业身上就会有不同的惩罚效果，应形成个别化的惩罚机制。通过全面考察，在刑事司法中达成宽严相济，将"济"落到实处。对犯罪情节轻微、人身危险性较小的行为主体进行轻缓化处理，并集中力量惩治严重犯罪、人身危险性较大的犯罪主体。这种轻缓化处理并非没有限度，从重处罚也并非一味严苛，而是强调严格执法，在法定刑幅度内作限制处理，实现严而不厉、宽而不纵。在宽严相济刑事政策的指导下，对犯罪圈的划定也是双向的，包括向外扩张，进行犯罪化及刑罚化，以及反向出罪，进行非罪化与非刑罚化。可以说，宽严相济刑事政策具有纠正既往过于强调从重打击、处罚的治理偏好，重点是强调从宽的一面，通过适用轻缓化处理来救济刑事立法中较为严苛的法律规定，① 也可对毒品犯罪刑法适用误区进行匡正。

（二）要求改变过度从重的刑法适用现状

宽严相济作为我国基本刑事政策，同样适用于毒品犯罪的刑事治理，也契合预防性的禁毒刑事政策内容。政策内容在形式上体现为影响毒品犯罪刑法治理的各类规范性文件，主要有法律、司法解释、国务院及相关部门法规及规章、行政性文件等。其实现路径在于，国家立法、司法及执法等具体活动的实施，体现国家对毒品犯罪的治理立场及态度。毒品犯罪的刑事政策在体系上应处于专门针对某方面的下位具体政策分支，在制定、调整及实现路径等方面要受到宽严相济基本刑事政策的指导。

自中华人民共和国成立以来，我国禁毒刑事政策大体经过了以下发展变化。在成立初期，我国整体禁毒形势较为严峻，旧社会遗留下的鸦片烟毒祸患仍然存在。政务院于 1950 年颁布了《关于严禁鸦片烟毒的通令》，并在此后出台了一系列指导性文件，开展大规模的全国性禁烟禁毒运动，严厉打击制造、贩运、售卖毒品及持有毒品而不交出等行为。同时，国家大力帮扶吸毒人员脱离贫穷与毒品，并开展群众式的禁毒宣传教育，禁毒运动成效显著。20 世纪 80 年代，我国毒品问题死灰复燃，表现为毒品违法犯罪活动增多、吸

---

① 吴宗宪：《解读宽严相济的刑事政策》，载《中国人民公安大学学报（社会科学版）》2007 年第 1 期，第 47-48 页。

毒人员基数再次扩张等。我国在此阶段陆续颁布了关于禁毒的政策文件、刑事法律、行政法律法规、部门规章及其他规范性文件，批准或签署禁毒国际公约及条约等。[①] 其中，1979 年《刑法》第 171 条规定了制造、贩卖、运输毒品罪的刑事责任，在刑罚上设置有期徒刑的最高刑。随着毒品社会危害的持续扩大，我国又以特别刑法形式对刑法进行了三次补充修订，进一步扩大打击范围并加大惩处力度。如 1982 年全国人大常委会颁布的《关于严惩严重破坏经济的罪犯的决定》，将制造、贩卖及运输毒品罪的法定刑升格至无期徒刑、死刑。1990 年，为严厉惩治毒品贩运及非法种植毒品原植物等犯罪活动，第七届全国人民代表大会常务委员第十七次会议通过了《全国人民代表大会常务委员会关于禁毒的决定》，该决定首次对“毒品”作出规范界定，并对毒品犯罪的罪名、法定刑、犯罪主体及管辖权等在禁毒工作中亟待解决的实践问题作出回应，在原有基础上继续扩大打击范围。1997 年《刑法》专列“走私、贩卖、运输、制造毒品罪”一节，明确了“无论数量多少，都应当追究刑事责任”的入罪条件等。自 21 世纪以来，我国首部专门性法律《禁毒法》于 2008 年颁布实施，细化禁毒宣传教育、戒毒措施、法律责任及国际合作等工作内容。在毒品犯罪司法规范方面，先后形成四个座谈会会议纪要，从一律从重从快调整为重点从严、综合治理、区分处理涉毒行为等，尤其是《昆明会议纪要》在从宽处理上更是迈出了重要的一步。

我国毒品犯罪的刑事政策呈现出严厉有余、宽缓不足的总体适用导向。因既往禁毒工作的历史传统、国家主要投入等，社会关注仍集中于如何依法从严打击毒品犯罪,[②] 使刑事规制手段成为毒品问题治理过程中的“主旋律”。针对毒品犯罪的复杂态势，刑法发挥了主要治理作用，习惯通过严厉的刑事处罚来震慑毒品违法犯罪分子，使其不敢、不能犯罪，进而实现对毒品供给侧的遏制。现阶段，我国毒品犯罪刑事政策的总基调实际仍是以“刑罚惩罚”[③] 为主，寄希望于通过刑法的威慑及惩罚功能，达到遏制毒品犯罪的预防效果。以 2022 年为例，全国法院一审审结毒品案件 37282 件，判决生效的有 56179 人，其中判处五年有期徒刑以上刑罚的有 13290 人，重刑率高出同期

① 褚宸舸：《我国禁毒立法的历史演进（1949—1998）》，载《江苏警官学院学报》2008 年第 2 期，第 22-23 页。

② 褚宸舸：《中国禁毒立法三十年——以立法体系的演进与嬗变为视角》，载《中国人民公安大学学报（社会科学版）》2008 年第 3 期，第 50 页。

③ 胡江、于浩洋：《新中国 70 年来毒品犯罪刑事政策的变迁与完善——从“打击”走向“治理”》，载《广西社会科学》2019 年第 1 期，第 113 页。

全部刑事案件重刑率约 15 个百分点。但现实情况表明，这种过分依赖刑事处罚的禁毒刑事政策并未起到长远的治理效果，而且使行为人承担了不合理的重惩，也导致罪刑法定、罪刑相适应的刑法原则受到挑战，有违刑罚公正性。这种禁毒刑事政策观念，易将“零容忍”等同于“严刑峻法”，因过度依赖刑法打击而将视野限制在刑法之内，所关注的内容仅限于如何通过刑法来定罪量刑，而忽视在刑法之外，如何协调刑法及其他社会治理手段的整体性、系统性运用。在宽严相济刑事政策的指引下，应明确刑法在毒品问题治理中应发挥的功能及边界，在治理主体、内容及手段方面通过协调其他社会资源，最大限度地消除毒品犯罪诱因。

首先，在治理主体层面，形成全民共治的社会综合治理格局。“禁毒人民战争”强调，应充分发动人民群众的力量，对毒品问题治理形成广泛参与。无论是堵源截流的禁毒专项行动，还是针对易制毒化学品的管制措施，都需要紧紧依靠人民群众所形成的情报力量。只有形成群众路线，才能通过“人皆禁之”的禁毒社会环境彻底控制毒品问题的滋生。同时，对于吸毒人员的戒毒康复及帮扶工作需要人民群众的理解及支持，有助于为其复归社会创造条件、提供方便。① 在发动社会力量禁毒的基础上，必须将第三方物流作为禁毒社会责任主体，促进物流领域毒品犯罪公私合作预防和治理模式的完善，实现事前防控与事后惩处同步进行，最大化地发挥预防性的治理效果。这方面涉及第三方物流在日常经营过程中，如何通过完善自我管理、自我监督、自我发展来实现经济效益提升与承担禁毒责任等多重目标。与此相对应地，治理对象也应从传统的涉毒违法犯罪主体转向毒品及控制毒品市场。以个人或个案为对象的禁毒刑事政策过于关注如何依法从严打击毒品犯罪而形成强力压制，导致打击改造与矫治关怀两方面的严重失衡，尤其是缺乏对毒品问题的综合治理。毒品犯罪从根本上来说属于市场型犯罪，必须先消除滋生的土壤与环境，将治理对象放大到如何控制供给与需求市场上。针对如何实现，国家既应打击毒品犯罪者、治疗吸毒者，也应防控潜在涉毒违法犯罪群体，直至毒品问题的解决。在涉毒人员重返社会后，也应将不再犯作为毒品问题的治理主体，形成最广泛的人民禁毒统一战线，最终实现全民拒毒、长治久安的社会禁毒环境。

其次，在治理内容层面，需“向前考察毒品犯罪成因，向外消除犯罪根

---

① 李文君、聂鹏：《禁毒人民战争解读》，载《云南警官学院学报》2010 年第 3 期，第 16-18 页。

源”[①]。犯罪发生原因的复杂性难以通过单一的刑罚手段予以解决，即犯罪行为往往是个人、自然、社会等多方面因素综合影响下的结果。[②] 而且，刑罚的效用在基于侥幸心理实施犯罪，因一时冲动而激情犯罪，受到宗教、政治、文化等信仰影响而实施犯罪，计划已久而实施犯罪等不同情况下所能发挥的程度千差万别。从治理毒品问题的源头性出发，需了解毒品违法犯罪行为的成因。如有些行为人可能是出于经济拮据、难以谋生而走上毒品犯罪道路，有些行为人是因自身吸毒而走上以贩养吸的犯罪道路。对于这些问题，需从扶贫、戒毒治疗等方面集中入手，对标解决犯罪根源，并充分适用刑事制裁。

具体而言，犯罪是否成立的规范评价，需保证犯罪与刑罚严厉的制裁措施相匹配，并协调道德、经济、行政、民事等其他社会治理措施。禁毒刑事政策应以如何更有效地实现对第三方物流平台的监督管理、吸毒人员的矫治预防等为整体目标，在具体适用刑罚的过程中适当放宽处理。基于宽与严的相互协调，对于违反刑法规范的行为，应设定相对明确的处罚方式及力度，不宜过度绝对，需留存与其他部门法之间协调、补充的空间。太过于绝对确定的惩处方式及力度，反而会导致对刑法规范的过于形式化理解而违背宽严相济刑事政策的要求。[③] 从宽、从严因素的全面考量要求，一方面，即使物流寄递毒品行为属于毒品犯罪这类需依法严厉打击的犯罪类型，也可能基于个案具体情况差异而存在不同程度的社会危害性。另一方面，需要基于各参与主体的不同状况而适用有区别的惩罚方式及力度，充分实现惩治的个别化。如对于第三方物流尤其是单位犯运输毒品罪的情况，考虑我国对民营经济发展的支持与司法保护，以及从如何更有效地推动第三方物流履行好禁毒社会责任方面考虑，应从根本上调动其作为毒品问题治理主体的能动性，以宽济严，提供从宽处理的余地。例如，对以自吸为目的的寄递毒品入境案件的处理应区别于其他以贩卖为目的的走私毒品案件，是否构成走私毒品罪或者构罪后如何惩罚，考虑吸毒行为非犯罪化、吸毒人员矫治治疗的重要性，也应着重从宽的方面予以考量。对物流寄递毒品行为定性问题的解决思路，必然要遵循宽严相济的基本刑事政策，并结合刑法在现代化毒品问题治理体系中的位置，从宽与严的一体两面适用刑法相关规范，充分发挥刑法对毒品犯罪的威慑及预防功能。

---

① 石经海等：《刑法介入毒品问题治理的中国模式》，法律出版社 2022 年版，第 164 页。

② 莫洪宪：《刑法谦抑主义论纲》，载《中国刑事法杂志》2004 年第 1 期，第 17 页。

③ 邱帅萍：《宽严相济政策的发展定位》，载《法学论坛》2022 年第 5 期，第 115 页。

基于毒品犯罪行为多样化及环环相扣的毒品市场，可进一步以市场分离为导向，对毒品犯罪的惩治实现宽严相济。为使刑罚回归于理性态度，应结合毒品犯罪的市场属性将具有不同程度社会危害性的犯罪行为进行分层处理。也就是说，对于触犯同一罪名但处于不同层级的毒品犯罪主体予以区分，实现全面处罚与重点突出相结合，进而达到惩罚上的轻重适宜。毒品市场主要分为供给市场与消费市场两部分，而刑法主要是通过惩罚毒品供给行为来缩小直至消灭供给市场的。从毒品原植物种植、毒品制造到贩卖、运输毒品，再到转移至消费群体的过程中，毒品供给行为呈现出复杂的多样化形态。例如，贩卖毒品行为可大致类型化为毒品批发者、分销者及零售者,[①] 这是根据毒品销售范围及数量等情况所作的认定标准。这三类贩毒人员在毒品市场中所发挥的作用有很大区别，批发和分销明显具有较大程度的社会危害性，而零售者尤其是以贩养吸者，需采取矫治治疗与刑罚惩罚相结合的模式。基于此，应厘清毒品从制造、批发流向分销及零售，最后到达消费者的各个环节，细化不同层级的犯罪行为，并通过考察行为对毒品市场所起的实质作用大小来决定惩罚力度。犹如河流治污，应集中精力依法从严打击毒品供给端的要害问题,[②] 做到主次有别。具体而言，宽严相济之严应更多地体现在处于毒品制造、批发层级的犯罪主体，依法从严打击制贩毒集团、毒枭等毒品制造与批发者，这是毒品供给市场得以存在并运转的关键。对毒品运输者、零售者或因吸毒而引发次生犯罪行为的犯罪者等，应实现刑罚的轻缓化，着重强调从宽的一面。尤其是对于运输毒品罪而言，虽然在罪刑设置上与制造、走私、贩卖毒品罪一致，但在具体刑法适用中应保持定罪量刑的高度谨慎，结合在毒品供给市场中所发挥的具体作用予以认定，形成轻者更轻、重者更重的两极分化导向。

最后，在治理手段层面，需协调好打击、预防与矫治措施之间的关系。在妥善运用刑罚手段的同时，需整合社会、政治、经济、文化等领域的资源力量，形成手段多元的毒品问题治理体系。在纵向上，基于预防为先的逻辑，毒品预防体系应为治毒工作的首要层面，着重强化对全体人民的禁毒教育，旨在使未接触毒品的社会公众能够自觉远离毒品、拒绝实施涉毒违法犯罪行为，防止他们进入戒毒治疗与打击涉毒犯罪阶段；在预防全覆盖的基础上，

---

① 任娇娇：《我国禁毒刑事政策重刑化之反思与重构》，载《长江论坛》2019 年第 2 期，第 73 页。

② 任娇娇：《我国禁毒刑事政策调整依据与路径探讨》，载《政法论丛》2018 年第 3 期，第 146 页。

将针对吸毒人员的戒毒矫治工作置于第二阶层，兼顾身心脱毒与预防犯罪。一方面帮助他们从身心上摆脱毒品并回归社会，缩小毒品消费市场。另一方面避免其因以贩养吸、运输毒品而成为犯罪主体。只有在预防、治疗体系难以起效的情况下，才能将打击毒品犯罪作为兜底手段并发挥惩戒功能。[①] 这既由毒品问题自身复杂性所决定，也由刑法严厉性、剥夺性所决定。刑法在如何介入及介入程度上秉持“共建共治共享”“社会治理共同体”的法治化逻辑，作为兜底性的治理措施充分发挥作用。在横向上，防、治、打三个治理措施并不是孤立和独立的，而是作为整个毒品治理体系中的子系统，应共同推进、共同作用，形成合力共治。如根据预防性的禁毒政策，有些涉毒违法行为不应当或不需要予以刑法打击，可根据宽严相济刑事政策将其移出刑法规制范围或从轻处理，并适用戒毒矫治、就业帮扶等其他措施来彻底消除毒品犯罪产生的动因。毕竟，打击并不是治理目的，而是为了取得更长远的禁毒效果，需充分贯彻宽严相济刑事政策并发挥刑罚特殊及一般预防功能。只有在刑法打击的过程中考虑预防、矫治功能的实现，才能促进三者相互融通。

四、基于我国刑法有关规定

对任何违法行为能否正确进行刑法适用，都应立足于本土化的法律体系与法律评价规范，只有对接具体个案的事实情节，才能作出符合我国刑法规定的认定结果。如果仅将某域外刑法理论或者学者权威观点等作为定罪处罚指导，必定会因脱离我国刑法语境而带来盲人摸象式的条文适用，进而造成对相关行为认定混乱甚至完全错误的刑法解释。无论在理论层面如何论证违法行为是否构罪、此罪与彼罪等，都要在刑法规定中找到具体条文作为支撑。对于物流寄递毒品行为的犯罪既遂标准、第三方物流是否构成毒品犯罪共犯，涉及我国刑法总则关于犯罪未完成形态、共同犯罪的有关规定，应结合刑法总分则进行体系性评价。

（一）对未完成形态总则规定的体系适用

我国《刑法》第 22 条至第 24 条，分别规定了犯罪的预备、未遂及中止的未完成形态。刑法分则所规定的罪状及法定刑都是以犯罪既遂为前提的，

① 苏青：《我国毒品问题治理政策的回顾与展望——以毒品治理现代化为基点》，载《郑州轻工业大学学报（社会科学版）》2022 年第 1 期，第 78-80 页。

如存在预备、未遂及中止的情况，应作为未完成形态的犯罪并根据刑法总则规定予以减轻处罚。[①] 刑法总分则的关系决定了犯罪未完成形态的总则规定应对分则具有修正的指导性作用。虽然所有的故意犯罪都应存在预备阶段由于意志以外的因素而停止实施行为、在实行过程中自动放弃犯罪或自动防止危害结果发生的事实情况，但由于毒品犯罪打击的严厉性、实施手段的特殊性、既遂标准过于前置认定等，几乎没有将其认定为犯罪预备及中止的相关案例，将毒品犯罪认定为犯罪未遂的案例也少之又少。厘清物流寄递毒品行为的犯罪既遂认定标准，可以先从未遂角度出发，一是确定犯罪的着手，二是确定犯罪是否得逞，进而形成统一的认定立场，保证罚当其罪。

1. 从主客观相统一角度认定着手

将某种行为认定为着手，表明犯罪实行行为的起点，在此之后存在构成犯罪未遂的余地。关于着手如何认定，主要存在主观说与客观说的不同立场。主观说将判断标准置于对行为人主观犯意的考察，如其行为足以表现出犯罪意图，并且无其他意思表示，就应认定其为着手。与此相反，客观说的基本观点是，行为人在开始实施实行行为时就构成着手。在客观说内部，又进一步分化成形式与实质的客观说。前者强调行为应符合犯罪构成要件要素，即当行为人开始实施符合犯罪构成要件的行为时，构成着手。后者则主张应从行为对个罪客体所产生的客观危险来判断着手，根据危险含义的不同，实质的客观说又包括实质行为说与实质结果说。实质行为说认为当行为人开始实施具有现实危险的行为时为着手，而实质结果说主张当行为对客体造成现实紧迫危险时为着手。在主客观分歧之间，折中说则一并考虑主客观两个方面来认定着手，客观行为可作为行为人犯罪意图的表示，而当行为具有侵害客体的危险性时，犯罪意图才能予以显露。上述争议可归结为两个方面，一是主观主义与客观主义在认定犯罪着手上的根本区别，即着手是以行为人犯罪意图表示还是对客体所造成的危险为内容、对于未遂不法性是仅根据事实情况还是结合行为人主观认知予以判断。二是形式认定与实质认定标准的根本区别，即是否强调着手是要求行为人实施一部分符合构成要件的行为，还是将认定标准诉诸对危险的实质判断。作为实践所产生的概念，着手只有与行为人所施行具体犯罪的实行行为相联系，才能真正体现其认定价值，因此应将其置于毒品犯罪中并结合物流寄递的现实情况予以具体分析。

从我国刑法理论关于认定着手的理解来看，多数学者是立足于主客观相

---

① 苏宏峰：《犯罪未遂基本问题研究》，华东政法大学 2011 年博士学位论文，第 34 页。

统一立场的，具有合理性。主要原因在于，一方面，主客观相统一原理要求，在定罪量刑过程中实现主观和客观两个方面的有机统一。犯罪作为一种存在的社会现象，本身的客观性是毋庸置疑的。同时，某行为是否构成犯罪及如何处罚属于立法评价，直接关系到立法者以何种根据确定规范，表明定罪量刑过程中包含主观性。[①] 行为人只有在主观罪过支配下实施危害社会的行为，才符合犯罪构成，其中就包含一系列的主观及客观要素。在量刑问题上，基于主客观的有机统一，应对犯罪所体现的社会危害性及人身危险性作出有无与大小的评价。[②] 这便表明，凡是影响行为人实施犯罪行为的所有主客观因素都应在定罪量刑过程中有所体现，其中就适用于对犯罪未完成形态的认定。基于此，着手不论是作为预备行为的终点还是实行行为的部分内容，均应表现为行为人具备一定程度的主观犯意，即具有实施某种犯罪的直接意图。另一方面，这是由处罚未遂犯的根据所决定的。在大陆法系中，关于未遂犯的可罚性根据主要存在主观、客观及折中的未遂论。其可罚性根据包括行为所展现出的人身危险性及犯罪意图、具有侵害法益的客观危险、动摇了公众对于法秩序有效性的信赖等。我国刑法理论关于未遂犯可罚性根据的通说立场仍是主客观相统一的刑事责任理论，即未遂犯完全具备了四要件的犯罪构成。犯罪的未完成形态具备从客观到主观的犯罪构成要件，仅是在具体构成要件内容方面不同于既遂形态。除此之外，也有客观未遂论及主观危险性或犯意表示等理论观点，但缺失主观或客观任何一方面都不足以说明为何处罚未遂犯。如果仅根据行为所产生的客观危险处罚行为人，就意味着不区分直接故意、间接故意或过失的心理差异，无疑不符合刑事责任的分配原理。如果仅根据行为人犯意表示予以处罚，而不考虑不同行为所产生客观危险的差异，无疑会扩大刑事惩处范围。

综上所述，犯罪的着手应同时具备主客观两个方面的内容。具体而言，着手是指行为人开始实施刑法分则规定的个罪客观构成要件的行为，并表征出明显且直接的犯罪意图。主观上，不同于预备行为时的隐晦表示，行为人的犯罪意图已经通过客观实行行为充分表现。客观上，不同于为实行犯罪创造条件、准备工具等预备行为性质，行为人在着手后的行为已使相关个罪的直接客体受到实际侵害或危险。立法者将众多危害社会的行为抽象、概括为

---

① 陈兴良：《主客观相统一原则：价值论与方法论的双重清理》，载《法学研究》2007 年第 5 期，第 113 页。

② 石经海：《论网络暴力的实质与刑法适用规则的完善》，载《法律科学（西北政法大学学报）》2023 年第 5 期，第 78 页。

刑法分则中的具体罪名类型。这些罪名所规定的犯罪实行行为，其本质就是对刑法所保护客体的侵害，恰恰契合了着手作为犯罪实行行为起点的理论内涵。具体到毒品犯罪的场合，对于着手的认定，在客观层面应考察行为是否符合刑法分则所规定的犯罪构成要件要素，这应是最为直接、明显的形式考察。同时，虽然刑法规定了类型化的犯罪行为，但现实情况的复杂性已不止于现有规范。因毒品犯罪随着禁毒政策、国家打击力度及现代技术的发展变化而不断更新方式手段，这种复杂多变性可能导致要件不清、特征不明，而难以明确行为是否符合犯罪构成要件。基于此，在判断着手的客观方面时，随着在时间上向犯罪完成形态的迫近，行为对犯罪客体所涵括的各种利益或其他社会关系的侵害危险也逐步增大，同样应考察其是否开始产生对公众生命健康的紧迫危险，并结合其行为实质及其外观表现判断社会流通风险，此为实质考察。在物流寄递毒品行为中，如图 3-1 所示，贩卖、走私、运输及持有毒品犯罪过程被拉长且被分割，何时构成着手应充分考虑物流承运各环节所带来毒品进入社会流通的紧迫性、交付方式、交易模式、起始地点、路线及毒品被查获时的状态等因素的变化。在主观层面，考察行为人是否具有明显的犯罪意图，即其是否存在实施走私、贩卖毒品等行为的主观故意。

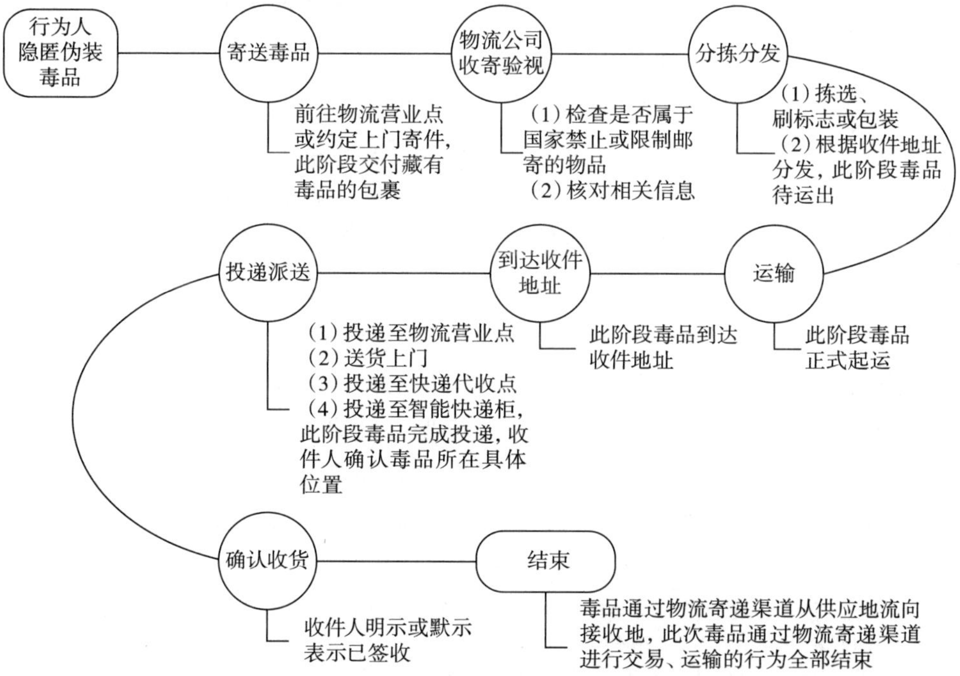

图 3-1　物流寄递毒品流程图

2. 从客观方面认定犯罪是否得逞

作为犯罪未遂的又一主要特征，未得逞成为区分犯罪未遂与既遂的主要标志。关于如何认定未得逞，在我国刑法理论中形成了不同见解。如有学者认为，犯罪既遂应以是否发生犯罪结果为标志。① 而对于犯罪结果的理解，又存在法律规定所要求的犯罪结果、犯罪人所追求的广义上的危害结果两种主张。有观点认为，应把行为人犯罪目的是否实现作为既未遂形态的区分标准，其中犯罪目的应理解为行为的直接目的；还有观点主张，既未遂形态的不同应体现在行为对客体的侵犯程度上。② 也就是说，如果发生了行为人所希望并且由行为所决定的客体侵害结果，应将其认定为犯罪既遂。刑法理论通说观点是犯罪构成要件齐备说，即以行为是否具备了全部犯罪构成要件为既遂标准。③ 犯罪构成要件齐备说近年来备受争议，其主要原因在于，犯罪构成作为评价行为是否构罪的唯一标准，与犯罪既遂应是两个层次的问题。只有在符合犯罪构成要件的行为基础上，才能判断第二层次即犯罪符合何种形态，而构成要件齐备说将构罪及犯罪形态的认定相混淆。为解决此问题，又形成了“未齐备犯罪构成要件的全部要素”④ 的观点，在犯罪及形态认定的两个层次上区分了构成要件与构成要件要素。

综合各类观点，是否得逞应以构成要件要素齐备说为解决路径，并具体从客观方面予以考察。犯罪结果发生说最为直观、明确地解释得逞与未得逞的区别，但如何解释犯罪结果成为该说适用的主要障碍。如将其理解为广义的危害结果，将所有针对刑法所保护的社会关系形成的后果均涵括在内，则根本无法区分犯罪预备、未遂与既遂的不同形态。而且，刑法分则所规定的犯罪并非都以结果发生为认定条件，其中危险犯就难以将犯罪结果的发生作为既遂标准。犯罪目的说不仅存在因主观色彩过于浓厚而无法把握的现实问题，也存在与刑事立法规定不相符的嫌疑。刑法所惩罚的行为一定是因其具有严重的社会危害性并表现出主观恶性，其逻辑基点并不单单在于犯罪目的之实现。实际上，在很多犯罪过程中，行为人目的未实现而所实施的犯罪达到既遂形态的情况比比皆是。由此可见，犯罪既遂标准仍应体现在刑法对具体犯罪的规定中，而修正过后的犯罪构成要件要素齐备说具有合理之处。虽

① 伍柳村、丁跃雄：《犯罪未遂存在的范围及“犯罪未得逞”探析》，载《四川大学学报（哲学社会科学版）》1990 年第 4 期，第 45 页。

② 张明楷：《刑法的基本立场》，中国法制出版社 2002 年版，第 223 页。

③ 马克昌：《犯罪通论》，武汉大学出版社 1995 年版，第 475 页。

④ 苏宏峰：《犯罪未遂基本问题研究》，华东政法大学 2011 年博士学位论文，第 99 页。

然犯罪未遂满足具体个罪构成要件，但对犯罪构成要件要素的充足程度上不同于犯罪既遂，这就区分了构成要件与构成要件要素两个不同阶层的规范评价。当危害行为满足犯罪构成要件时，是否既遂还应进一步结合个罪的犯罪本质，考察是否完全满足主客观构成要件。不同于犯罪中止，犯罪未遂在行为人主观态度上应与犯罪既遂一致，在行为实施过程中均表现为"明知+希望"或放任的故意心理，只是出于意志以外的原因而被迫停止。这表明，犯罪既未遂形态的区分要素应在于客观方面，即从犯罪客体及具体罪状中明确犯罪构成要件的客观要素是否齐备。

（二）对共同犯罪总则规定的体系适用

根据我国《刑法》第25条的规定，共同犯罪的成立需两个以上的犯罪主体、实施共同的犯罪行为及共同犯罪故意。其中，共同犯罪故意需同时具备认识与意志要素，才能形成各参与主体之间的意思联络。片面帮助行为因缺失共同犯罪故意，应不属于共同犯罪的认定范畴。

1. 犯罪主客观要件需体现共同性

以我国《刑法》规定的共同犯罪相关条款为逻辑出发点，其第25条至第29条规定了共同犯罪确立、各参与主体的区分及处罚原则。共同犯罪立法规定之设立目的在于，当多个行为主体共同实施刑法分则所规定的犯罪行为时，明确将哪些参与主体以犯罪论处。对于在共同犯罪中参与程度、发挥作用不同的参与主体，根据罪刑相适应原则，应保证各主体承担与其分工或地位相当的刑事责任。[①] 一般而言，共同犯罪相比于行为个体单独实施的犯罪要具有更严重的社会危害性，因为多个主体的相互配合，所产生行为后果的波及范围会更大。二者结构、类型、社会危害性都有较大差异，有必要就犯罪之共同性特征对定罪处罚予以深入研究。在共同犯罪体系中，我国刑法是以作用为主并兼顾分工的分类方式，将各参与主体分为主犯、从犯、胁从犯与教唆犯，并在具体定罪量刑时予以区别对待。"共同犯罪是指二人以上共同故意犯罪"的规定要求，成立共同犯罪需具备三个条件。

第一，对共同犯罪主体的要求。一方面，共同犯罪必须是两个以上主体共同实施的，将自然人及单位包括在内。另一方面，参与主体必须达到刑事责任年龄并具有刑事责任能力。例如，根据刑法总则的相关规定，一个达到刑事责任年龄、具备刑事责任能力人与未达到刑事责任年龄，或者有精神障

---

① 李洁：《中日共同犯罪比较研究概说》，载《现代法学》2005年第3期，第110页。

碍的无刑事责任能力人共同实施危害行为，不构成共同犯罪。这种情况一般被称为间接正犯，虽然在我国刑法理论中并未直接规定，但在现实生活中存在此种犯罪情况。对于前者按照所实行犯罪予以处理，而后者因不具备主体要件，可能不构成犯罪。

第二，构成共同犯罪的客观方面要求。其是指两个以上主体所实施的行为指向同一犯罪，并通过分工合作、相互配合，达到整体的犯罪实施效果。共同犯罪与行为主体单独犯罪最为明显的区别在于共同性，但在何谓共同的不法内涵上存在激烈争议。犯罪共同说认为共同性是指犯罪的共同性，即共犯的成立必须严格受到对应罪名构成要件的限制，要求各参与主体必须触犯的是同一犯罪。根据犯罪成立的构成要件要素，由数个主体通过分工合作完成犯罪行为的，构成共同犯罪。行为共同说则强调共同性并不必须触犯同一犯罪，即两个以上主体通过共同的事实行为来实现各自的犯罪意图，就足以构成共同犯罪。共同犯罪不再仅限于一个犯罪构成要件事实，只要各参与主体为达到目的产生了共同的事实行为，就可在不同罪名之间构成共同犯罪。①犯罪共同说与行为共同说的争议焦点在于是规范意义上犯罪的共同，还是自然属性上行为的共同。如依据行为共同说，如果按照参与主体各自犯意及触犯罪名来定罪，显然再强调成立共同犯罪就没有任何意义。从此角度来看，共同性应包括规范意义上犯罪的共同，但是否仅限制为同一犯罪构成要件仍存有商榷之处。如仅要求罪名完全相同，看似是充分体现犯罪共同性特征，但过于严格界定共同犯罪罪名，反而难以完全在有限的单一罪名条文规定中进行规制。在某些场合中，依据犯罪共同说可能会过于扩大或缩小共同犯罪的成立范围。为缓和犯罪共同说过于绝对的认定立场，部分犯罪共同说强调各行为主体虽实施了不同的犯罪行为，但当不同的犯罪构成要件具有重合的性质时，就可以构成共同犯罪，成为当前司法实践中的主流观点。各主体之间共同实行犯罪行为，并不一定表明犯罪内容完全相同，只要各自所触犯的罪名能够呈现部分或整体包容关系，就可以在重合部分内构成共同犯罪。

在明确犯罪共同性的基础上，具体分析共同的犯罪行为内容。一是各参与主体所实施的必须是犯罪行为，进而排除不可抗力、紧急避险或正当防卫等情况下造成损害的行为，也要排除刑法总则所规定的犯罪情节显著轻微、危害不大而不构成犯罪的行为。二是基于行为的不作为与作为的两种表现形式，共同犯罪行为也可表现为共同的作为、共同的不作为及作为与不作为的

---

① 陈兴良：《共同犯罪论》，载《现代法学》2001 年第 3 期，第 48-49 页。

结合。构成不作为犯罪或共同犯罪，需要其中的参与主体负有特定的作为义务，才能通过不作为表现推进因果关系。第三方物流正是通过不作为的业务表现，即在寄递流程中不履行对邮寄物品所应承担的监督管理义务，怠于执行“三个 100%”的职业规范要求，导致毒品通过物流渠道流入社会。以这种对于邮寄物品安全检查方面的不作为，与其他贩运人员积极主动交寄毒品的作为相互配合，完成毒品在不同主体间的转移。而且，第三方物流因业务身份之便，通过不作为的业务表现所达到的运毒效果，与作为犯具有等价性。三是各参与主体的犯罪行为与所实施的共同犯罪存在因果关系。共同犯罪行为是通过分工合作、互相配合成为一个整体，并指向同一个犯罪目标。[①] 在有犯罪分工的场合中，组织行为、教唆行为挑拨犯意，引起犯罪发生，帮助行为通过心理或物理层面的支持帮助，强化犯意或提供有利于犯罪实施的便利条件，实行行为则直接产生犯罪实施效果，都是作为一个有机整体来推动犯罪从谋划、发生到完成的。

第三，构成共同犯罪的主观方面要求。各参与主体之间需形成共同的犯罪故意。虽然我国刑法明确排除了共同过失犯罪的情况，但共同犯罪故意内容如何界定仍存有争议。在我国《刑法》第 14 条故意犯罪的规定中，故意包括明知的认识因素、希望或放任的意志因素。如何认定各行为主体间的共同犯罪故意，存在“明知说”与“共谋说”的理论分歧。前者认为共同故意应仅表现为认识因素。后者则主张共同故意是由认识与意志因素两者构成的。共同犯罪故意的认识因素，包括各参与主体认识到自己与他人配合实施同一犯罪行为、自身所实施行为性质、概括预见到自身行为及共同犯罪行为会引起什么样的结果。如何将各参与主体所实施的犯罪行为作为一个有机整体认定，关键在于共同犯罪故意所产生的联结效果。离开了对共同犯罪故意的认定，就失去了对各参与主体构成共同犯罪的主观归责基础。

结合故意的认识及意志要素内容，成立共同犯罪还应需要形成共同的意志要素，即各参与主体认识到他人犯罪行为会产生危害社会的结果，仍决意参与其中并共同实施犯罪行为。原因包括以下几个方面：一是对共同犯罪故意的认定，仍需遵循刑法总则关于故意犯罪的规定，包括对认识因素及意志因素的考察。缺少意志因素，则很难承认行为符合故意犯罪构成要件要素。二是共同犯罪故意中的意志因素能够表明各参与主体决意参与共同犯罪的主

---

① 高铭暄、马克昌：《刑法学》（第十版），北京大学出版社、高等教育出版社 2022 年版，第 162-164 页。

观倾向，呈现出决定性、主导性。无论是希望还是放任的心理态度，都意味着行为主体在明知的基础上，本可以避免、阻止自身参与到共同犯罪行为中，而依然选择与其他主体共同完成犯罪行为，凸显其实施共同犯罪的意志选择。三是作为共同犯罪故意中的核心内容即意思联络，也需意志因素作为支撑。共同犯罪故意并不取决于每个参与主体故意内容的相同或相似性，也并非各自犯罪故意的简单相加或罗列，而是需各参与主体之间对犯意沟通具有双向性与一致性。只有各参与主体通过意思联络，认识到互相利用对方的行为达到共同犯罪意图，才能将各自所施行的犯罪行为整合成共同犯罪。在此过程中，不仅应达成共同的认识，还需形成共同犯罪的意志因素。这需要各参与主体通过意思表示，相互之间知晓并愿意共同实施犯罪行为。总的来说，共同犯罪故意的成立，不仅需要考察参与主体本身的意思表示，还要看到各参与主体之间是何态度，即对所发出的犯意是否形成回应及应允。

第三方物流如构成共同犯罪，必须对相应毒品犯罪行为具有明确认识，并对其他贩运人员形成特定的意思联络。这种意思联络的形成时间，既可以在事前，也可以在事中。如具体经手毒品的物流工作人员，在贩运人员交寄时发现邮寄物品内藏毒，经过协商沟通答应帮其遮掩，临时形成双向意思联络，则构成毒品犯罪共犯。意思联络的方式不受限，包括明示、暗示、默许或通过媒体等手段间接传达等。除对贩运人员身份、毒品、犯罪行为方式、因果关系等有所了解外，第三方物流还需对自身不作为、法律所赋予的作为义务及应履行作为义务的可能性具有认识。如第三方物流在发现邮寄物品内藏毒时，并未意识到自身负有禁止继续寄递或拦截、上报公安机关等作为义务，认为自身并无责任“插手”别人实施的违法犯罪行为，而放任毒品继续寄出。这表明其不具备成立不作为共犯所需的主观要件，不构成相应毒品犯罪共犯。

2. 片面帮助行为应不构成共犯

对第三方物流中立涉嫌运毒行为可罚性的探讨，在共同犯罪故意方面涉及片面帮助犯问题。从形式上来看，片面意为单方面，即意思表示的单向性。片面共犯是指共同行为主体中的一方具有共同实施犯罪的意思，并为犯罪能够顺利实施提供了帮助行为，但另一方并不知其对犯罪的帮助。在共同犯罪行为的分工中，片面实行与教唆行为根本不可能发生，而行为主体单方面提供帮助行为的情况在社会生活中确实存在。虽然片面共犯是以共犯命名的，但并不等同于在规范层面上将此情况认定为共同犯罪，可将其理解为一种犯罪的事实状态，即呈现出共同犯罪形式。片面共犯是否属于共同犯罪的认定范畴，存在肯定说与否定说的争议。肯定说主要是通过重新解读共同故意，认为单向的意思联络也应包含在共同故意当中。只要行为人对自己及所帮助的一方的行为、结果及与犯罪行为因果关系具有认识因素及意志因素，就构成犯罪共同故意。相应地，肯定说更注重物理层面上的因果关系，认为片面共犯与所帮助的一方共同引起了客体侵害。否定说立足于共同犯罪故意中的双向意思联络，认为片面共犯因意思表示的单向性而缺乏共同犯罪故意，可将其以单独犯罪或者间接正犯论处。毕竟片面共犯确实对犯罪行为的实施及后果具有帮助作用，如何将其纳入刑法打击范围内也需进一步考虑。为严密刑事法网，还有观点是从立法论角度出发，认为当前共犯归责制度并无片面共犯的“容身之地”，可改变刑法总则中共同犯罪的规定，或者将片面共犯作为单独的罪名予以处罚。①

第三方物流在收寄毒品的过程中，存在单方面帮助寄递、运送毒品的情况，不构成相应毒品犯罪共犯。针对第三方物流是否构成毒品犯罪共犯，除考察其本身是否认识及有意帮助贩运人员运毒之外，还需考察后者是否知晓被帮助。在具体个案中，要构成双向的意思联络不能忽视对被帮助者主观心理的判断分析。因第三方物流本身所承担的寄递运输服务职能，贩运人员作为收寄方会将毒品当作普通邮寄物品进行交付。第三方物流发现邮寄物品内藏毒并通过默许、容忍其继续寄出来表达帮助的参与意思。但这种参与意思表示被正当业务行为掩盖，很难被贩运人员感知，贩运人员可能认为其是毒品但未被发现。由此造成第三方物流知道收寄方实施毒品违法犯罪活动，并通过自身业务行为参与其中，但后者并不知情有其助力，仍将第三方物流当作被动的运毒工具。近年来，随着网络犯罪等新型犯罪活动的出现，现实情况的复杂性需要传统共同犯罪理论及时调整应对，否则易造成处罚漏洞。当前部分网络犯罪的罪名设置及司法解释对一些帮助行为似乎并不要求形成共同的意思联络，而是通过将其正犯化达到入罪目的。只要网络服务提供者或其他行为主体认识并希望，或放任帮助他人进行网络犯罪活动，就构成相应犯罪。这种共犯正犯化的认定趋势，虽然有利于应对网络犯罪蔓延之势，但对传统的共犯理论体系造成了极大冲击。在区分制中，基于共犯从属性说，共犯与正犯的处罚根据本就不同，前者的成立需以后者实行犯罪行为为前提。

---

① 李强：《片面共犯肯定论的语义解释根据》，载《法律科学（西北政法大学学报）》2016 年第 2 期，第 53-54 页。

将共犯行为作为正犯处理，使共犯的定罪量刑并不依附于正犯，而无须查明被帮助者是否真正实施了网络犯罪活动。这似乎扩大了片面帮助犯的规范基础，即只要行为主体单方面具有帮助他人犯罪的认识及意志因素即构成犯罪。[①] 即使片面共犯在理论上得出共同犯罪的结论，也必须在我国刑法规定中找到条款规定作为支撑，否则无法真正适用于司法实践。

从我国刑法规定来看，应否定片面共犯的成立。虽然存在共犯行为正犯化的认定趋势，看似为片面共犯提供实践依据，但这些仍属于刑法分则针对部分罪名的规定，无法适用于其他情况。仅从这些条文来看，确实存在将单方面意思联络的片面帮助行为认定为犯罪的情况。但并不能贸然认为其属于刑法特别规定，而应从体系性角度出发，并结合刑法总则规定予以分析。[②] 如有学者虽然支持将片面共犯纳入共同犯罪范畴中，但承认当前确认片面共犯的司法解释属于“一罪一解释”，并不能扩大适用到所有罪名，进而建议出台关于总则性的司法解释来修改共同犯罪的归责认定体系。[③] 基于刑法总则关于故意犯罪、共同犯罪的立法规定，共同犯罪故意中的认识因素及意志因素不仅应同时具备，而且需形成意思联络。只有各参与主体之间对彼此犯意及犯罪行为相互知晓并表明愿意参与其中，才具备对共同犯罪可归责的主观基础。在共同犯罪语境下，连接各犯罪行为的纽带一定是共同的犯罪故意，并将其理解为各主体一起实施犯罪，需要彼此之间的知情与分工配合。即使在网络、物流寄递情形下，确认犯意联络存在较大的认定障碍，也不能为严密刑事法网而突破法律规定的应有之义进行解释。

---

① 陆旭：《中立帮助行为研究》，中国政法大学出版社 2021 年版，第 182 页。

② 吴思齐：《关于我国刑法不存在片面共犯的探究》，载《成都理工大学学报（社会科学版）》2016 年第 5 期，第 26 页。

③ 马春辉：《网络犯罪“共犯正犯化”的反思与回归》，载《净月学刊》2018 年第 4 期，第 66 页。

第四章

物流寄递毒品行为定罪的规则构建

只有构建好走私、贩卖、运输与非法持有毒品行为的定性规则，才能将其应用在对物流寄递毒品行为的具体定性中。首先，确立毒品犯罪性质的认定规则。从刑法介入毒品问题的正当性角度出发，毒品犯罪应界定为抽象危险犯，在此样态下决定如何对构成要件及既遂标准进行司法认定。其次，确立毒品犯罪构成要件的解释规则。一方面，应以行政法、刑法规范为蓝本，立足于毒品过境、有偿转移、空间位移与事实支配进行解释，保证定性结论的合文本规范性。另一方面，应以社会流通的抽象危险为核心判断要素，从主客观方面对走私、贩卖、运输与非法持有毒品行为是否构成犯罪进行限制解释，避免刑法不合理、机械地扩张适用，保证定性结论的合理性、合目的性。最后，确立毒品犯罪既遂形态的判断规则。根据法定的危险状态是否形成，结合社会流通风险，具体判断走私、贩卖、运输与非法持有毒品罪的既遂标准。

一、构建毒品犯罪性质的认定规则

毒品犯罪不属于传统刑法理论所认定的行为犯范畴，应界定为抽象危险犯。无须产生现实侵害结果，只要符合刑法分则构成要件的走私、贩卖、运输与非法持有毒品行为具有侵害公众生命健康的抽象危险，就应认定为毒品犯罪。更进一步来说，出于对社会公众生命健康重大利益的提前保护，避免发生难以恢复的毒品实害结果，毒品犯罪的惩处依据在于行为引发毒品进入社会流通的现实可能性。

（一）匡正毒品犯罪属于行为犯的认知误区

在对毒品犯罪构成要件、既遂形态作出认定之前，必须厘清其犯罪性质。传统刑法理论认为，毒品犯罪不以发生实害结果为构成要件，应属于行为犯类型。在此认知下，行为人实施了刑法分则所规定的毒品犯罪行为就认定为犯罪并构成既遂。但基于对犯罪主客观要件的一体式分析与有机整体认定，行为犯概念在我国刑法语境下存在以下两方面的适用问题：

一方面，域外三阶层的犯罪构成体系虽然在最终定性结果上与我国犯罪四要件的犯罪构成体系相似，但二者在认定顺序、逻辑推理等定罪方式上存在根本差异，进而影响对毒品犯罪性质的认定。行为犯概念最早产生于大陆法系，与结果犯相对应，是指行为人只要实施刑法规定的法定行为就构成犯罪并既遂。这也导致我国传统刑法理论认为，包括行为犯在内的数额犯、结果犯的成立与既遂，都只要求行为符合刑法分则罪名的客观表现、数额或危害结果的要求。如有学者主张，将贩毒行为的完整完成作为既遂标准，即交易双方达成约定并完成毒品转移行为就构成贩卖毒品罪既遂。[①] 严格比较发现，我国刑法中实际并不存在行为犯、数额犯及结果犯。无论是行为、数额及结果，都仅是犯罪构成客观方面要件中的一个要素，而非构成犯罪的全部要件要素。三阶层中的构成要件符合性只是要求行为符合定罪的部分刑法规定，等同于我国刑法对某个犯罪构成要件要素所作的规定及要求，而非满足犯罪认定所需的全部构成要件要素。原因在于，三阶层犯罪论体系是将符合刑法中犯罪构成要件的行为作为评价对象，再经过层层过滤得出是否构成犯罪的结论。在我国刑法话语体系中，犯罪成立所需的各犯罪构成要件是处于同一平面上并作有机整体评价，将事实危害行为作为评价对象。犯罪是否成立，需要同时具备客体、客观、主体及主观要件，而且这四要件之间是平行并存关系。因而，四要件的犯罪构成评价体系在认定犯罪时，主客观方面必须互相印证、互相关联，整体评价说明构成犯罪的全部要件，需要主客观相统一原理的贯彻。这就意味着，德日刑法理论中将犯罪要件予以分割并先后作阶层式评价并不契合我国犯罪的认定思路，导致行为犯概念虽被全面移植却难以指导我国刑法分则个罪的理解适用。这也是割裂犯罪构成主客观要件要素的原因，对于毒品犯罪还存在行为犯的定罪误区，极大地影响对物流寄递毒品行为的定性处理。

---

① 魏东：《毒品犯罪的解释性疑难问题》，载《政法论丛》2017 年第 2 期，第 135 页。

另一方面，我国《刑法》第13条关于犯罪概念的规定，显然也表明构成犯罪需要一定情节，与行为犯概念并不契合。如何完整适用定罪及量刑的刑法规范，需要体系适用刑法对某行为关涉定罪量刑的所有条文规定，这包括刑法总则中所确立的如目的、任务、基本原则、犯罪概念等共通性要素，也包括刑法分则所规定的具体罪状及法定刑。从此角度来看，即使有学者认为毒品犯罪属于行为犯，也同样指出相关行为应存在实行过程，达到一定程度方能完成，[①] 并进一步提出以行为的“堆积”为既遂标准。这表明，对于行为犯概念的理解业已偏离德日刑法理论的源头，并在犯罪既遂认定上还融入对行为需产生一定危险的考察。由此可见，毒品犯罪属于行为犯从根本上就存在认知误区，将贩卖、走私、运输等行为完成视为犯罪成立及既遂的标志，并未考虑到在行为背后的主客观要素对犯罪构成的整体评价及情节严重程度。情节对于犯罪成立之内涵，是基于主客观相统一、实质与形式相结合的全面综合判断，用以衡量行为的社会危害性及人身危险性大小。只依据毒品位移距离远近、是否动态持有、是否破坏进出口管制秩序等要素而孤立定罪，会产生对物流寄递毒品行为的片面法律适用。如将德日刑法理论中的行为犯概念对应到我国毒品犯罪治理中，势必会导致在依法从严打击的趋势下，加重对涉毒违法犯罪行为的定罪处理，最终脱离于我国刑法框架本身并导致罪刑不相适应。对个案行为是否构罪、构成何罪的法律评价，终究是要回到我国本土化的犯罪构成要件中来。

实际上，我国刑法语境下所探讨的行为犯、数额犯或结果犯等概念，理应属于犯罪既遂形态认定规则，但理论与实践通常将其应用在犯罪成立的评价层面。[②] 无论是从犯罪四要件构成体系还是从犯罪概念来看，均不可能产生只要实施什么行为即构成犯罪、只要数额达到多少即构成犯罪、只要发生什么样的危害结果即构成犯罪等结论。如作为犯罪既遂形态认定规则，即数额达到多少金额、发生何种程度的危害结果或实施何种行为构成犯罪，则具有一定合理性。基于犯罪成立的规范评价基础，再来判断既遂形态是按照行为、结果还是数额标准。但如将行为犯概念应用于犯罪既遂形态的认定上，也仍然与毒品犯罪背后的法益保护需求不相符。

（二）应以抽象危险犯的构造认定毒品犯罪

以是否发生客体侵害危险为要件，就抽象危险犯而言，无须相关罪刑规

---

① 张建、俞小海：《贩卖毒品罪未遂标准的正本清源》，载《法学》2011年第3期，第155页。
② 石经海：《轻罪司法治理下的轻罪定罪规则构建》，载《当代法学》2025年第1期，第60页。

范明文规定发生危险的构成要件要素，只要行为符合一定要件即可认定具有客体侵害的危险性。自“风险社会”提出以来，抽象危险犯相关理论与现代风险的控制逻辑相契合。根据风险刑法理论，为应对现代信息化、网络化、技术化的社会生活所带来的各种风险，避免对风险的不可预知、不可控，刑法规范对社会生活的保护应更为前置，在实害结果尚未发生前就通过刑事立法及司法两方面提早控制存在风险的行为，即禁止个人实施具有危险性的行为。[①] 近年来，我国通过一系列刑法修正案及司法解释加大了对食品、药品、公共安全领域违法犯罪及网络犯罪等的处罚力度，如帮助行为正犯化、犯罪行为方式的扩大解释及法定刑的加重等，无不表明刑法的前置化倾向，对社会潜在的危险状态予以提前防控。抽象危险犯与风险刑法理论在处罚对象及根据上存在共通之处，因是否存在刑法适用扩张的嫌疑而饱受诟病。然而需厘清的是，抽象危险犯及相关立法、司法实践并非风险刑法理论的产物。早在20世纪初，德国、法国的刑事立法中就已存在一些抽象危险犯规定，是早于风险社会、控制现代风险等产生的。抽象危险犯所强调的刑法前置性，与风险社会视野下对引发重大风险行为的提前控制理念不谋而合，才为风险刑法观所强调。由此可见，不论是在传统还是风险刑法视野下，抽象危险犯都属于传统的犯罪分类方式，并非仅在后者视野下存在。

与危害公共安全的罪名条款不同，关于毒品犯罪的分则条文并未将造成他人死伤结果或者存在致其死伤的具体危险作为构成要件要素，仅列明实施毒品犯罪的客观行为应受到刑罚处罚。[②] 这就表明，相关行为构成毒品犯罪，并不以其产生现实的危害结果或紧迫威胁为前提。毒品因成瘾性、社会危害性，会给不特定的社会公众身心健康造成巨大风险。毒品一旦失去控制，在社会上大范围流通，小到使个人失去生命健康、失去家庭，大到影响社会公共安全、秩序，甚至破坏国家生产力发展，因此必须在实害结果尚未发生之前予以提前防控。虽然毒品的实际损害发生在消费环节中，但基于其给社会带来的巨大风险，显然不能等到毒品在社会上泛滥、损害社会公众的生命健康时刑法再介入，否则将难以控制。正因毒品犯罪所规定的行为模式具有这样的危险性，无须再结合具体案件情况进行司法判断，或者说，可简化这一步骤，通过日常生活经验便可推断出有此类行为应当就产生刑法需控制的危险。

① 陈京春：《抽象危险犯的概念诠释与风险防控》，载《法律科学（西北政法大学学报）》2014年第3期，第117-118页。

② 胡江等：《毒品问题治理的刑事法治保障》，中国检察出版社2024年版，第111-112页。

结合走私、贩卖、运输与制造毒品等行为的刑事立法规定，也印证了毒品犯罪具有抽象危险犯的性质。从毒品犯罪缘何产生的角度出发，消费与供给市场的存在，成为滋生毒品犯罪的原动力。毒品原植物的非法种植，毒品走私、贩卖、运输及制造等都属于毒品供给行为，最终都要推进、促进毒品消费，并借此完成高额利润的回流。具体而言，种植毒品原植物、制造毒品行为在源头上产出毒品，实现毒品的从无到有。输入型的走私毒品行为直接增大毒品供给总量，并通过贩卖、运输等环节运至消费市场，进而拓宽消费市场规模。贩卖行为在毒品卖家与买家之间搭建起沟通及交易渠道，虽未直接增大毒品供给量，但发挥了促进消费的作用，成为维系毒品市场运转的枢纽。运输行为推动毒品从供应地流向接收地的消费市场，并不发挥增加毒品供给量及促进消费的作用，而是为完成交易提供便利条件。由此可见，在毒品尚未造成实害之前，我国刑法就对毒品的种植、生产、加工、销售、运输等毒品供给侧进行依法严厉打击，尽可能防止毒品流入社会生活领域，降低社会公众接触毒品的现实可能性，进而实现缩小乃至禁绝毒品市场之目的。也就是说，从行为本身情况及一般社会生活经验来看，走私、贩卖、运输及制造毒品等行为一旦发生，通常情况下均包含对社会公众生命健康的侵害风险。这些行为所产生的侵害风险，与毒品所造成实害结果发生的距离很近，而且导致后者发生的概率极高。毒品作为特殊的违法商品，必须经过上游供给，并流通到下游的毒品消费群体，才能完成一次非法市场交易。打击毒品犯罪的根本在于实行行为引发了毒品进入社会流通的抽象危险，将毒品在不同行为主体之间进行转移扩散，所规制的集中于毒品在流通过程中所产生的社会危害。总而言之，将毒品犯罪认定为抽象危险犯能够反映出如下立法需求：基于对不特定社会公众生命健康权益的提前保护，需要将如走私、贩卖、运输、制造、非法持有毒品等与权益之间形成高度紧密实体关联的行为以毒品犯罪论处。

二、构建毒品犯罪构成要件的解释规则

对刑法条文含义的解释应符合刑法所保护的社会关系这一目的，既不能仅按照社会危害性来认定行为是否构罪，也不能仅将符合规范定义但并未侵害社会关系的行为以犯罪论处。在厘清规范语义的基础上，根据刑法谦抑精神对刑法介入的正当性要求，走私、贩卖、运输与非法持有毒品等行为受到

依法严厉惩处的依据在于，在毒品对公众生命健康造成实害之前，尽可能禁止毒品通过这些行为流入社会并为社会公众所接触。并非只要发生毒品过境、有偿转移、空间位移等行为就一定构成相应毒品犯罪，还需融入对毒品流通风险的实质解释，进而形成有机整体评价。通过考察行为在毒品生产与消费领域之间的连接作用，合理界定具有严重社会危害性、刑事违法性、应受刑罚处罚性的毒品犯罪。对于主观上不具有希望或放任毒品在不同行为主体之间转移、扩散目的，客观上也不具有毒品外溢风险的行为，不宜以毒品犯罪论处。

（一）立足于规范语义明晰构成要件的解释边界

在行政法、刑法语境下，走私毒品是指明知是毒品而非法采用运输、携带、寄递等方式使之进出国（边）境的行为。贩卖毒品是指明知是毒品而非法销售，或者以贩卖为目的而非法收买毒品的行为，其认定要点集中于有偿转移毒品。运输毒品是指明知是毒品而采用携带、寄递、利用他人或者使用交通工具等方法非法运送的行为，离不开对毒品空间位移情况的考察。非法持有毒品是指明知是毒品而占有、携有或者以其他方式持有毒品的行为，并从时间与空间要素两方面来具体理解。

1. 围绕过境认定走私毒品行为

广义上的走私是违反《海关法》或相关法律、行政法规等具体规定，逃避海关监管、偷逃税款、逃避国家有关进出境的禁止性或限制性管理的行为。从本质上来看，只要不同国家或地区之间存在商品差价，就需要为维护各自的主权利益对物品进出境予以管制。《海关行政处罚实施条例》第 7 条、第 8 条对走私行为与按走私行为处理的情形作出规定，总体上将走私行为划定为以下五种：一是绕关走私行为，即行为主体未经国务院或者国务院授权的机关批准，从未设立海关的地点运输、携带国家禁止或限制进出境的货物、物品或者依法应当缴纳税款的货物、物品进出境的。二是通关走私行为，即行为主体在设立海关的地点，通过藏匿、瞒报或伪报等方式运输、携带、寄递国家禁止或限制进出境，又或者依法应当缴纳税款的货物、物品进出境。三是后续走私行为，即未经海关许可并且也未缴纳税款、审核证件等，擅自将保税、特定减免税货物或者其他被监管的货物、物品、进境的境外运输工具，在境内进行销售。四是间接走私行为，即直接向走私人非法收购走私进境的货物、物品。五是水上走私行为，即在内海、领海、界河、界湖、船舶及所载人员中运输、收购、贩卖国家禁止或限制进出境的货物、物品，或者经营依法应缴纳税款的货物，但无合法证明的行为。[①]《1994年解释》以及《最高人民检察院、公安部关于公安机关管辖的刑事案件立案追诉标准的规定（三）》也将直接使毒品发生跨境位移的走私行为与间接走私行为纳入进来，按照走私毒品罪论处。由此可见，如脱离于《海关法》等法律法规所认定的走私行为，不能被认定为刑法语境下的走私毒品行为。走私毒品行为必须以海关法律法规对走私的界定为依据，即行为主体不仅违反了我国毒品管制制度、违反海关法律法规，而且具有逃避海关监管的行为。不论走私毒品的行为样态如何变化，都离不开这三种判断要素。

毒品在物理空间上产生跨境位移的外观表现，构成走私毒品罪的认定基础。走私毒品行为是否包括间接走私，虽然存有理论争议，但相关司法解释已作出规定，对间接走私也按照走私毒品罪论处。基于此，立足于行政法、刑法规范视角，走私毒品行为应指明知是毒品而非法采用运输、携带、寄递等方式使之进出国（边）境的行为，包括直接向走私人非法收购走私进口的毒品，或者在内海、领海、界河、界湖运输、收购、贩卖毒品。境外始终是我国毒品的重要来源地，如从“金三角”“金新月”所生产、制造的毒品，向我国输入的同时又通过我国所处位置流向境外。在司法实践中，走私毒品罪的主要表现形式是毒品在物理空间上发生跨境位移，包括输入毒品与输出毒品两种情况。具体包括：行为主体可能从境外或境内购买毒品并偷运出境，为走私毒品的违法犯罪分子、集团买卖、运输毒品，或者为其提供运输、保管、藏匿等帮助行为；在境内直接向走私毒品的违法犯罪分子或集团购买毒品；依法从事生产、运输、管理国家管制的麻醉药品、精神药品的单位或人员向走私毒品的违法犯罪分子或集团进行非法提供并偷运出境等。总之，对走私毒品行为的认定，应始终坚持毒品是否过境的形式标准。

2. 围绕有偿转移认定贩卖毒品行为

不论采取何种方式，贩卖行为均表现为将毒品从一方有偿转移至另一方。行为方式表明，贩卖毒品罪之核心内容在于将毒品作为支付对价来换取财产性利益，[②] 至少应存在将毒品从一方有偿转移至另一方的事实情况。也就是说，在毒品交易市场中，卖方通过提供毒品这种非法商品赚取差价、获取利

---

① 刘涛：《走私犯罪中“双兜底”条款及其解释规则构建》，载《海关与经贸研究》2020年第5期，第72页。

② 王登辉、罗倩：《贩卖毒品罪若干基础理论辨正》，载《中国刑事法杂志》2016年第2期，第25页。

润，而买方获得毒品用于消费。因此，对贩卖毒品行为的定性要点有两个方面：

一是有转移行为，包括非法销售毒品或以贩卖毒品为目的而购入毒品两种情形。《1994 年解释》首次将贩卖毒品界定为“明知是毒品而非法销售或者以贩卖为目的而非法收买毒品的行为”，此后对贩卖毒品罪基本沿用了此表述形式。倒卖行为是否属于贩卖毒品罪的实行行为，在理论界争议不断。“贩卖”并非仅法律独有用语，而是来源于生活，对其概念的法律解释或扩大或缩小，不能突破其原本具有的文义范围，否则就会超出社会公众认知，进而影响刑法文本的权威性、有效性。在词义学层面，《现代汉语词典》将“贩卖”解释为“（商人）买进货物再卖出以获取利润”①。在《辞海》中，“贩”意为“低价买入、高价卖出”②。其中，“贩”更强调买入，而作为独立动作的“卖”，意指卖出货物。《辞源》《汉语大词典》对“贩卖”的解释则更偏重于强调货物出售，即一方以持有物品为对价，并从对方手中获取物质性利益，与销售、出售的解释内容大体相似。③ 由此可见，虽然作为生活用语的“贩卖”是否包括买进存在理解出入，但不可否认的是，在文义解释中确能找到买进及卖出环节的词义内容。而且，将倒卖行为一并作为贩卖毒品罪处理也存在现实需要。由于毒品交易活动极其隐蔽，存在多段的连环交易行为并且难以实现“人赃并获”等情形，贩毒者往往是前一桩毒品案件中的购毒者，购入毒品后再高价卖出。在毒品供给侧与需求侧之间，存在诸多批发或零售等贩卖环节，也就是说，毒品需经过多次倒卖方能由消费群体最终持有并吸食。对于中间的贩卖环节而言，同时存在以贩卖为目的而买入、卖出行为。但受限于证据查处困难，如果仅对直接出卖毒品的行为人追究刑事责任，而忽视向对方收购毒品的主观意图，可能会放纵毒品交易活动。

走私、贩卖、制造、运输毒品罪的罪状并未有具体明确表述，结合当前司法解释关于贩卖的界定，也应在直接出卖与倒卖两种行为类型中予以探讨。其他包括贩卖行为的犯罪类型，将贩卖与倒卖行为作出并列规定。如在我国《刑法》第 155 条关于走私犯罪的规定中，实行行为包括“运输、收购、贩卖”。第 240 条关于拐卖妇女、儿童罪的规定中，将“拐骗、绑架、收买、贩

---

① 中国社会科学院语言研究所词典编辑室：《现代汉语词典》（第 7 版），商务印书馆 2016 年版，第 366 页。

② 辞海编辑委员会：《辞海》（第七版），上海辞书出版社 2020 年版，第 1097 页。

③ 何维笛：《贩卖毒品罪既遂标准探析》，载《长江大学学报（社会科学版）》2015 年第 6 期，第 32 页。

卖、接送、中转”行为相并列。之所以如此，正是因为贩卖与收买应属于不同范畴，后者难以被前者包含。虽然存有疑问，但在当前背景下，仍应遵循关于贩卖的规范界定并尽可能对倒卖行为作出符合可罚性的合理解释。而且也借此表明，直接出卖或倒卖行为均属于刑法规制范畴，倒卖行为的社会危害性程度同样严重。至于双方是否为交易上下家，都不会影响毒品转移的客观事实。如上家携带毒品前往交易现场或将毒品置于某地、毒品被交寄给第三方物流等情况，均意味着发生毒品实际上的转移占有。而且，以转移为核心内涵的贩卖行为，其成立也并不一定要求购买者真正实际取得、持有毒品，只需要存在双方将毒品控制权相互移交的情况即可。现实生活中毒品交易不仅指买入毒品后又转手卖出的情况，还包括自产自销，以贩卖为目的而收购毒品，将他人留下的毒品卖出牟利或者依法从事麻醉药品、精神药品相关管理工作的人员非法售卖等情况。①

二是有偿性，即存在为换取毒品而以财产性利益为对价的情况。针对司法实践中用毒品与其他物品进行交换的行为认定问题，《昆明会议纪要》规定用毒品支付劳务报酬、偿还债务或者换取其他财产性利益的，用毒品向他人换取其他类型毒品用于贩卖的，均构成贩卖毒品罪。代购者在替他人购买毒品的过程中，收取、私自截留部分毒资、毒品，又或者以“介绍费”“劳务费”等为由从中牟利的，构成贩卖毒品罪。这些规定表明在刑法语境下，行为主体只要存在以毒品换取财产性利益的主观意图，客观上也通过交换毒品达到了使自身免除一定的支付义务或者增加财产性利益，就能够认定实现有偿交易。而且互易毒品的双方通过交换实现了毒品的经济价值，符合有偿转移的行为本质，均可认定为贩卖毒品罪。不过，如双方是以吸食为目的而互易毒品，表明所追求的均是毒品使用价值而非获取对价的财产性利益，而且刑法并未规定出于自吸目的购入、分享少量毒品的行为构成犯罪，因此不属于贩卖毒品罪，可能会以非法持有毒品罪、容留他人吸毒罪等罪名论处。

3. 围绕空间位移认定运输毒品行为

对运输的认定存在从客观行为展开的文义解释路径、从主观目的展开的限缩解释路径，并形成了距离说、目的说、状态说、关联说、促进流通说等立场主张。通过对运输行为不法内涵的剖析，不能仅以毒品位移距离认定犯罪，也不能完全将其排除在认定要素之外，应坚持运输毒品行为的基本外观特征，并与方式、目的等因素相结合作出有机整体评价。

① 张建、俞小海：《贩卖毒品罪未遂标准的正本清源》，载《法学》2011 年第 3 期，第 159 页。

（1）运输行为不法内涵的多重考量。运输型犯罪通常表现为违反刑法规定，在我国范围内采取携带、邮寄、乘坐或驾驶交通工具将违禁品带离原始所在地并转移至另一地。在《刑法》分则规定中，运输型犯罪主要涉及第125条、第171条、第341条、第344条、第345条、第347条、第352条规定，运输对象主要包括枪支、弹药、爆炸物、危险物质、被盗伐或滥伐的林木、毒品、毒品原植物种子或幼苗等。从上述运输型犯罪所处章节来看，刑法之所以将部分运输行为纳入规制范畴，主要是因为该行为对社会秩序造成侵害。共通之处在于，其一，运输型犯罪中的运输通常是强调携带、寄递或利用交通工具使违禁品发生空间位移的行为过程。也就是说，运输行为本身就具有严重社会危害性、刑事违法性与应受刑罚处罚性，蕴含有损于社会的重大风险，而非以该行为所造成的结果为处罚依据。如运输枪支行为必然会破坏我国对枪支的管理秩序，而且会诱发贩卖及使用枪支等危害公共安全的后续行为。虽然交通肇事罪与危险物品肇事罪中的运输行为也属违法，但这里的违法是指违反交通运输管理等行政法规而非刑法。构成犯罪所强调的是这种违反行政法规的运输行为造成了致人重伤、死亡或财产重大损失等严重后果。其二，运输对象应是刑法所规定的违禁品。在运输型犯罪中，刑法所禁止运输的物品有枪支、弹药、毒品、危险物质等。这些犯罪对象可能是如毒品、危险物质等本身就具有社会危害性的物品，也可能是如盗伐、滥伐的林木等由非法渠道获得的合法物品，还可能是如珍贵、濒危野生动物制品等稀缺物品。其三，实现空间位移的运输形式具有多样性。根据人与货物是否分离的事实情况，行为主体通过轮船、客车、汽车、飞机等公共交通工具，或者利用马、牛等动物来驮运违禁品，此时表现为人货不分、人货同行的特征。随着近年来物流行业的快速发展，也存在将违禁品包装后交由第三方物流进行运输的情况，呈现出人货分离样态。其四，运输型犯罪中的运输行为应具有独立性。虽然现实生活中运输行为往往与制造、贩卖、储存、购买、加工、非法收购等行为相互连接，但作为并列罪名之一，相较于其他关联犯罪而言应具有评价上的独立性。

运输毒品行为在立法规定上仅描述其客观表现形式，产生了如何界定运输的诸多观点。《1994年解释》《最高人民检察院、公安部关于公安机关管辖的刑事案件立案追诉标准的规定（三）》虽具体解释走私、贩卖、运输与制造毒品行为，但尚停留在对明知是毒品而通过各种方式进行非法运输的行为外观描述上。相较于走私、贩卖、制造毒品行为而言，何谓运输在刑法理论与实践中始终存在不同的认定立场，仅就相关罪名的认定规范也难以达成基本共识。甚至于，因运输行为往往附加于走私、贩卖、制造或非法持有毒品等场合，针对运输毒品罪是否还具有存在必要性，产生了存废与否的争议分歧。[①] 对于运输行为的认定观点，包括根据毒品物理状态或行为人主观心态的目的说、距离说、状态说等事实标准，以及立足于运输在毒品犯罪中所发挥的作用，与贩卖毒品等行为相关而产生的促进流通说、关联说等规范标准。正是基于距离说引起运输毒品罪扩张适用的风险，其他认定标准均是从如何有效限制运输毒品罪处罚范围出发，试图将运输行为从其他毒品犯罪行为中剥离出来，通过赋予其实质的规范内涵来强化独立评价。长期以来，我国理论界及实务界对运输行为都形成了距离说的认定立场，要求行为人携带毒品需在我国边境范围内发生位置移动，使毒品产生空间位移。为避免将毒品任何的位置移动都认定为运输，在距离说内部又形成如“跨越城市边境”等具体标准。如前所述，受限于寄递毒品距离远近，对同城范围内短距离运送毒品行为是否构成运输毒品罪存在分歧争议，或者对接收物流寄递毒品行为不考虑目的而认定为运输毒品罪。这实际上均反映出对毒品移动距离与运输行为是何关系的机械理解，导致仅以毒品移动距离认定犯罪或者完全将毒品移动距离排除在认定要素之外的片面定性结果。

（2）考察毒品位移距离因素的必要性。在刑法语境下，显然并不能仅以毒品位移距离来认定行为构成运输毒品罪。对于运输型犯罪，应考察运输行为本身的刑事违法性、严重的社会危害性与应受刑罚处罚性。从广义上来看，不论是处于供给端的走私、贩卖毒品等行为，还是处于需求端的持有、吸食毒品等行为，往往都伴随毒品运输的事实情况。基于此，虽然运输与走私、贩卖、制造毒品罪并列，但其在整个毒品犯罪活动中的从属性与辅助性更为明显，发生场合也多附着于其他涉毒行为中。也正因如此，如将运输行为单独评价为犯罪，在判断是否构罪时应更为审慎，注重强调正犯地位及应受刑罚处罚性。如《昆明会议纪要》对接收物流寄递毒品行为强调，如无其他贩卖毒品等犯罪故意，一般以非法持有毒品罪论处，进而避免司法实践扩张认定运输毒品罪的导向。再如，对运输毒品罪的死刑适用问题，强调单纯受指使、雇用为他人运毒，与为实施走私、贩卖、制造毒品罪而运毒的情况应区别对待，在行为、目的及证据等方面作出与其他相并列罪名不同的处罚规定。

---

① 莫洪宪、薛文超：《“厉行禁毒”刑事政策下运输毒品罪的死刑废止》，载《广西大学学报（哲学社会科学版）》2016 年第 2 期，第 48 页。

由此可见，《昆明会议纪要》也在一定程度上认为仅以发生毒品空间位移，尚不足以说明运输与走私、贩卖、制造毒品行为具有相同的社会危害性，并予以单独评价。如果仅以毒品的空间位移界定运输行为，必将造成将毒品带离原地或进入交通工具等情况均被认定为运输毒品罪。因自吸、逃避公安机关侦查、为其他贩运人员转移、代他人接收而动态携带毒品前往他处等，在社会危害性程度上显然是不等同的，进而造成运输毒品罪不合理的扩张适用。刑法对某犯罪行为的处罚及程度是通过罪刑结构来体现的，在解释犯罪时也需以所配置的法定刑为参考依据。[①] 运输毒品罪的罪状比较简单，而且对运输的司法解释也存在过于形式的问题，在成立上同样没有数量与含量等入罪要求，而且法定最高量刑幅度也与走私、贩卖等罪名相同。在如此重刑配置之下，既然将运输行为从所附着的走私、贩卖、制造毒品等场合中剥离并进行独立评价，就应作适当的限缩解释，才能保证罪刑均衡。

在传统刑法视野下，运输毒品罪的成立需行为人明知是毒品，并携带毒品使其在我国边境范围内发生空间位移。但这种侧重对距离的形式考察既无益于厘清与其他毒品犯罪的边界，也未解决距离多远构成运输行为，因而陷入理论及实践困境，被其他规范标准扬弃。有部分观点认为，只要毒品在不同行为主体之间发生转移流通，就符合运输毒品罪的实质特征，而无须考虑是否产生空间位移，这无疑会使运输毒品行为失去最基本的社会公众认同。运输毒品行为需要刑法进行能动解释，但不能脱离运输本身所具有的将人或物从一地转移至另一地的基本要义。毒品犯罪本质上是在生产及流通国家禁止的非法消费品，通过毒品与毒资的双向流动完成犯罪活动。其中，不同于使毒品从无到有的制造、促进毒品交易的贩卖行为，运输行为不改变毒品性质，通过搬运、配送等改变毒品的空间状态，进而克服生产与消费环节相分离。[②] 如果缺失运输，生产与再生产、生产与消费环节，以及生产各部门、各企业、城乡乃至国家及地区之间就无法联结。由此可见，在物流和经济学领域，运输都被界定为在不同地域间改变物品空间位置的活动。[③] 物品在不同的空间，其场所效用及使用价值的实现程度也有差异，被运至目的地才能发挥其最大功能。作为社会现象的运输行为，显然其核心内容在于物品空间位置的改变及移动距离上的长短，不能忽视位移及距离的认定意义。即使是以流

---

① 黎欢欢、魏瀚申：《运输毒品犯罪的罪刑失衡及其司法纠偏》，载《中国刑事警察学院学报》2021 年第 4 期，第 26-27 页。

② 徐勇谋：《现代物流管理基础》，化学工业出版社 2003 年版，第 8-9 页。

③ 徐勇谋、郭湖斌：《现代物流管理》，上海大学出版社 2014 年版，第 32-33 页。

通说为界定标准，也并不排斥毒品的空间位移。运输毒品行为外在表现最为直观的特征，就在于毒品离开原始所在地并发生位置改变。如甲将所持有的毒品转交给同在家中的乙的行为，虽然导致毒品在不同行为主体间的流转，但显然不能认定为运输毒品罪。只有发生位移，毒品才具有在社会范围内流通的现实可能性。如此认定也能够同具有将毒品从生产领域带入流通领域作用的贩卖毒品罪区别开来，[①] 这是对运输进行文义解释的必然结果。

针对短距离运毒的情况，一般应将毒品移动距离作为运输行为的定性标准，但也不排除在特殊情形下可以构成运输毒品罪。原因在于，一是根据运输所产生的场所效应，物品在不同空间场所的使用价值及效益实现存在差异，这与距离长短密切相关。毒品的短距离位移通常不会引起空间效应的变化，也就是说，在商品经济社会中这种轻微变化并未改变其场所效应及使用价值，不具有明显的独立性及社会意义，一般不应“单独将此运送过程认定为运输毒品罪”[②]。即使短距离运毒产生了一定的空间效应，也可直接将运输视为其他行为的附随部分。在物流管理领域，运输在活动范围上更大，一般是在不同地域范围之间承担大跨度的物品空间转移任务。配送在运输过程中则处于“二次输送”“终端输送”等地位，其活动范围往往局限于同一城市或城市内某一区域，将物品“门到门”送至需求用户手中。[③] 具体到毒品犯罪场合，这也同样符合交易习惯及司法实践情况。如行为人在达成交易后，携带毒品前往同城内的约定地点，此时其运送行为会被视为贩卖毒品罪的一部分，附着于贩卖的客观行为中，不另构成运输毒品罪。二是对运输行为的界定提出距离要求，也是与犯罪概念等刑法总分则规定的协调适用。刑法总则中的犯罪概念规定要求任何犯罪的成立，均需结合全案情况考虑情节是否足够表明行为的社会危害性及人身危险性。其中，距离因素关系到毒品作为非法商品的场所效应及使用价值，显然应成为需考虑的全案情节之一。

对具体个案的认定形成完整的法律适用，需综合考察毒品移动距离、方式、目的等因素。不论是形式上的距离说还是实质上的促进流通说、关联说等，都不意味着构成非此即彼的关系，完全可在距离基础上引入实质标准对运输毒品罪进行限制适用。构成运输毒品罪所需的主客观要件，并非简单相

① 谢暄：《运输毒品罪的限缩解释与类型分析》，载《江西警察学院学报》2021 年第 4 期，第 88 页。

② 何荣功：《运输毒品罪与非法持有毒品罪的区分》，载《中国刑事法杂志》2021 年第 4 期，第 172 页。

③ 徐勇谋、郭湖斌：《现代物流管理》，上海大学出版社 2014 年版，第 74 页。

加，而是通过相互关联、互相印证形成一个有机整体。在运输毒品行为中，距离、目的、方式、数量等都不可能孤立存在并独立发挥定性功能。仅以距离界定运输毒品行为，或者以主观目的、促进流通等来界定运输毒品行为，都会带来对运输毒品罪不完整的刑法适用。虽然运毒行为天然与空间距离的物流标准密切相关，但距离要素仅是为运输毒品罪定性提供客观方面的认定要件。总体而言，行为是否构成运输毒品罪，并非距离这一客观事实而是该罪成立的评价体系所决定。通常情况下，短距离运输自是不符合距离说的界定标准，而难以满足实行行为要求。但行为人短距离运输毒品行为，综合全案情况来看存在以运毒为业、主观牟利、毒品数量较大等情况，完全有可能表明其主客观方面严重的社会危害性，也可构成运输毒品罪。距离要素的定性作用不能一概而论，应将其置于犯罪成立规范体系中作要件整体分析，结合犯罪成立的全部要件要素，才能得出合理的认定结果。对于运输毒品行为而言，通常需考量毒品数量、距离、方式目的、起始地点、有无获取报酬以及毒品被查获时的状态等因素。

4. 围绕事实支配认定非法毒品持有行为

自 1990 年《全国人民代表大会常务委员会关于禁毒的决定》新增非法持有毒品罪以来，持有被界定为“占有、携有或者其他方式持有毒品的行为”①，并表现为一种事实上的支配与被支配关系。顾名思义，持有是指以行为人对特定物品事实支配为内容的行为。② 持有既可以表现为行为人对特定物品积极地动态占有，也可以表现为静态占有，或者动静相结合，都能达到事实支配之目的。也正因如此，理论界关于持有行为的性质产生了诸多争议。从作为角度来看，持有型犯罪所违反的是禁止性规范，即不应持有而持有的积极作为。③ 从不作为角度来看，在法律禁止公民持有某些特定物品的情况下，持有人负有应将所持有物品上缴相关管理部门的作为义务，但其并未主动上缴反而继续持有，属于刑法所禁止的不作为犯罪类型。④ 事态说认为，持有应作为一种事实状态，并与行为共同构成刑法规制对象。例如，只要证明持有人与特定物品之间所形成事实支配关系，就足以构成犯罪。⑤ 从独立的第三种状态

① 《最高人民法院关于适用〈全国人民代表大会常务委员会关于禁毒的决定〉的若干问题的解释》第 3 条。

② 高蕴嶙：《从取得阶段分析“持有”的法律性质》，载《检察日报》2018 年 2 月 7 日，第 3 版。

③ 秦博勇：《也谈持有型犯罪——非法持有应是作为犯罪》，载《中外法学》1994 年第 2 期，第 59 页。

④ 张智辉：《刑事责任通论》，警官教育出版社 1995 年版，第 124 页。

⑤ 冯亚东：《试论刑法中的持有型犯罪》，载《中国刑事法杂志》2000 年第 1 期，第 25 页。

角度来看，持有同时具备作为与不作为的某些特征。[①] 第三种行为方式说来源于英美刑法，认为持有是与作为、不作为并列的行为类型。持有的状态性与作为、不作为的产生都无太大关联，而且这种状态本身似乎无须进行定性评价，所控制、支配的特定物品是何性质才是关键问题。[②] 通过归纳分析，上述争议主要形成行为说、状态说两大阵营，而后者直接对“无行为即无犯罪”刑法理论框架进行了颠覆。

显然，不论是作为还是不作为，都属于侵犯客体的类型化犯罪行为，也符合持有之外观表征，不能仅通过作为或不作为的类型来限定持有。持有行为既表现出对特定物品事实支配状态的默许和维系，又表现出是在主观意志支配下对特定规范的违反，构成行为性与状态性的统一。基于无行为即无犯罪的基本理念，我国刑法是将具有严重社会危害性的行为作为规制对象，总体坚持行为说的基本立场，对持有人主观心态与客观行为作整体评价。这种评价表现为，对在认识与意志因素下持有某些特定物品的谴责态度。随着“互联网+物流寄递”的毒品犯罪问题频发，双方通过网络达成毒品交易，再通过物流渠道完成毒品实际转移的行为构造成为新常态。与传统取得阶段情况不同的是，自寄件方将毒品交寄给第三方物流到收件方实际接收毒品之间存在较大的时间和空间间隔，需从根本上解决持有行为的性质问题。持有人何时对毒品产生事实上的支配关系，需结合持有的时间与空间两方面来认定。

非法持有毒品罪的成立是否需持有的时间条件，才能形成对毒品的事实支配关系，存在肯定说与否定说的认定立场。肯定说认为，持有的发生需要一定的时间长度，并非一经占有特定物品即构成犯罪。否定说则认为，持有的词义本身并无时间延展性要求，无须赋予持有发生的时间条件。而且时间持续性加重司法机关对犯罪的证明负担，有损于罪刑的确定性，进而不利于依法惩治持有型犯罪。[③] 甚至于有学者认为现实生活中持有行为的发生通常具有“持续性”,[④] 但不能以此来限制刑法所规定的持有行为必须具备这一成立条件。

持有人对毒品的非法占有或控制应持续一段时间。主要原因在于，一是持有行为本质上构成一种状态，而状态的形成需时间延展性。持有型犯罪与

① 储槐植：《三论第三种犯罪行为形式“持有”》，载《中外法学》1994 年第 5 期，第 20 页。

② 储槐植、江溯：《美国刑法》，北京大学出版社 2012 年版，第 55 页。

③ 邓斌：《持有犯研究》，吉林人民出版社 2004 年版，第 41 页。

④ 郭竹梅：《持有型犯罪的特征与认定》，载《法学杂志》2009 年第 4 期，第 48 页。

其他犯罪类型相比，最独特的表征就在于其天然地呈现出状态性，即对特定物品的控制及支配的状态表现，并不必然伴随身体动作等积极行为。[①] 只要特定物品是处于行为人事实支配、控制范围内，且存在主观认识，就可认定为持有，集中于人对物的事实支配状态。例如，持有人拥有某特定物品，使其置于家中或任何地方，并不一定需要其主动实施某些作为。伴随持有状态的产生而显现于外部、易于被法律评价的则是持有的行为性，即行为人推动、促进携带、准备占有特定物品等实行行为。仅将状态作为刑法惩处的依据，显然缺少对持有人主观态度的考察，易陷入严格责任的判断误区，进而有违主客观相统一原理。虽然持有概念本身并无明显的时间要求，但行为人对特定物品从推动、准备持有到将其处于自身控制及支配范围内都需要一段时间。而且，对毒品如形成事实支配，也需要行为人对毒品产生持续控制力并能够由其自由支配。二是持有的时间性要求也能够将拾得、他人转送毒品等无故意的行为排除在犯罪圈之外。这个时间长度，可以给予行为人在继续占有还是放弃占有之间作出选择的机会。例如，行为人是意外捡拾到毒品，却并未及时上交处理而是选择继续占有，就表明其对非法持有毒品这一结果存在主观故意，依法构成非法持有毒品罪。而且一瞬间的占有实际上也并不具有处罚必要性，毕竟处罚之主要目的在于避免后续走私、贩运等更严重毒品犯罪的发生。将时间条件赋予刑法意义上对持有行为的实质界定，也不与持有本身词义相矛盾，而是结合毒品犯罪的惩罚依据及刑事立法原意对文义解释作适当理解。行为人仅在一瞬间或短暂时间内占有或携带毒品被抓获，在主观上虽然具有持有故意，但客观上并未真正形成对毒品事实上的支配，不应勉强认定为非法持有毒品罪。

从时间方面认定持有，可将行为人发现、推动持有到事实支配毒品的全过程分为“准持有”“不稳定持有”“稳定持有”[②] 三个层次，对应到行为人不构成持有、构成犯罪与犯罪既遂的认定结果。在认定刑法意义上持有需要在时间条件的基础上，通过尚未持有到稳定对毒品事实支配的阶段性区分，继续进行持有时间上的分层。具体而言，“准持有”并不等同于行为人已经实际接触到毒品，属于在持有之前的预备状态，此时不构成非法持有毒品罪。如果继续按照此状态发展，行为会转变为刑法意义上的持有。当从“准持有”

---

① 农海东：《持有型犯罪概念新探》，载《成都理工大学学报（社会科学版）》2018 年第 4 期，第 49 页。

② 吴心成：《非法持有毒品罪的犯罪形态判断——持有三层次说的提出》，载《浙江万里学院学报》2019 年第 5 期，第 52-53 页。

发展到“不稳定持有”的阶段时，持有人形成对毒品的事实支配关系，构成非法持有毒品罪但尚未达到既遂形态。此时如因意志之外的因素而停止继续持有，属于犯罪未遂。当从“不稳定持有”发展到“稳定持有”的阶段时，关乎非法持有毒品罪是否已完成，根据行为人接收毒品的渠道，会对何时产生“稳定持有”形成不同认定。

非法持有毒品行为的成立在空间上无须与毒品密接，已然成为理论界及实务界的主流立场。持有人与毒品之间的物理距离不论长短，只要意识到毒品并能够对其管理支配，不必亲自随身携带，都构成非法持有毒品罪。具体而言，持有方式可以是直接或间接持有、占有，也可由一人或两人以上行为主体共同占有。事实上的支配关系，侧重表现行为人基于各种身份形成对毒品抽象控制的占有能力或占有可能性，或者表现为随身携带、直接占有或藏匿等形式的占有事实。即使毒品并未由行为人实际占有，从占有能力来看，其已经可以按照自身意志决定毒品去向，同样属于刑法意义上的持有。在物流寄递情形下，持有人与毒品之间的事实支配关系何时发生需结合具体工作环节予以判断，这属于有预谋获得毒品的路径，应在着手时就认为进入第二层次的“不稳定持有”阶段。当毒品从寄件地运出并处于运输状态时，持有人作为收件方在等待邮寄物品的过程中，尚未形成对毒品的稳定持有。毒品能否实际运出、能否顺利运至收件地都不由其自身所能控制，而且处于任意一环节都有可能因抽查、安检而被公安机关查获，属于“不稳定持有”阶段。当毒品被派送至收件地时，持有人作为收件方才真正将毒品转移至其可随意支配的范围内，对毒品形成稳定的事实支配。此时，无论是在快递代收点托管，还是由物流工作人员上门或到指定地点配送的情况下，仅有行为人自身可凭借相关证件信息随时获取毒品，都表明其可通过自由意志决定毒品去向、何时取得毒品等。

（二）结合毒品流通风险对构成要件作限制解释

流通，有流转通行之意，在社会经济层面是指一切生产要素或生产成果从生产领域到消费领域的转移过程，成为生产和消费之间必不可少的中间环节。毒品犯罪实行行为显然具有推进毒品流通的抽象危险，应以过境、有偿转移、空间位移、事实支配是否引起毒品流通风险认定相应毒品犯罪。这种毒品流通风险，已成为刑法所应规制的危险状态。

1. 以过境是否引起毒品流通风险认定走私

回归于刑法关于犯罪概念的规定、对犯罪构成要件的体系性评价，走私毒品行为如构成犯罪，还需在过境基础上考察是否引起毒品流通风险，实现对走私毒品罪的限制认定。

（1）走私毒品行为内涵不应囿于过境。在刑法语境下，走私毒品行为并不等同于就构成走私毒品罪。将吸毒人员为自吸而通过国际物流渠道购毒的行为均构成走私毒品罪，如前所述不合理的原因在于，不仅忽视走私毒品行为之主观目的，而且也未考虑情节是否显著轻微，导致司法实践中往往将走私毒品罪直接等同于行为使毒品在物理空间中发生跨境位移，进而形成“跨境即构罪”的认定标准。如此认定思路，自然也就将吸毒人员为自吸而购入毒品的行为都纳入走私毒品罪中。但实际上，成立走私毒品罪不仅需要毒品过境的外观表现，还应在过境的判断基础上对走私毒品行为再进行实质判断。从现有刑法关于其他走私犯罪的规定来看，走私毒品行为内涵不应囿于过境。

其一，刑法分则所规定的其他走私犯罪都明显具有一定情节的入罪条件，这也符合犯罪概念的要求。例如，走私普通货物、物品罪的成立，要求行为主体偷逃应缴税额达到10万元以上，或者在一年内曾因走私被给予两次行政处罚之后又再次走私的情节。又如，走私淫秽物品罪的成立，要求行为主体需以牟利或传播目的作为构罪的主观要件。而且，“情节较轻”需要涉案的淫秽录像带、影碟、音碟、扑克、书刊、照片达到一定数量要求。由此可见，立足于刑法分则的明文规定，并非一经走私普通货物、物品、淫秽物品等行为即构成犯罪，需有具体的定罪情节要求。这种定罪情节要求，契合我国《刑法》第13条关于犯罪概念的规定。虽然行政规范上的走私违法行为与刑法规范上的走私犯罪行为都具有相似乃至相同的外观表现，但二者在社会危害性上具有程度差异，存在“量”的根本区别。只有具有严重社会危害性、刑事违法性与应受刑罚处罚性的走私毒品行为，才能构成走私毒品罪。走私毒品罪的成立，虽然在刑法分则中并未具体明确定罪情节，但也要受到刑法总则中犯罪概念的约束。在毒品过境的基础上，需考虑从行政违法行为到刑事犯罪行为的阶层认定。

其二，走私毒品罪从法定刑的配置来看，相较于其他走私犯罪明显更重。例如，在走私普通货物、物品罪的三档法定刑中，最重的一档是处10年以上有期徒刑或者无期徒刑，并处罚金或没收财产。如走私淫秽物品情节严重的，也是处10年以上有期徒刑或者无期徒刑，并处罚金或者没收财产。由此可见，作为我国刑法分则破坏社会主义市场经济秩序罪的犯罪类型，走私犯罪基本上并不配置死刑的最高刑，而且在刑罚幅度上也遵循由轻及重的分布顺序。走私毒品罪与运输、贩卖、制造毒品罪并列，除并无数量的入罪要求之外，形成由重到轻的非常态化刑罚分布样态，囊括从死刑到管制的全部主刑类型。这种从重到轻的刑罚设置，也见于故意杀人罪的规定，足见刑法对毒品犯罪的严惩态度，充分彰显刑罚对毒品犯罪的威慑力。如果仅强调毒品过境、走私行为违反毒品管制制度与海关管理法律法规，显然无法说明为何走私毒品罪的刑罚更重。而且1990年《全国人民代表大会常务委员会关于禁毒的决定》将走私毒品罪划分至刑法分则妨害社会管理秩序罪一章中，并与贩卖、运输、制造毒品罪并列，就表明对走私的界定，不能仅局限于普通走私犯罪中的走私，应强调刑法对毒品管制与其他禁止进出口货物、物品上的区别，进一步考虑毒品过境所带来社会危害的具体表现。

从我国对吸毒行为的认定、处理来看，将为自吸而走私与其他走私毒品区分开来，也应在过境基础上再作实质判断。走私与运输行为在毒品犯罪活动中所发挥的作用大致相同，都是将毒品从供给端运至消费环节，主要区别无非毒品是否越过国（边）境。基于二者在流通方面的同质性，适用于运输毒品行为的相关规范，也应适用于走私这一同类行为。基于自伤行为不罚的基本原则，我国对吸毒行为一贯是以非犯罪化手段处理。《昆明会议纪要》较之以往，更突出行为人的吸毒者属性，避免使吸毒行为受到变相刑事处罚。例如，考虑代购者为吸毒人员，为他人代购主要是为获得可自用的少量毒品，客观上也并未造成毒品在社会上流通，在为托购者购买仅供自用的毒品过程中，收取、私自截留少量毒品用于自吸，一般不以贩卖毒品罪论处。再如，司法实践对于有吸毒情节的贩毒人员，在量刑时会酌情考虑此情节。显然，这是考虑吸毒者使毒品发生空间位移的相关行为可能是出于吸毒目的，而非将毒品流转至他人手中，不具有贩运毒品的社会流通可能性。将此规定延伸至走私毒品行为中来，便能够推导出行为人如是以自用为目的从国外购入少量毒品，未产生让毒品进入社会流通的抽象危险，应不构成走私毒品罪。对于吸食毒品的事实情况，会直接影响行为构成罪与非罪、此罪与彼罪。在对涉毒违法行为的定性处理上，必须考虑行为人是否存在自吸目的。寄递走私毒品进境仅是走私毒品行为的外观表征，忽略走私目的而定罪，会导致与吸毒相关联的准备行为、携带行为等都一律以相应毒品犯罪论处，与现有关于吸毒者涉毒的立法规定不符。

（2）对走私毒品罪的认定需考虑流通风险。对走私行为是否构成走私毒品罪，应在过境基础上考察是否引起毒品流通风险。如前所述，刑法介入毒品问题的正当性应在于防止毒品侵犯公众生命健康。有学者认为，走私毒品行为虽然会促使毒品吸食，进而危及吸食人群的生命健康，但从因果链条来看，其危害性并不直接作用于人体，即与对生命健康具象客体的侵犯相去甚远，不能包含在所涉犯罪客体内。[①] 走私毒品行为与公众生命健康之间的因果链条确实不够直接、明确，毕竟自走私毒品进出境后，毒品最终不一定会流向消费市场，在此阶段可能存在诸多意志之外的因素，如在途中就被截获等。但也正是强调毒品犯罪属于抽象危险犯的原因所在，基于毒品滥用对于社会公众日常生活、社会安定、社会生产力等都有巨大的潜在风险，需要及时乃至提早控制，避免这种风险转变为现实危害。刑法侧重于打击生产、流通毒品环节的相应犯罪，也是尽可能防止毒品流入社会，进而阻止毒品对社会公众日常生活产生消极作用。走私、贩卖、运输、制造毒品罪被置于妨害社会管理秩序罪一章中，表现出对维护毒品管制秩序的侧重，进而产生了对本罪客体的不同解读。主要区别在于，是否包括公众生命健康这种直接作用于人身的具象客体，还是仅限于国家对毒品管制制度、进出口管制秩序，乃至专门针对麻醉药品和精神药品的进出口管理制度这种抽象的秩序性客体。刑法分则根据走私犯罪的对象将其划分出具体的走私罪名，其中对于类罪所侵犯的通常称为同类客体，而在此之下个罪所侵犯的为直接客体。[②] 走私犯罪所侵犯的共同或主要客体表现为，国家外贸管制或进出口管理制度。不论是走私珍稀动植物制品、普通货物，还是假币、淫秽物品，都必然违反我国海关法及相关法律、行政法规，具有违法性特征。在此基础上，犯罪对象决定了个罪所侵犯客体的特殊性。如走私应税货物类犯罪，所侵犯的直接客体是我国关于缴纳关税及代征税等税收制度。基于此，为保证客体融贯性，对走私毒品行为的定性必然要符合该章节主旨，与章节内其他罪名规定相协调。

在走私毒品行为违反毒品进出口管制制度的基础上，如何判断行为严重社会危害性，可结合毒品社会流通风险判定。虽然毒品管制制度符合妨害社会管理秩序章节所规定的同类客体，但如仅以此为核心认定要素，继续沿着此路径判断走私毒品行为是否构罪，尤其是在当前吸毒人员通过国际物流渠

---

① 李永升：《走私毒品罪若干问题研究》，载《昆明理工大学学报（社会科学版）》2013 年第 3 期，第 35 页。

② 金泽刚：《走私犯罪既未遂形态认定研究》，载《政治与法律》2022 年第 1 期，第 86-87 页。

道可直接获得毒品的情况下，必然造成走私毒品罪大范围的扩张适用。这种认定趋向是对走私毒品罪社会危害性的片面理解，单纯将侵犯毒品管制制度的行为一律以走私毒品罪论处。在“定性+定量”的犯罪成立模式中，走私毒品行为需符合犯罪构成四要件的综合认定标准，即判断其情节是否达到严重程度。即使毒品犯罪在性质上属于抽象危险犯，也并非简单地认定有行为即构成犯罪。基于毒品成瘾性、毒害性等特征，有必要强调毒品现实侵害发生的可能性，即将这种抽象危险作为对犯罪构成要件的实质判断要素。在侵犯毒品进出口管制制度即过境的形式标准上，同样作为供给侧的走私毒品罪，应实质考察毒品的社会流通风险，即是否具有将毒品转移至其他主体的现实可能性。走私毒品罪具有扩大毒品市场、增大毒品供给量、消除地域鸿沟的功能，处于连接生产领域到消费领域的中间环节。将走私毒品行为是否使毒品具有流入社会的风险作为严重侵犯国家进出口管制制度的判断标准，也与本罪所处刑法分则条文的规定相协调。从制造、走私、运输、贩卖毒品，到购买并消费毒品，无不体现出毒品在不同行为主体之间的流转过程。至于如何判断走私所带来的毒品流通风险，应着重考察涉案毒品数量、主观目的、毒品最终流向、是否过境等主客观事实因素。这样便可将日常生活、行政法与刑法语境下的走私毒品行为区别开来，也厘清了行政法所处罚的违反海关管理法律法规、毒品管制制度的走私毒品行为与刑法所处罚的具有严重社会危害性的走私毒品行为的程度标准。

2. 以有偿转移是否引起流通风险认定贩卖

贩卖毒品行为表现为将毒品从一方有偿转移给另一方，实质在于产生了刑法所要惩罚的侵害公众生命健康的抽象危险。从吸毒者角度来看，购买行为是实现自吸自用的前提条件，而从贩毒者角度来看，为获取高额经济利润必须拓宽毒品销路，发掘更多的毒品消费市场。由此可见，交易环节对于供需双方的连接至关重要，更是维系毒品市场运转的必要条件。在一方交付毒品、一方交付金钱或其他财产性利益的情况下，毒品完成从生产到消费领域的进一步流通、扩散。尤其是毒品流通借助于网络平台与物流渠道更为便利，在交易信息传播、毒品与毒资之间的双向流动等更易发生，而且隐蔽性更强。

就倒卖行为而言，贩毒人员是以贩卖为目的购入毒品，与因吸食、持有毒品等情况不同，一旦其取得毒品，将随时高价卖出，使毒品在距离上更为靠近消费群体，使毒品进入社会流通领域具有现实可能性。也就是说，贩毒人员的购毒行为并不止于买入毒品之时，再次将毒品高价卖出才是其行为最终目的，并且已使毒品进入其所能够实时控制的范围内。基于此行为发生的高频性、风险社会理论下对相关利益保护的紧迫性及毒品犯罪抽象危险犯性质，[①] 贩毒人员买入行为就具备推进毒品社会流通的现实条件，产生了对公众生命健康的侵害危险，也具有深层次的处罚根据。如果所购买的毒品并不具有再次进入社会的流通意图，无论如何相关行为都不能构成贩卖毒品罪。基于贩卖行为需发生毒品有偿转移，行为主体应对毒品形成事实上的所有权和处分权，而且能够按照自身意志进行转移。在刑法语境下，这种所有权与处分权是指行为人对毒品处于事实上的控制，能够将毒品转让、处分给他人。这一特征可与运输毒品行为相区别，运毒者虽然对毒品形成事实上的控制，但一般并无处分权，能够将毒品转移给其他行为主体也是遵循交货者的安排。

关于贩卖毒品罪的司法解释规定，本罪在主观方面要求“以贩卖为目的”，产生了是否需在贩卖目的基础上增添牟利意图的理论争议。从主客观相统一原理来看，在贩卖与牟利支配下所实施客观行为的可罚性重点并不完全重合。贩卖重点关注的是毒品交易行为，而不特别考虑此交易行为最终能否达到牟取不当利益之目的。牟利强调的是交易双方在贩卖毒品的过程中，对能否获益的主观态度。[②] 而且如我国刑法所规定的贩卖淫秽物品牟利罪将贩卖与牟利并列表述，表明该罪的成立需要贩卖的客观行为与牟利之主观目的同时存在。这种表述在一定程度上印证了刑法语境下的贩卖重在强调有偿转移这一客观行为，并不特别包含牟利意图，否则应予以单独规定。当然，司法实践中卖方肯定是抱有牟利意图，具有以毒品来交换财产性利益的逐利想法，但并不表明就一定以牟利为主观要件要素。如此认定的主要理由在于，贩卖毒品罪既不属于经济型犯罪，也不属于财产型犯罪，而是置于妨害社会管理秩序罪的章节体系之中，因此受到惩罚的表层根据是对毒品管制秩序所造成的破坏。贩卖毒品罪受到惩罚的深层次根据，与走私、运输、制造毒品罪相同，均产生了毒品进入社会流通的可能性。毒品本身并不产生社会流通性，是借助贩卖行为来连接供给端到需求端，进而在社会上非法扩散，扩大毒品滥用范围与危害范围。刑法惩罚的应是引起毒品流通风险的贩卖行为，至于犯罪主体是否抱有牟利意图则在所不问。综上，牟利意图可作为犯罪动机来考察主观恶性，构成犯罪发生的内在动因，但不属于是否构成贩卖毒品罪的

① 张汝铮：《贩卖毒品罪既遂标准的审视与重构》，载《河北法学》2019 年第 12 期，第 195-196 页。

② 包涵：《贩卖毒品罪的主观方面之辨——目的犯视角下“以牟利为目的”的批判与改良》，载《中国人民公安大学学报（社会科学版）》2015 年第 4 期，第 93-95 页。

构成要件要素。

3. 以空间位移是否引起流通风险认定运输

对运输毒品罪的认定作限制解释，考察运输行为是否在实质上促进了毒品在不同主体、地域之间的流通和扩散。如前所述，运输行为在整个毒品犯罪活动中发挥了将毒品从供应地推向消费群体的重要作用。毒品自产生到最终流入消费群体，主要经历了以下环节：通过制造产生毒品供给、上下家之间形成贩毒渠道、确定交易后由制贩人员亲自携带或委托他人代为运输毒品至接收地。也就是说，运输行为将毒品从生产领域转移至消费领域，通过推动毒品流通扩散而对公众生命健康产生抽象危险，应结合社会流通效果予以实质判断。缺乏社会流通风险的涉毒行为，显然并不具有促进毒品消费的作用，理应不属于毒品犯罪认定范畴。毕竟在自由意志支配下的吸毒者自吸行为，并不构成犯罪。刑法之所以严厉惩治毒品犯罪，在于通过控制毒品供给侧来达到缩小直至消灭毒品市场的效果，避免吸毒人员乃至其他社会公众能够接触到毒品。既然运输与走私、贩卖、制造毒品罪相并列，就应表明作为供给端的毒品犯罪类型，应同等促进毒品流通的不法程度，在社会现象的基础上进行限缩认定。基于此，运输毒品罪的可罚性在于，行为人在不同主体之间转运、输送毒品，推动毒品从生产领域进入社会流通，发挥促成非法毒品交易及消费的重要功能。①

从主观方面来看，行为主体在主观上应具有将毒品在不同主体、地域间转移、流通的意图，即占有转移。只有为将毒品推进社会流通而造成毒品空间位移时，运输行为才具有连接毒品生产与消费领域的流通、扩散作用，产生对公众生命健康的侵害危险。具体而言，行为主体需认识到自己正在将毒品运送给某人，便可认定其具有使毒品在不同主体间流通，进行运输毒品的主观故意。通过这种交付、运送，接受者能够获得对毒品的事实占有与控制。但这并非意味着对主观故意之外附加流通目的，在故意内容中本就具备对流通的认识，自然能够得出行为主体认识到在将毒品运送给某人，无须额外再引入目的要素。实践中，行为人在动态位移毒品的过程中被查获，往往存在非法持有与运输毒品行为的界分困难。非法持有并不等同于无位移持有，同样存在动态持有的场合，不可避免会发生毒品的空间位移。不能简单地以毒品被查获时的状态、有无具体位移来区分非法持有与运输毒品行为。行为主体转运、输送行为并不会造成毒品在不同主体间的扩散转移，无论将毒品运

① 高贵君：《毒品犯罪审判理论与实务》，人民法院出版社 2009 年版，第 207 页。

至多远距离都不构成运输毒品罪。例如，吸毒人员为自吸而动态携带毒品、为逃避公安机关侦查而转移毒品所在地等情形，并非以促进毒品在不同主体间的流通扩散为目的，而属于在自吸、逃避公安机关侦查过程中的关联行为。对于后者，行为主体在原持有人委托下，将毒品运送至其他区域后仍转交给原持有人，不具有流通目的。

基于社会流通风险，对《昆明会议纪要》关于吸毒者运输毒品相关规定作出适当理解。《昆明会议纪要》规定，如无其他证据证明有实施贩卖毒品等其他犯罪故意，而且毒品数量达到入罪标准的，一般构成运输毒品罪。但正如前文所述，吸毒者自行运送供自身吸食的毒品并不会造成毒品在不同主体之间流通扩散，应不构成运输、贩卖毒品罪。对此规定可作如下理解：吸毒者运送达到一定数量标准的毒品，在其吸食量无法查明的情况下，所运送毒品很大可能会被用于贩卖或转移给其他主体。为减轻司法机关对主观故意的证明责任，对此情况一般以运输毒品罪论处。但只要吸毒者能够证明其所运送的毒品并不具备任何社会流通的可能性，作出供自身使用的合理解释，便可排除运输毒品罪的适用。也就是说，对吸毒者运输毒品行为的罪名认定，可理解为对运输毒品罪的一种推定，将出于自用目的而运送毒品的证明责任转移给吸毒者。

从客观方面来看，运输应有转移毒品行为。具体而言，一是对于毒品空间位移是否构成运输毒品罪，应结合社会流通风险进行实质判断。例如，当行为人在家中取出毒品，带到门口交付他人，所发生的这段毒品位移完全是发生在其自身支配领域内。这种空间位移并不具备使毒品进入社会流通的意义，不能认定为运输毒品行为。作为连接毒品生产与消费领域的渠道，运输所发挥的作用就是尽可能扩大毒品的社会流通范围，促进毒品在不同主体间的转移，最终实现毒品消费。毒品位移距离当然是衡量社会流通范围的重要依据，但只有与其他主客观因素作有机整体评价，才能准确认定运输毒品罪。作为抽象危险犯，运输毒品罪的成立并不要求下家实际接收到毒品，而需要行为人认识到自己正将毒品运至某地给某人，并且客观上实施了转运、输送毒品行为。至于毒品最终是否运至接收地，都不会影响运输行为性质及是否完成的事实状态。二是在对社会流通效果进行实质判断的基础上，要求运送主体应对毒品形成事实上的占有转移关系。如甲持有少量毒品，乙明知是毒品而仍帮甲携带藏毒物品，二者同行至目的地后，乙又将藏毒物品归还给甲。在此情况下，乙即使转运、输送毒品，也不构成对该毒品的占有，在目的地将毒品归还给甲的行为也并未产生在不同主体间的流通效果，不构成运输毒品罪。由此可见，行为人至少对毒品具有事实上的支配关系，才可能产生转移占有，将毒品流转给其他主体。但并不需要行为人具有对毒品的所有权，只要其占有毒品并具有交付他人的意图，就产生了毒品流通的可能性。司法实践中，大部分运输毒品罪发生的情况是，上家将毒品交给所雇用或安排专门运毒的行为人，并由行为人将毒品运至下家所在地，并不要求毒品所有权一定属于运毒者。具体到物流寄递毒品行为情况而言，为增强犯罪活动的隐蔽性，购毒者往往会安排他人前往快递营业网点代为接收藏毒包裹。此时，代收者显然并不具有对毒品事实上的占有转移关系，仅是代替幕后真正的购毒者接收藏毒包裹并进行转交，占有转移的事实控制权仍由后者所有，未产生推进毒品社会流通的行为效果。

4. 以事实支配是否引起流通风险认定犯罪

持有型犯罪在我国刑事立法中呈现扩张趋势，反映出刑法基于风险预防而提前予以介入的考量。作为以持有特定物品的事实状态为不法内涵的犯罪，综观我国刑法规定，大体可归结为关联犯罪的预备犯、结果犯或二者兼而有之的情形。基于持有型犯罪与严重关联犯罪的高度密接性，对非法持有毒品罪的认定应考虑是否查清所持有毒品的来源或去向、前行或后续行为是否属于其他毒品犯罪，避免过度滥用本罪所发挥的兜底、堵截作用。

（1）持有型犯罪的立法原意剖析。从立法意图来看，非法持有毒品罪具有严密刑事法网、作为兜底罪名的堵截性功能。1990 年《全国人民代表大会常务委员会关于禁毒的决定》首次规定了非法持有毒品罪，禁止任何人非法持有一定数量的毒品。全国人大常委会法工委指出，对于行为人非法持有毒品的事实情况，应首先调查是否具有走私、贩卖毒品等其他犯罪目的，不能因本条规定的存在而疏忽必要的侦查工作。① 由此可见，本罪在设立之初是作为毒品犯罪的兜底条款，即只有在司法机关确实难以查证行为人是为走私、贩卖等其他目的而持有毒品的情况下，才能以本罪论处。相较于证明毒品来源及去向等交易事实，行为人持有毒品的行为状态一目了然，更容易证明进而定罪。基于毒品犯罪隐蔽性、多发性及复杂性等特征，有些案件证据难以将行为人绳之以法，而以非法持有毒品罪论处就成为唯一选择，既减轻了侦查及司法机关的证明责任，又加大了打击毒品犯罪力度。也就是说，对持有的先行行为或后续行为难以查证并定罪时，采取“退而求其次”的认定方式，

① 李林：《非法持有毒品罪研究》，载《西南政法大学学报》2008 年第 4 期，第 76 页。

直接对持有行为予以否定性评价。近年来我国出台的司法解释、会议纪要等也都在一定程度上强调堵截性功能，规定如无其他证据证明行为人具有贩卖等其他犯罪目的，而且涉案毒品数量达到一定标准的，构成非法持有毒品罪。由此可见，司法实践中对于非法持有毒品罪的认定情况一般是，行为人持有毒品的客观事实及不能查明所持有毒品的具体来源与用途。但同时，非法持有毒品罪较之于走私、贩卖毒品等犯罪刑罚更轻，也更容易成为违法犯罪分子逃避重刑的避风港。违法犯罪分子极容易隐藏自身先前行为而只供述持有毒品的客观事实，反而导致难以全面打击毒品贩运活动。而且因运输与非法持有毒品罪在行为方式上有所重叠，司法实践中对二罪如何准确区分也存有较大争议，存在适用误区。这些问题均表明，非法持有毒品罪的设立虽具有堵截性功能，但并不仅限于此，相较于其他毒品犯罪而言还具有独立评价意义。在适用上，因其与走私、贩卖、运输毒品行为的入罪条件及刑罚幅度方面的显著差异，不能忽视非法持有毒品罪设立的正当性根据。

将持有特定物品的事实状态作为不法内涵，持有型犯罪表现为关联犯罪的严重性与关联犯罪的密接性。近年来，持有型犯罪的相关立法呈现一定的扩张态势，如非法持有宣扬恐怖主义、极端主义物品罪，非法持有、私藏枪支、弹药罪，持有假币罪，持有伪造的发票罪，等等。作为法律法规所禁止个人持有的特定物品，本身就具有侵害或威胁刑法所保护的各种社会利益的可能性。例如，枪支、弹药如由个人持有，会对社会公共安全造成侵害；假币的存在本身就会破坏我国正常运行的金融管理秩序。而且并非所有违禁品都能作为持有型犯罪对象，与其关联的犯罪一般是较为严重的罪名类型。例如，非法持有枪支、弹药罪可能与非法制造、买卖、运输、邮寄、储存枪支、弹药罪或者故意杀人、故意伤害罪相关联；持有假币罪可能与伪造、出售、购买、运输假币罪相关联。[①] 除持有行为关联严重犯罪之外，二者还具有密接性，即行为人所持有的特定物品被用于犯罪的通常性。例如，宣扬恐怖主义、极端主义的书籍或音像资料等物品，除了被用于实施犯罪，并不会满足公众的日常阅读需要。再如枪支、弹药等也并非日常生活所需，如由行为人非法持有，基本上都是用于实施犯罪。[②] 刑法禁止这些对特定物品的持有行为，能够直接保护社会公众生命健康等重大利益。

---

① 阎二鹏：《持有型犯罪立法动向及其正当化根据》，载《国家检察官学院学报》2019 年第 3 期，第 121 页。

② 张明楷：《持有犯的基本问题》，载《清华法学》2023 年第 1 期，第 18 页。

（2）持有与关联毒品犯罪需高度密接。借助于抽象危险犯的规范构造，非法持有毒品行为可就其持有状态作独立评价。抽象危险犯针对的是实质危害结果发生的风险，通过对高度关联行为的刑法规制，达到控制这种风险实害化之目的。在持有特定物品的情况下，虽然持有行为本身并无社会危害性，但基于高度的关联性，后续很有可能会创设或引发潜在的巨大损害，进而严重危及社会公共秩序及安全。[①] 具体到持有毒品的场合，当一定数量的毒品被行为人非法事实支配或控制时，除个人吸食目的外，仅留存进入社会的流通风险。具体而言，一是毒品本身就具有高度危险性，会对个人、家庭乃至整个社会造成巨大危害。二是非法持有毒品罪很可能是运输、贩卖毒品罪之前的“预备犯罪”[②]，后者构成行为人持有毒品的去向，并与对后续客体侵害结果提前控制的抽象危险犯构造相契合。也就是说，行为人持有毒品行为有极大可能会进一步实施运输、贩卖等其他犯罪，推定其对公众生命健康具有紧迫的侵害危险，需要刑法提前介入以阻断造成严重社会危害结果的可能性，达到严密刑事法网、维护社会安全的目的。而且，正是基于对这种侵害危险存在可能性的判断，刑法才对非法持有毒品罪的数量、情节等作出规定，使对该罪的处罚成为预防更重罪行的有效途径。或者，非法持有毒品罪也可能是运输、贩卖毒品罪发生之后的结果状态，对其处罚充分发挥事后堵截功能。

由此可见，非法持有毒品罪虽重在强调对毒品的事实支配状态，但其处罚依据仍包括社会流通风险，并结合以下两个方面予以认定：第一，若查明了毒品来源或去向的犯罪事实，就应适用走私、贩卖、运输等其他罪名，而排除适用非法持有毒品罪。如《昆明会议纪要》对于从贩毒人员住所、车辆等处所查获的毒品，一般都认定为贩卖的毒品，根据所查明的关联犯罪事实进行评价，避免对非法持有毒品罪扩张适用其兜底作用。可以说，是否查明所持有毒品的来源或用途已成为认定犯罪的附加条件，是以追究走私、贩卖毒品等关联犯罪为适用前提。如前所述，当行为人在动态位移毒品的过程中被查获，并且涉案毒品数量达到一定标准时，存在运输与非法持有毒品罪的界分难题。显然，对运输毒品罪的证据认定与证明力度要更高。从对社会流通风险的判断来看，不能认为凡是在动态位移毒品的场合，行为都构成运输毒品罪。正如司法实践中对行为人携带假币乘坐交通工具的行为，认定为持

---

① 陈洪兵：《持有型犯罪的立法扩张与司法限缩——基于法益保护与人权保障的平衡》，载《北方法学》2017 年第 2 期，第 74 页。

② 姜敏、詹惟凯：《论持有型犯罪的性质、正当性根据及其限度》，载《中国人民公安大学学报（社会科学版）》2022 年第 1 期，第 57 页。

有假币罪，也并非认为只要发生位移就认定为运输，那么对动态位移毒品的情况也同样应注意区分。对运输的认定，需查明行为主体为谁运输毒品、为何运输毒品，将毒品运到何处给何人，即是否产生了在不同行为主体间的流通扩散风险、是否知道或可能知道毒品流向。[①] 当然，非法持有毒品罪同样也具有推进毒品社会流通的可能性，但这种可能性是由持有人占有超过自吸量的毒品推导得出，是否构罪重在强调占有支配意图，或者是在动态持有毒品主观目的难以查证的情况下，以非法持有毒品罪来堵截漏洞。第二，基于吸毒行为不是犯罪的基本原则，对于吸毒者认定非法持有毒品罪时应格外审慎。作为前行或者后续犯罪行为的结果或预备形态，非法持有毒品罪的成立要求不能连接非犯罪化的行为。吸毒者以吸食为目的而合理购买、存储、携带毒品的关联行为应当不以犯罪论处，否则就易导致对吸毒行为的变相处罚。合理吸食量的上限应是所确定的非法持有毒品罪的数量标准，在达到或超过非法持有毒品罪的入罪数量标准且吸毒者还在动态位移毒品的过程中，可推定其具有运输毒品的主观故意。

三、构建毒品犯罪既遂形态的判断规则

立足于“危险状态说”，抽象危险犯既遂实际上等同于符合犯罪构成要件的行为何时完成的认定，涉及对实行行为的有机整体评价。在此立场下，根据走私具体形式、走私毒品出境或入境行为需具体确定走私毒品罪的既遂标准。围绕毒品的流通风险，进一步修正进入交易环节说的贩卖毒品罪既遂标准。对于运输毒品罪，仍应立足于起运说，并结合运输工具、方式、起始地点等情况具体认定何时形成流入社会的紧迫危险。非法持有毒品罪的既遂标准应从主客观方面重点考察行为人何时稳定对毒品的事实支配关系。

（一）根据法定危险状态的形成认定犯罪既遂

毒品犯罪作为抽象危险犯，从着手实行到行为完成之间存在发展过程，同样存在未遂形态。危险犯与实害犯作为一对分类范畴，有无未遂形态曾存在否定说、折中说及肯定说之争。[②] 否定说认为危险犯不可能存在未遂，原因

---

① 彭荣、李丽：《运输毒品罪与非法持有毒品罪之辨析》，载《云南大学学报（法学版）》2014年第5期，第4-5页。

② 高巍：《论危险犯的未遂》，载《法学评论》2010年第1期，第115-116页。

在于危险状态同时是犯罪成立及既遂标准，只要其出现就构成犯罪既遂。折中说肯定部分危险犯存在未遂形态，不过关于具体危险犯还是抽象危险犯存在内部分歧。肯定说则认为危险犯与实害犯都具有未完成形态，需结合个案情况作具体分析。从当前相关刑法理论及司法实践来看，危险犯显然存在未遂形态，但具体何时构成未遂、既遂问题，应进一步对肯定说予以证成。就抽象危险犯而言，对其所产生的危险判断是通过类型化的行为方式来进行，并由立法者提前拟制，可能存在产生拟制危险的行为尚未完结的现实情况。虽然抽象危险犯并不以实害结果发生为成立要件，但也绝非一经实行行为着手就完成犯罪。从着手实行到引起侵害客体的抽象危险之间仍存在着手、着手后实行及实行完成的渐进阶段。行为人所实行的不法行为是随着向犯罪流程的不断推进而发生变化，无论是抽象危险、具体危险，还是实害结果都存在不能到达指定既遂节点的未完成形态。[①] 以运输毒品罪为例，从行为人开始利用各种手段及方式起运毒品使其离开原所在地，到毒品在途中不断位移，最终运至目的地的整个过程中，对公众生命健康的抽象危险也经历了从无到有的过程。这便表明，行为人从着手起运毒品之时，并不意味着行为所产生的抽象危险就达到毒品犯罪的既遂节点。也就是说，抽象危险是随着毒品运输的渐进性而逐步攀升，并在某一节点上满足了充分的社会危害性及人身危险性要求。

关于危险犯的既遂标准，主要存在“犯罪结果说”“脱离自力控制说”“危险状态说”三种认定立场。“犯罪结果说”认为，危险犯与结果犯应形成统一的既遂认定标准，以行为性质所决定、行为人所追求的犯罪结果是否出现认定既遂。理由主要包括，很多危险犯实际上是以发生特定危害结果为既遂标准。例如，在盗窃、抢夺枪支、弹药、爆炸物罪中，只有当行为人已经控制这些对象或者对方失去对这些对象的控制时，才能构成既遂。或者认为，危险在形成的过程中往往伴随一定结果的出现，只不过这种结果并非由刑法分则所规定，而是在构成要件中结果出现之前其他可能造成社会危害的结果。危险犯就可根据这些行为可能产生的危害结果确定既遂标准，而非客观的危险状态。[②]“脱离自力控制说”则认为，当行为人造成抽象危险状态后，并未采取措施及时消除这种危险，从而导致该危险状态脱离于其自身控制而产生

---

① 张弘：《抽象危险犯问题研究》，华东政法大学 2022 年博士学位论文，第 90 页。

② 刘明祥：《论危险犯的既遂、未遂与中止》，载《中国法学》2005 年第 6 期，第 131-132 页。

现实危害时，构成犯罪既遂。[①] 该观点是将危险犯从成立到既遂分成了三个阶段：一是行为是否对刑法所保护的社会关系造成危险状态，二是行为人是否有积极采取消除该危险状态的主观态度或客观行为，三是该危险状态是否超出行为人所能控制的范围，并上升到具体危险的程度。“危险状态说”认为，行为人在直接故意支配下所实施的危险犯既遂标准并非造成物质性或有形的犯罪结果，而是法定的客观危险状态是否形成，[②] 此为我国刑法理论通说立场。

危险犯的既遂认定标准，应以法定的客观危险状态是否形成为节点。抽象危险犯的形成原理在于，立法者根据一般社会生活经验，认为某类行为与重大社会风险实害化存在高度关联性，为避免风险发生而造成严重的危害后果，将此类行为作犯罪处理。在司法适用中，此类行为一旦发生，可直接认为其具有拟制或推定的危险，而不论是否发生侵害结果。由此可见，抽象危险犯的成立实际上并不需要存在客观危险状态，因为只要认定存在符合构成要件的相关行为就等同于具备抽象危险。正如实害犯的成立并不需要实害结果发生，如行为人为杀人而作准备工作、持刀砍人并未致死等行为同样构成故意杀人罪。对于危险犯而言，出现法定的危险状态应属于既遂标准，而非停留在犯罪是否成立的认定阶层中。抽象危险犯作为一种法律拟制的危险犯，是否既遂实际上只需考察构成要件行为是否完成，即犯罪构成要件要素是否齐备。例如，对于盗窃、抢夺枪支、弹药、爆炸物罪，行为人已经着手实施这些行为时，尚不足以形成法定的抽象危险状态。只有当行为人完成这些行为时，也就是实现对枪支、弹药、爆炸物的事实占有或使这些物品脱离他人控制，才能产生对不特定多数人生命、健康的拟制危险。具体到毒品犯罪的场合，当实行行为实施完成时，通常就可推导出形成抽象危险，进而构成既遂。如实行行为在完成过程中由于主客观因素而停止，同时意味着法律拟制的抽象危险状态尚未形成，出于提前保护重大利益的考虑，构成犯罪未完成形态。其中，对毒品犯罪实行行为的认定，需结合毒品流通风险进行实质判断。社会流通风险的产生与否，也成为毒品犯罪重要的既遂认定标准。

（二）行为所涉毒品犯罪既遂标准的具体判断

走私、贩卖、运输及非法持有毒品罪既遂标准在理论界莫衷一是。根据

---

① 吴丙新：《危险犯停止形态研究》，载《山东公安专科学校学报》2003 年第 2 期，第 46 页。

② 高铭暄、马克昌：《刑法学》（第三版），北京大学出版社、高等教育出版社 2007 年版，第 162 页。

毒品位移距离长短，在运输毒品罪既遂标准问题上主要存在起运说、合理位移说、到达目的说及折中说等观点。从毒品开始发生位移到接收地的过程中，行为人开始起运毒品、使毒品发生一定程度位移以及到达接收地的三个节点都有构成运输毒品罪既遂的可能性。折中说则是根据行为人所采取的运输方式具体认定何时构成犯罪既遂，如其通过与毒品相分离来运毒，应以起运说为标准。① 至于如何认定起运，又存在如“正式进入交通工具”“进入运输状态”等的不同理解。作为同样发挥毒品运输作用的走私毒品罪，有观点区分入境与出境两种情况，即走私入境以逾越国（边）境线为既遂标准，而走私出境不论是否有所逾越。还有观点根据走私路线即陆路、海路或空路区分既遂标准。多数观点仍是以毒品进出境为既遂标志，并具体根据行为方式如通关型、绕关型作出不同认定。从双方开始商定毒品交易事宜开始，关于贩卖毒品罪既未遂的区分标准，存在买入说、契约说、交付说、进入交易环节说、转移占有说等观点，其中买入说是针对为卖而买的倒卖行为而言。契约说认为当交易双方达成毒品买卖协议时，就构成本罪既遂。随着交易的推进，交付说将既遂节点推至当毒品被实际转移给买方之时。基于前两者存在将既遂节点过于提前或滞后的考虑，进入交易环节说主张应以毒品进入交易环节作为既遂标准，至于是否实际完成毒品与毒资的双向转移在所不论。转移占有说在交付说基础上作进一步限定，以毒品是否转移占有作为既遂标准。非法持有毒品罪作为我国毒品犯罪中适用频率较高的罪名之一，基于持有行为样态的特殊性，在刑法理论中是否存在未完成形态、如何认定都存在诸多分歧。有观点认为，因对继续犯、举动犯等性质的理解，本罪只有既遂与无罪两种形态，原则上不存在未完成形态。② 有观点主张，当行为人误将假毒品当作真毒品而持有或者控制下交付，构成非法持有毒品罪未遂。③ 不同于前者主张一定情况下构成未遂，还有观点基于构成要件、对客体紧迫危险等理解，认为理应存在犯罪未完成形态。④

一是对于运输毒品罪，通常应以是否起运作为区分既未遂形态的标准，

---

① 聂慧苹：《运输毒品罪的法律辨析》，载《山西警官高等专科学校学报》2009 年第 1 期，第 31 页。

② 陈正云：《持有犯罪研究》，中国方正出版社 2004 年版，第 89－90 页；韩建设、陈洪兵：《试析毒品犯罪》，载《甘肃行政学院学报》2003 年第 4 期，第 102－104 页；黄开诚：《论犯罪未完成形态的存在范围》，法律出版社 2011 年版，第 56－60 页。

③ 刘建宏、邓斌：《持有犯研究》，吉林人民出版社 2004 年版，第 275 页。

④ 王路真：《非法持有毒品存在未遂状态》，载《人民司法》2018 年第 17 期，第 20－24 页；赵正武：《购毒后即将取得毒品行为的刑法定性》，载《江西警察学院学报》2019 年第 4 期，第 105－110 页。

而如何认定起运，需结合运输方式、交通工具情况、起始地点、路线及毒品被查获时的状态等因素来综合判断是否具有推进毒品社会流通的紧迫风险。当行为人亲自携带毒品乘坐交通工具或指示、利用他人运送毒品前往接收地时，毒品开始离开原所在地并进入运输状态，就意味着毒品已具备社会流通风险并呈现向社会扩散趋势，应表明运输已得到实施，而不论毒品是否最终被运至接收地。如行为人亲自运送毒品，应以其将毒品带离原所在地并乘坐交通工具之时为既遂节点。如行为人通过雇用他人运毒或者借第三方物流渠道将毒品寄出，毒品在此阶段的转移并不会产生社会流通风险，只有后者开始实施了使毒品发生空间位移的行为，才能认定为运输毒品罪既遂。

二是对于走私毒品罪，根据走私形式的不同，如何判断毒品流通风险也不尽相同，具体可分为通关型、绕关型及邮寄型三类既遂形态。在司法实践中，走私毒品的行为方式主要包括通关和绕关，随着国际物流发展，也逐渐产生邮寄毒品进出境的邮寄方式。具体而言，通关型走私一般是指行为人采取瞒报、伪报或闯关等形式逃避海关监管，将毒品带出或带入国（边）境。绕关型走私是指行为人从未设立海关的地点或以其他不经过海关的方式，携带毒品进出国（边）境 。通过邮寄形式走私输入毒品是指在虚假的跨境电商平台中，行为人利用所获得的网络用户身份及购买物品信息，形成快递单并将毒品伪装成正常物品进行寄递。在运至境内后，由境内海关设在第三方物流管辖场所中的监管区进行查验。放行后，毒品会被继续寄递至具体收件地。通过邮寄形式走私输出毒品，需由第三方物流运至海关设在内部的监管区进行查验，再将毒品装入轮船、飞机等交通工具出境。这表明，邮寄型走私在本质上应属于通关形式，只不过从寄到收的过程中因第三方物流的介入而大大拉长了时空距离，增加了诸多复杂的主客观因素，存在更多意志之外的停止结果。而且，大到从保护国家主权、本国国民生命健康等角度考虑，小到从进出境顺序不同的通关流程角度考虑，不论是通关型还是绕关型走私，在走私毒品进境与出境两种行为上应形成有区别的犯罪既遂标准。

综上，根据 2014 年《最高人民法院、最高人民检察院关于办理走私刑事案件适用法律若干问题的解释》的现有规定，[①] 立足于抽象危险犯的逻辑基点并结合社会流通风险的判断要素，对是否越过国（边）境线的传统认定标准

---

① 《最高人民法院、最高人民检察院关于办理走私刑事案件适用法律若干问题的解释》第 23 条规定："实施走私犯罪，具有下列情形之一的，应当认定为犯罪既遂：（一）在海关监管现场被查获的；（二）以虚假申报方式走私，申报行为实施完毕的；（三）以保税货物或者特定减税、免税进口的货物、物品为对象走私，在境内销售的，或者申请核销行为实施完毕的。"

作出补充修正。对于通关型走私毒品而言，应区分走私毒品入境与出境两种情况。一方面，当行为人携带毒品入境，在海关监管区接受查验时被当场抓获，其行为就已产生了使毒品进入社会流通的紧迫危险，足以认定走私毒品实行行为已完成，构成走私毒品罪既遂。这是因为，行为人走私毒品会经历入境、向海关申报、接受检查、缴税与放行等多个环节。自行为人将毒品带入境内，就已产生了足以使毒品流入社会的危险状态。而且，大部分情况是在海关监管现场查获毒品，如以通关作为既遂标准，会导致几乎不存在走私毒品罪既遂的案件。在通过邮寄形式走私输入毒品的情况下，当行为人完成在主观意志支配下的所有走私行为时，毒品是处在第三方物流承运阶段，尚未产生进入社会流通、外溢的实质促进作用。不过，如前所述，部分刑事判决将行为人在海关监管现场或者取件时被抓获的情况认定为走私毒品罪未遂，而显然毒品已在境内流通外溢，在完成形态的认定上又过于滞后。从境外寄件人将毒品交付第三方物流时起，应以毒品是否越过国（边）境线作为既遂认定标准。另一方面，在通过邮寄形式走私输出毒品的情况下，不同于从境外走私进境，毒品在寄出的过程中随时都有可能因各种主客观因素而在境内外溢，产生社会流通风险。据此，从境内寄件方将毒品交付第三方物流时起，已经表明其着手实施走私毒品行为，随着毒品逐渐向境外流动，在既遂节点上相较于输入毒品应有所提前，结合以申报行为实施完毕认定既遂的相关规定，可以行为人是否完成交寄手续作为既遂认定标准。这也与2000年最高人民法院研究室在《关于对海关监管现场查获的走私犯罪案件认定既遂、未遂问题的函》中所强调的，将行为人通过邮寄形式走私货物、物品时，在邮政部门办理完寄递手续的，应与构成走私既遂的规定相契合。

三是对于贩卖毒品罪，通常应以毒品是否进入实质交易环节作为区分既未遂形态的标准，而如何认定是否进入交易环节，需着重考察毒品是否发生有偿转移、交付方式及毒品流入社会的紧迫性等因素。对于直接贩卖毒品行为来说，不论行为人采取何种方式进行贩卖，实质上都应有将毒品向对方有偿转移的过程，而这一过程蕴含毒品的社会流通风险。买卖双方虽已达成交易约定，但并未实际交付而使毒品发生有偿转移。也就是说，尚未产生毒品流入社会的紧迫危险，在此阶段就认定为贩卖毒品罪既遂显然为时尚早。立足于社会流通风险的判断要素，将买卖双方完成毒品转移交付这一节点认定为贩卖既遂，又为时过晚。此时，毒品早已通过卖家投入社会流通并由买家所接收，对于公众生命健康所造成的抽象危险结果已经发生，将此节点认定为既遂无疑会不当限缩处罚幅度。

在买卖双方达成交易约定到完成毒品转移交付之间的时间段内，可以选取合适的节点作为既遂标准。认定既遂的交付说、转移占有说在传统毒品交易形态中能够较为合理、直观地解释贩卖行为何时完成，重点考察卖家交付毒品的行为动作。一般来说，当买卖双方在约定的交易地点交付毒品，或者卖方在特定地点隐藏毒品时，均足以表明毒品已脱离其掌控并具备进入社会流通的危险。此时无论买方是否实际接收到毒品，均认定为贩卖毒品罪既遂。不过，随着人货分离的毒品贩运模式出现，以卖家交付动作为既遂标准已不能合理解释实践中复杂的毒品交易形态。[①] 买卖双方的交易活动依托于网络、物流等平台，并不能为外界所轻易感知，而且其中具体活动过程还会被切割。如果不区分毒品交易形态而一律将行为人交付毒品的节点认定为贩卖既遂，会因过于机械而易产生前置化的认定倾向。原因主要在于，转移方是否为卖方本人、接受方是否为买方本人，以及毒品在不同主体之间的交接会影响对社会流通风险的判断。基于此，进入交易环节说虽然对何时既遂的认定有些模糊，但实际上契合买卖双方从达成合意到毒品与毒资相互转移的总体顺序。通过毒品交付的具体方式所蕴含的社会流通风险，可对进入交易环节作出补充说明，进而形成差异化的既遂标准。

对于倒卖行为而言，“买入毒品即既遂”的认定立场应作出修正。司法实践中，长期形成了“买入毒品即既遂”[②] 标准，即行为人以贩卖毒品为目的并已买进了毒品，就以贩卖毒品罪既遂论处。出于依法严厉打击毒品犯罪的实践需要，作为贩卖的前置准备环节，倒卖行为在刑法规定中同样被作为贩卖毒品罪的实行行为处理。不过，这不意味着只要行为人实施倒卖行为就构成贩卖既遂，其实行行为与既未遂形态的认定并非处在同一层次。虽然行为人从上家购入毒品的过程使毒品实现社会流通，但对于为贩卖而购入毒品目的而言，买入毒品仅是为之后进行贩卖所作的准备。买入毒品就构成贩卖既遂，显然不符合贩卖的核心含义与商品交易规则，[③] 至少应涵括对他人提供毒品供给的情况。也就是说，无论如何都无法将其买入毒品行为等同于贩卖已

① 张栩宁：《论贩卖、运输、制造毒品罪的“未得逞”形态》，西南政法大学 2019 年硕士学位论文，第 26 页。

② 李立众：《贩卖毒品罪中“买入毒品即既遂说”之反思》，载《华东政法大学学报》2020 年第 1 期，第 28 页。

③ 刘天宏：《贩卖毒品罪既遂标准的理性回归》，载《中国刑警学院学报》2022 年第 3 期，第 76 页。

完成，如此认定既遂会导致贩卖行为的不完整性、片段性。基于此，行为人向上家购入毒品的过程被评价为贩卖毒品罪的未完成形态更为合适。不同于单纯买入毒品用于自吸的行为，倒卖行为反映行为人实施贩卖毒品罪的意图，具有促成毒品交易并危害公众生命健康的抽象危险。与自己制造毒品、自用毒品或将国家依法管制的麻醉药品、精神药品用于贩卖的情况相比，行为人在倒卖毒品行为中已完成与上家的一次毒品交易，具备更大程度的社会危害性。如行为人在买入毒品过程中被查获，因未实际掌握毒品，表明其与上家毒品交易未成功，与下家之间也就不存在任何交易的可能性，不可能再将毒品卖出，成立贩卖毒品罪未遂。

四是对于非法持有毒品罪，应以行为人是否对毒品形成稳定的事实支配关系作为区分既未遂形态的标准，结合具体物流状态还需从主观方面来把握。不同于传统观念中的毒品交易即持有，在物流寄递领域行为人购买与持有毒品之间的过程被大大拉长，存在较长的时间间隔，其中如何认定毒品被查获时的犯罪形态就成为司法实践的重要问题。争议焦点在于，购毒行为在实施过程中从何时起能够认定为非法持有毒品罪既遂。在承认存在未遂形态的前提下，结合非法持有行为的本质，行为人从购入毒品到最终可自主控制、支配毒品之间存在从不稳定持有到稳定持有的发展阶段。具体而言，一方面，从客观角度来说，非法持有毒品罪的既遂节点应置于行为人对毒品实现稳定持有之时。前述表明，对持有的认定需时间的延展性要求，即只有当毒品在一定时间内可由行为人支配时，才能构成刑法意义上的非法持有毒品罪，以此区分偶然获得、捡拾毒品后刚准备上交等情况。在这段时间内，行为人已排除了接收毒品后主动上交的可能性，无论是由他人还是本人亲自接收，都能达到依照自身意志、可随时支取毒品的状态。基于此，当藏毒的快递包裹还处于运输阶段时，随时有可能在途中受到抽检而被查获或者丢失，而且并不能由行为人决定何时、如何支配，尚未构成物理上的稳定持有。另一方面，从主观角度来说，达到非法持有毒品罪既遂需行为人内心感知毒品已到达自身可支配的领域或程度，形成心理上的稳定持有，即应有充足的主观要件要素。

在特定情况下，控制下交付会影响毒品犯罪是否既遂的认定。与其他刑事案件侦查方式不同，为进一步扩大打击面，公安机关在发现毒品贩运线索或查获毒品后，在严密监视控制下会继续按照正常交易流程将毒品最终交付接收人，一网打尽所涉及的所有毒品贩运人员。2000 年，《全国法院审理毒品犯罪案件工作座谈会纪要》（《南宁会议纪要》）规定，“因特情介入，其犯罪行为一般都在公安机关的控制下，毒品一般也不易流入社会，其社会危害程度大大减轻，这在量刑时，应当加以考虑”。基于此规定精神，结合毒品的社会流通效应，如贩运人员在尚未实际交付、起运毒品时就被公安机关发现，并在公安机关全程布控下前往交易地点或运输毒品，意味着从一开始毒品贩运行为就无法达成。犯罪活动在公安机关的监视控制下进行，使毒品无论如何都不会产生进入社会流通的紧迫危险。之所以毒品还能够运至接收地，完全是出于因毒品案件的侦查需要，否则根本不会达到毒品被接收的客观结果。由此可见，在此类情况下，公安机关实质上在推动毒品犯罪进程，根据进入实质交易环节说、起运说等既遂标准，将毒品从尚未转移交付、起运的未遂阶段推进到既遂的客观形态。但因毒品从流入社会之前就已被发现，违法犯罪分子不应构成毒品犯罪既遂。相反，如果公安机关在运输过程中发现毒品，为顺藤摸瓜找到接收方，仍让其按照原定计划运至目的地，则表明控制下交付对犯罪进程发展并未起到实质性推进作用，一般不影响犯罪既遂的认定。

第五章

物流寄递毒品行为定罪的具体适用

针对物流寄递毒品行为存在的定性片面、定罪扩大化与混乱的现实困境，需立足于主客观相统一原理、刑法谦抑精神等基本立场，将定性规则具体应用在对物流寄递毒品行为的司法认定中。首先，应基于主客观相统一原理对第三方物流中立涉嫌运毒、寄递运输毒品、接收寄递毒品、寄递走私毒品行为作出有机整体评价，并通过明晰主观明知推定的适用规则，确保寄运收三方的犯罪认定都有充分的证据支撑。其次，基于刑法谦抑精神合理确定物流寄递毒品行为的构罪范围。一方面，妥善使用《刑法》第 13 条的但书规定，围绕毒品流通风险、社会公众生命健康威胁或损害的实质判断，对于行为人为自吸而寄递走私少量毒品，或者行为人初次代他人接收物流寄递毒品即被当场查获等危害性较小的特定情形，可适用于不认定为犯罪的处理措施。另一方面，充分发挥企业合规的出罪或免责等刑事激励效果。通过事前与事后合规的落实，督促物流寄递单位守法合规经营，进一步完善平台治理体系。最后，严格按照刑法有关规定厘清特殊形态。结合物流寄递各环节，统一认定涉物流的走私、贩卖、运输及非法持有毒品罪何时构成既遂，以及第三方物流参与毒品犯罪应承担何种刑事责任。

一、基于主客观相统一原理作出全面评价

针对前述定性片面问题，第一，分别从主客观方面限制第三方物流中立涉嫌运毒的刑事可罚范围。第二，改变片面以毒品位移距离远近来考察运输的认定思路，在综合距离、方式、目的等认定因素的基础上，梳理出不同的

运输毒品行为类型，进行分类定性处理。第三，购毒者或代收者在接收物流寄递毒品行为时，围绕接收目的厘清、区分具体构成运输毒品罪的几类情形。第四，针对走私毒品罪不合理地扩张适用，结合自吸目的、医疗目的对走私毒品行为认定罪与非罪。第五，通过明晰主观明知的推定适用规则，对寄运收三方基础事实与推定事实之间的联系予以综合分析，进而保证所有的犯罪认定都具有充分的主观证据支撑。

（一）对第三方物流中立涉嫌运毒限制定罪

基于前述对第三方物流中立涉嫌运毒可罚性的探讨，确定对其限制可罚性的总体认定立场，并沿着对第三方物流运毒行为是否中立进行定性判断，以及确定为中立涉嫌运毒行为后如何处罚进行定量判断，具体限定达到刑事处罚程度的主客观要件。

1. 确定限制可罚性立场

对于第三方物流中立涉嫌运毒行为，首先应确立限制可罚性立场。在理论层面，对中立帮助行为予以限制处罚逐渐达成统一共识，不过如何限制处罚、可罚性边界等具体问题尚需进一步明确。正犯可通过检验犯罪构成要件界定其成立范围，而中心帮助行为并无严格的犯罪构成要件限制，进而使得在某些情形下，即便是一些日常生活行为，也有可能被认定为对犯罪活动具有加功作用。

然而，仅从其帮助特质就全面肯定可罚性，难免会无限扩大帮助犯的成立范围，有违刑法最后手段性。如果日常生活行为在外观上合法，符合社会公众认知，但行为人偶然知晓他人利用其行为实施犯罪，均构成帮助犯并受到刑事惩处，也会导致刑法适用不当增加公民的正常生活、社会交往成本，将预防及控制犯罪的义务过多加诸于公民自身，最终不利于社会经济秩序的整体运行。基于行为可反复实施的日常生活性、业务性等特征，一律入罪的做法势必会要求实施主体在经营或服务过程中必须确保他人并非出于犯罪意图，才能提供服务或商品等，否则不予提供。也就是说，将与犯罪有关联的帮助行为均纳入刑法规制范围内，会使社会生活中人人自危、株连甚广，进而严重影响社会生产活动及公民日常生活。在当今分工高度精细化、复杂化的背景下，个体之间必须依赖相互协作、承担其社会地位及角色所负职责才能完成社会交往。正是基于中立性特质，刑法需在自由保障与法益保护机能之间形成动态平衡，既不能全面予以处罚，也不能矫枉过正一律不处罚，应有差别地处罚部分中立帮助行为。对于实践中帮助信息网络犯罪活动罪、拒不履行信息网络安全管理义务罪的处理倾向，不少学者认为虽然基于网络犯罪态势，将帮助网络犯罪活动行为正犯化存在现实需要，但也并非表明一切帮助行为都要予以刑事惩处，在入罪条件上应作进一步限制。当今社会，物流领域是社会货物流通的关键单元，而第三方物流作为该领域的管理者，成为货物流入社会的入口及提供各类运输服务的平台，对货物流通效率及安全性等整体运行状况自然产生“平台责任”。至于其平台责任如何承担，在限制处罚立场中应明晰第三方物流中立涉嫌运毒行为的入罪条件。

从理论层面来看，在罪与非罪的界定上应坚持我国刑法中犯罪构成要件的一般标准，并主要从主客观两方面提供限制路径。无论是德日学说还是英美判例，都经历了从主观限制说到客观限制说，再到综合、类型化的折中说转型。“他山之石”确实能够解决第三方物流中立涉嫌运毒行为的可罚性问题，但这些解决方案毕竟是植根于域外立法及实践，并对接特定的法律体系和国家治理体系，所产生的理论基础也源于本土的学科体系、学术体系及法律文化体系。在提供研究思路的同时，如果将其完全借鉴和移植，必然会出现因“水土不服”而难以用来解释我国刑法立法及司法适用的问题。在我国刑法学理论体系中，罪与非罪的逻辑起点在于犯罪本质，事实起点在于事实行为，一般标准在于有机融合的犯罪构成四要件。① 运输服务行为所具有的业务性、反复性决定了在特定情况下可能存在中立帮助的情况。第三方物流的中立涉嫌运毒行为如何认定，也必然要在犯罪构成四要件中予以讨论，并主要形成主客观两方面的入罪条件限制。通过对其中立运毒行为构罪的条件作出限制，达到正向认定刑事可罚性，明确哪些情况下可作为毒品犯罪处理。相比于从反面排除可罚范围来说，正向认定刑事可罚性即明确哪些情况下可作为毒品犯罪处理，更能为社会公众直接提供可罚边界指引，使其在日常生活及社会交往中保持谨慎，避免其仍不确定是否构罪的处理结果。

2. 是否中立的定性判断

对于第三方物流是否构成中立涉嫌运毒，需要从行为中立性、帮助性与关联性三个要素先作定性判断。基于前述，第三方物流构成不纯正不作为犯的理论前提是存在相应作为义务，即基于业务行为所产生的对邮寄物品内是否藏毒这一危险源的监督义务与基于法律法规等制度所明确的应履行的法定义务，形成实质与形式相统一的作为义务根据。在明确理论前提的基础上，

① 李占州：《罪与非罪界定论》，中国人民公安大学出版社 2011 年版，第 2-3 页。

并非第三方物流所有的客观运毒行为都能涵盖在中立帮助行为范围内，需依据其特性本身予以识别，确定哪些提供运输服务却实现了运毒效果的帮助行为能够在此范围内讨论其可罚性。其中，应注意的情况是，中立帮助行为的中立性并不等同于合法性，即并非只要行为中立就一定能够排除刑事责任。中立性主要是表征特定行为的事实属性而非法律属性。当某个行为被认定为中立帮助行为时，其特殊性表现在行为人对其行为被他人利用实施犯罪具有认识，但出于销售商品、提供服务或者正常交往等合法意图而无动于衷，按照通常交易或社会交往习惯继续进行，且对他人犯罪实行行为起到了帮助作用，兼具社会层面上的有益性与有害性。基于此，中立帮助行为仅是对一些日常行为或业务行为外观形态的概括，因其特殊性而需要在规范评价过程中着重关注，并不表明天然地就具有合法性。更进一步来说，这种事实层面特殊性的存在，需要对中立帮助行为的刑事责任认定范围作出限制，而无须承担刑事责任甚至产生“中立帮助行为过当”的相关表述。

第一，通过对中立性的识别，厘清中立与一般帮助行为。如前所述，中立帮助行为具体表现为：一是具有社会生活中为公众所知的具有职业典型性或日常生活性，即只要有相应的交易或交往前提，会自动触发此行为。也就是说，在社会生活中本就存在此“制式”行为，无论是否帮助犯罪实行行为，都会无差别、无针对性地适用于全体公众。二是具有发生的反复性，并不仅是相对于违法犯罪分子而产生，而是作为常规业务行为被经常实施。三是其实施主体一般具有特定的职业或义务履行身份，按照应承担的社会分工角色而实施。四是实施主体在行为过程中通常缺乏促进犯罪的意思表示，即其虽然认识到他人的犯罪意图，但同时认为他人犯罪与自身无关，之所以实施此行为仅是社会职责所在。五是一般具有可替代性，应判断对于犯罪活动而言该行为是否为其获得帮助的唯一渠道。如行为具有不可替代性，通常对正犯及犯罪结果具有本质密切的联系，属于应受处罚的帮助行为。

综上，第三方物流以货物流通为业，只要收寄双方按照正常的交易规则及价格托运物品，都不会拒绝提供运输服务，存在实施中立涉嫌运毒行为的客观情况。第三方物流实施运输行为的反复性，对于促进物的流通、实现经济效益最大化具有积极的社会价值，仅是被违法犯罪分子利用而偶然性成为运毒工具。在符合这些条件的前提下，如果第三方物流借助于业务行为，与贩运人员形成共谋，就如何运毒形成共同意思联络与具体分工，则表明其行为虽有中立的外观形式，但因刺破承运关系而成为共同犯罪的有机组成部分。

在此情况下，运毒行为仅是披着职业外衣而意图推动毒品违法犯罪活动，消解其本身业务活动所带来的社会正向价值，不在此讨论范畴内，构成贩运毒品犯罪的帮助犯。此外，如果第三方物流在货物运输业务范围内通过运毒来牟利，收取超过业务行为本应得到的报酬，即其业务付出与回报并不对等，也表明其不符合中立性要求，[①] 视情况构成毒品犯罪。跑腿骑手为赚取外快在同城范围内帮忙运送毒品，属于以运毒牟利的运输者，其业务身份仅代表毒品犯罪的手段行为。

第二，至于帮助性与关联性要素，一般不会影响对第三方物流中立涉嫌运毒行为的认定，不过仍需结合前述作进一步解释。在客观上，贩运人员将毒品交寄给第三方物流，而由后者承担将毒品运至收件地的运输任务，确实对毒品交易活动的实施提供了有效帮助，产生毒品的社会流通效果，与正犯行为之间形成事实上的因果关系。同时，这种帮助性也是片面的，要求第三方物流在主观上与正犯不存在意思联络，否则其行为就属于一般帮助行为。加功的偶然性则要求中立帮助行为并非为了某个犯罪活动而专门进行，发生之前其在日常生活中就有存在的必要。如果行为人设立物流寄递单位之目的就在于利用运输毒品之便，进而完成贩运毒品的违法犯罪活动，在此过程中所提供的运输服务就不具有运毒的偶然性，当然构成毒品犯罪。关联性表现在行为与犯罪相联系，在这里强调第三方物流的主观心理复杂性。具体而言，第三方物流所关注的仅是货运服务行为本身，对于所经手毒品的去向及寄件方后续行为一般漠不关心，而且往往对于毒品由其运输渠道进入社会流通的相关后果也持漠视态度，在认识及意志因素上更倾向间接故意。如其并不知晓所交寄的邮寄物品内藏毒，出于过失、非故意与过失心理而将其当作普通物品运输，则根本不具有构成毒品犯罪的主观故意要件，也不属于中立涉嫌运毒。由此可见，第三方物流的中立涉嫌运毒的行为表现是：在提供货物运输服务过程中基于偶然原因与他人毒品违法犯罪行为相关联，在客观上为毒品运输提供了帮助，同时是确系保障社会经济发展以及日常生活所需的社会职责行为。

3. 是否可罚的定量判断

在通过定性判断明确第三方物流运毒行为中立性的基础上，结合主客观两方面对行为需具备何种条件才具有可罚性作定量判断。

---

① 张印：《中立帮助行为处罚依据的阶层模式建构》，载《铁道警察学院学报》2023 年第 2 期，第 77-78 页。

（1）对犯罪客观要件的判断。从客观构成要件层面，限制中立帮助行为的可罚范围。在定量上，可从行为所表明的社会危害性程度大小对其中立涉嫌运毒行为的可罚性予以限缩。前述社会相当性说、职业相当性说及客观归责论等观点，结合我国刑法理论体系来看，实际上都存在对社会危害性严重程度的诠释。刑法对于情节显著轻微、危害性不大的帮助行为，可不作为犯罪处理，也就是说，中立帮助行为可通过其社会危害程度的高低，确定是否需作入罪处理。如在帮助信息网络犯罪活动罪中就以“情节严重”提高入罪门槛，表明对网络中立帮助行为可罚范围的限缩认定。同样，从第三方物流中立涉嫌运毒行为存在时的所有客观情况来看，可从以下两个方面对其构罪的客观构成要件进行限制：

一是要求第三方物流中立涉嫌运毒行为对贩运毒品的正犯行为具有显著、实质促进作用，包括对毒品的控制程度、对正犯行为实施的重要性及对犯罪客体的侵害程度。任何帮助犯可罚的实质在于，其帮助行为与正犯行为的实施之间存在因果关系，促进了正犯行为的发生或完成，甚至直接造成现实侵害。对于中立帮助行为而言，就需要提高其对正犯行为的作用力要求。在对毒品的控制程度上，可结合帮助方式及行为主体的职业身份等因素予以分析。第三方物流将所交寄的毒品运出并负责派送至收件地，需要完全实现对毒品的事实控制。不过，是否达到完全控制程度还需结合行为主体的职业身份，即是否为毒品的具体经手人。在个案中，只有具体经手毒品安检审查、寄出毒品、运输毒品及派送毒品的负责人员，才能构成对毒品的完全控制，达到与犯罪的关联性要求，进而发挥其帮助行为对毒品犯罪的实质促进作用。行为人虽然具备物流工作人员身份，但并不直接参与个案中毒品的收寄、安检、运出或投递派送工作，可能属于辅助或其他管理人员，其所实施的中立涉嫌运毒行为与犯罪关联性不够紧密。正如为违法犯罪分子提供住宿、饮食等日常行为，虽然提供了便利，但不能显著并实质提高犯罪活动的社会危害性，也就不具有刑法规范上与犯罪的关联性。在对正犯行为实施的重要性上，第三方物流中立涉嫌运毒行为在完成毒品交易活动中的重要性不言而喻。无论交易双方在线上就毒品数量、种类、价格等事宜如何进行交涉，都需要经过线下运输才能完成毒品与毒资的双向转移。这种由第三方物流为毒品运输所创造的便利条件，直接使毒品处于推进社会流通的状态中，具有导致正犯行为发生的高度可能性。基于此，第三方物流对于意图借物流渠道实现毒品运输的贩运人员来说，成为犯罪的重要环节。

在对犯罪客体的侵害程度上，可具体结合各物流环节对毒品社会流通的推进作用予以考察。从中立帮助行为的产生及内涵上看，整体如何确定可罚范围属于帮助犯成立问题，需要依附于正犯行为的实施情况。如前所述，毒品犯罪作为抽象危险犯，对其认定应结合社会流通风险。根据物流运输各环节，毒品自交寄后还需在第三方物流管辖场所内停留一段时间，在确认安全性及身份信息等情况后再运出。如果毒品在尚未寄出时就被公安机关查获，虽然此时犯罪实行行为已具备推进毒品进入社会流通的紧迫危险，但毒品还未发生实际转移，并未制造或增加刑法所禁止的危险，在社会危害性程度上远不及毒品已寄出的事实状态。综合来看，贩运毒品的正犯行为虽然构成犯罪，但因意志以外的原因而未完全促使毒品进入社会流通或者构成未遂，再结合毒品被查获的事实状态、行为主体情况等因素，可予以从宽处理。在此情况下，帮助行为在可罚程度上更低，更何况还是中立帮助行为。具体而言，如毒品还处于物流托管状态而尚未寄出，很大程度上能够表明同等情况下毒品犯罪本身的危害程度较低，这就意味着对帮助犯的认定范围可趋宽。第三方物流虽实施了中立涉嫌运毒行为，但毕竟并未真正承运并发挥运输毒品的实质作用，可认定为作用较小、危害行为较轻，对客体的侵害程度较低，根据罪刑相适应原则可不以犯罪论处。至于对作用力、行为及对客体的侵害程度，应站在事后观察的立场，从个案最终所造成的危害后果对第三方物流中立涉嫌运毒行为所产生的促进作用进行全局研判，判断是否达到需动用刑罚处罚的程度。这也是由帮助行为特性所决定，基于共犯行为类型并未像正犯明确规定在刑法分则中，需要对帮助行为样态作出事后评价，才能准确予以界分。

二是要求第三方物流中立涉嫌运毒行为需违反行业规范要求，超出或减少其本身通常必要性的限度。借职业身份之便，第三方物流无须主动创建与运毒行为之间的物理因果关系，通过在寄递工作中的不作为使毒品能够顺利通过物流渠道实现运输目的，如构成犯罪，应属于不真正不作为犯。在入罪归责之前，构成不真正不作为犯的关键问题必然在于行为主体是否违反相关作为义务，进而判断是否通过正犯行为实现犯罪构成要件结果。第三方物流对其提供的运输服务平台理所应当负有管理职责，旨在对毒品等违禁品流入社会的查验与过滤。在统一的法律位阶中，民事及行政合法行为不应被认定为刑法所规定的犯罪行为。正如社会、职业相当性理论强调，根据行为当时的客观事实情况及业务内容，如果行为人按照职业规范实施特定的帮助行为，符合社会对其职业身份的期待，应当予以认可。尤其是在现代工业社会，风险几乎无处不在，任何日常生活行为都有可能被用于犯罪。从业人员在职责范围内遵守了各项规范要求，就不能苛责其帮助行为构成犯罪。同样是提供运输服务，出租车司机在载客过程中偶然知晓乘客接下来的贩毒计划，仍继续将其运至交易现场，就可以欠缺立法者所赋予的特殊职业上的检举义务为由，存在不可罚的处理余地。

由此可见，基于第三方物流对邮寄物品在刑事层面上的藏毒监督义务，也可通过对其是否履行职业规范来具体判断中立涉嫌运毒的可罚性。为维系禁毒安全，物流领域内不仅有一般的行业运行准则，还有专门针对寄递毒品情况的特殊规定，集中于“三个100%”的工作要求。从相关规定中可以看出，行业规范及遵守准则对第三方物流运输服务平台提出较为细致的安全性要求，最为关键的是拒绝收寄不符合条件审查及国家禁止寄递的物品。通常情况下，第三方物流未完全履行监督义务而实现毒品运输，这必然会违反职业规范要求。同时，当前物流行业发展速度与智能化进程不一，为提高快递处理效率而疏于执行“三个100%”安检要求的问题频发，可适当拉长其保证人义务产生与结束的时间区间。因通过物流渠道寄递毒品的环节具有可分割性，同样是在毒品未实际寄出之前，虽存在推进毒品社会流通的紧迫危险，但尚未由第三方物流开始运送毒品至收件地。在此之前的收寄、安检及分拣分发等一系列环节，即使第三方物流在明知邮寄物品内可能藏毒的情况下未履行查验、监督及上报的职业规范要求，也暂时使毒品处于停滞待运出状态。但是，至迟于毒品寄出之时为结束时点，第三方物流必须履行对邮寄物品内藏毒的监督义务，需要及时拦截并防止毒品流入社会。如果在毒品寄出之时仍消极应对，坐视毒品起运并进入运输环节，第三方物流很可能因违反相关作为义务而成为运输毒品等犯罪的帮助犯。

（2）对犯罪主观要件的判断。从主观要件层面，限制中立帮助行为的可罚范围。根据我国刑法总则关于犯罪故意的规定，包括明知的认识因素、希望或放任的意志因素，又分为直接故意与间接故意两种类型。只要行为人明知自身行为可能会造成危害社会后果，无论是希望还是放任结果发生，都不影响犯罪故意的成立。部分学者认为，无论是所谓“确定的故意”还是“未必的故意”，都符合明知的认识因素，只是影响行为人的主观恶性程度，一般不作为是否构罪的判断条件。[①] 中立帮助行为的可罚性争议就在于，行为主体

---

① 孙万怀、郑梦凌：《中立的帮助行为》，载《法学》2016年第1期，第148页。

是在明知他人犯罪意图的情况下仍提供帮助行为，但这种帮助行为又具有日常性、职业性，构成维系社会生活的重要组成部分。不过，根据刑法关于犯罪概念的规定，也并非要求有故意就一定等同于行为应受处罚，根据主观恶性程度的高低同样能够限缩中立帮助行为的可罚范围，尤其是对于可能知道他人利用物流渠道实施贩运毒品活动的情形，可进一步判断第三方物流的明知程度与意志因素，进而明晰在何种主客观条件下其中立涉嫌运毒行为具有可罚性。关于限制中立帮助行为可罚性的各主张中，不乏以主观罪过程度予以限制的学说标准。作为客观事实层面的中立帮助行为，无论是根据犯罪成立理论还是法律规定，是否构罪都需主观方面具备故意的心理要素。也就是说，行为人认识到他人正故意实施某一犯罪行为，并具有通过其自身业务或日常交往等帮助他人犯罪活动的主观心态。在认识及意志因素方面，可进一步剖析第三方物流在当时主观心理态度的具体内容。

一是在明知内容及程度上，要求第三方物流对正犯行为的犯罪意图及自身行为对正犯行为的促进作用具有明确认识。中立帮助行为所提供的对正犯的帮助，本身并不将追求犯罪作为唯一目的，就需要证明是否明知他人犯意并意图促进正犯行为具有确切故意。对于提供运输服务的第三方物流主体来说，本质上并不希望大量毒品违法犯罪行为在其管理领域内滋生蔓延。但是，物流经营者为增加业务量、节约管理成本等，对于安检工作怠于履行，对于监管部门督促整改的安全问题也怠于解决。在此情况下，对第三方物流中立涉嫌运毒构罪所具备的明知内容及程度应作更高要求，将大环境中粗放业情的事实因素纳入考虑。例如，第三方物流在收寄时，根据寄件方的一些特殊要求或检查中的异样结果，可能猜测到邮寄物品内藏有国家禁限寄物品，但并未确切认识到是毒品，出于节省时间、提高快递处理效率等考虑而默不作声，放任毒品进入下一个环节。这表明，第三方物流并不充分了解他人的犯罪意图及对象，凭借猜想、推论可能认识到他人在寄递国家禁限寄物品，不具备可罚的认识因素。或者，因对安检环节的疏忽，第三方物流对邮寄物品内藏毒没有认识，更没有认识到他人借物流渠道贩运毒品的犯罪意图，就从根本上排除出了帮助犯的成立范围。

基于此，可罚的认识因素可理解为，第三方物流确切认识到所处理的邮寄物品内藏毒，也认识到自身行为被利用来运输毒品，即与毒品犯罪存在紧密关联并对其存在实质助益。至于明知需达到的确切认识程度，结合行为发生时的客观环境予以判断。需要强调的是，一般不需要第三方物流对他人贩运毒品行为实施的具体时间、地点、对象、方法等细节内容具有认识，只要认识到其货运服务与贩运毒品行为之间的促进关系即可，这是判断其认识要素的核心与关键。

二是在故意的意志因素上，着重考察第三方物流在提供涉嫌中立运输服务过程中，是否存在意图促进毒品犯罪行为实施的倾向，以及与毒品犯罪正犯的行为关联。通常情况下，第三方物流对正犯所实施毒品犯罪的心理状态表现为容忍和放任，即不主动促进、希望发生危害结果，但也不排斥他人借此渠道实施贩运毒品行为。作为物流领域的管理者，第三方物流所提供的是日常货物运输服务行为，并不以实施犯罪为目的。相反，在经营过程中，如果不是受限于成本与收入的现实因素，第三方物流更倾向于遵守各项行业制度规范，在获得社会高度认可的同时，最大限度占据市场份额。① 基于此，正是由于其本身的职业性、日常性，第三方物流中立涉嫌运毒行为的主观状态应不包括希望危害结果发生的意志因素，多数情况下应表现为对他人贩运毒品犯罪毫不在意的放任态度。当然，直接故意所表现出的主观恶性程度更高，如第三方物流主观上具有积极追求毒品运输达成的希望态度，则可根据主客观要件直接以相应毒品犯罪论处。如其对藏毒邮寄物品的处理超出一般工作范围，进行再加工包装，帮助贩运人员掩饰毒品，表明其积极希望毒品犯罪发生。或者，在检查邮寄物品的过程中发现其中藏毒，寄件方为保证毒品能够顺利寄出，通过威逼利诱使其隐瞒毒品事实，表明二者在毒品运输中形成共同意思联络，此时就属于一般帮助犯的可罚范围，直接构成相应犯罪。总体而言，第三方物流具有对邮寄物品藏毒的监督义务，本应实现对毒品的查验、监督及上报，在自身能力范围内尽最大可能阻止毒品流入社会，而容忍、放任他人借物流渠道贩运毒品，以不作为表明对毒品犯罪的促进意思。

（二）对运输毒品行为予以类型化定性处理

通过筛选影响刑法规范层面上运毒数量、距离、方式、有无获取报酬等主客观要素，运输毒品行为可区分为以自身走私、制造毒品意图贩卖的运输毒品者，以运输为业的职业运输毒品者，为获取生计费的临时运输毒品者，吸毒与运毒情况并存的运输毒品者及无主观故意的事实运输毒品者几种情形，并予以类型化定性处理。

---

① 陈伟、谢可君：《网络中立帮助行为处罚范围的限定》，载《上海政法学院学报》2018 年第 1 期，第 77-79 页。

1. 筛选定性运毒行为的主客观要素

对于运输毒品行为，应综合考虑运毒数量、距离、方式、目的地、起始地点、有无获取报酬以及毒品被查获时的状态等因素，对于毒品流通是否具有实质性促进作用，准确认定是否构成犯罪。如何理解《刑法》第 347 条意义上的“运输”，理论及实践层面存在诸多争议，多数学者通过限定运输行为定义，从而限缩运输毒品罪的处罚范围。不论是从形式角度所提出的距离说、数量说、状态说，还是从实质角度提出的关联说、目的说、促进流通说等，实际上都仅表明刑法意义上运输行为的一个侧面特征，无法全面区分运输与非法持有的界限，进而难以准确认定运输毒品罪。例如，对于同城范围内寄递毒品行为是否能够认定为运输毒品罪，引起了短距离运输毒品的审理分歧。

在理论层面，如单纯强调毒品空间位移或数量等形式定义，就易将吸毒人员随身携带毒品、贩卖毒品过程中运送毒品等情况认定为运输毒品罪，并且位移多少距离才能区分运输与非法持有显然也无法得出精确标准。如果单纯强调运输行为需与走私、贩卖及制造毒品罪存在关联，就易将本应认定为关联犯罪的共犯单独适用运输毒品罪，在司法实践中并不具有可操作性，更难以说明运输毒品罪与贩卖、制造、走私毒品罪相并列并适用同等重刑的规定要求。一般而言，在走私、贩卖及制造毒品过程中，往往会伴随运输行为，难以对此附属行为进行独立评价。如果单纯强调促进流通、主观目的等实质定义，虽然能够以促进毒品流通的判断要素来限定运输行为，但实际上几乎所有的毒品犯罪或多或少都具有促进流通的相似属性。刑法之所以严惩毒品犯罪，正是因为毒品滥用所产生的严重社会危害，需从供给侧遏制毒品进入社会流通。仅以此为界定标准，也无法说明单独评价运输毒品罪的价值意义。如果单纯强调运输具有对走私、贩卖及制造毒品行为的帮助效果，或具有牟利动机等非法意图，对行为人主观罪过内容的认定及证明具有较大困难，往往难以查实其动态持有毒品之真正目的。在实践层面，相较于走私、贩卖、制造毒品罪来说，规范性文件对运输毒品罪的定罪处罚始终保持审慎态度，强调本罪在毒品犯罪中具有明显的从属性与辅助性，在相同情况下社会危害性较小。由此可见，运输毒品如与走私、贩卖、制造毒品在罪质上等同，应综合多种事实因素才能加以认定。

对运输毒品行为的规范界定，需围绕刑法介入的正当性根据展开。刑法意义上的运输更强调刑事违法性，在空间位置变化的基础上，运输行为将毒品从生产、制造环节带至消费环节，在这一过程中具有显著的加功作用。毒品往往会经历多次交易、贩运行为，才能最终到达吸毒人员手中并产生滥用危害。也正因如此，立法者设置运输毒品罪的动机在于，运输行为连接了毒品生产与消费两大领域，促进了毒品的非法交易及消费，以此进一步严密刑事法网。基于对运输最为核心的判断要素，如行为人窝藏、包庇、逃避公安机关侦查或者为自吸而动态持有毒品行为，因不具有推进毒品社会流通的作用，不构成运输毒品罪。而且，在强调运输行为对促进毒品社会流通的同时，也不能否定如距离、数量、运输方式等其他事实因素。司法实践所形成的距离说、流通说等观点并非相互矛盾、不可调和，完全可将距离、方式、目的、起始地点及是否促进毒品社会流通等因素，结合关于犯罪成立的相关规定进行整体性、体系性评价。尤其是对于距离因素，不能脱离于日常生活中的运输含义界定刑法意义上的运输，有位移才能具备空间流通的可能性。毒品在物理空间位置上是否发生移动及距离长短，都会影响其在不同行为人手中的使用价值及危害程度。显然，行为人在家中将毒品转移给他人，即使发生了毒品在不同主体之间的流转，也无法使社会公众认同此种情形构成运输。

纵然强调对运输毒品行为的实质判断，通过列举数量、距离、方式、目的、起始地点等因素考察行为人是否促进毒品在不同主体、不同地域之间的流通扩散，也难以具体认定何谓刑法意义上的运输。在理论层面，虽然对运输毒品行为的界定考虑多种因素具有合理性、全面性，但最大的问题在于，如何在实践中将这些因素作体系性评价，进而确定客体、客观、主体及主观犯罪构成要件是否同时具备。在案件认定中，如果一一考虑这些事实因素，而不加以侧重或分清主次，极易导致其中任何一个因素都可作为定性的主要依据，或者否定另一因素的理由，进而使罪与非罪、此罪与彼罪的认定缺乏基本立场。也就是说，具体是以何种标准加以界定无法明确，这种看似面面俱到的综合标准在司法实践中缺乏可操作性。在综合标准下，对于同城范围内寄递毒品等短距离运毒行为是否构成运输毒品罪仍未有准确定论。基于此，通过考察距离、目的、方式、有无牟利等形式因素，以及对行为是否推进毒品社会流通的实质判断，有必要确定解释路径。

根据运输毒品罪成立所需的各种主客观要件要素，按照前述综合标准可将运输毒品行为进行分类定性处罚。作为一种基本的刑法方法论，类型化思维可对纷繁复杂的运输行为进行归类分析，在界定共性的基础上，归纳总结个别要素与一般要素相结合的运输行为状态。原因在于，一方面，运输毒品罪的犯罪构成及其司法适用不论在理论层面还是实践层面都有较大认定分歧。

为防止运输毒品罪的扩张适用，形式与实质标准都试图缩小对运输的解释。纵然确立综合判断标准，现实中案件的表现形式也远远不限于立法规定，使多样化的运输行为难以完全契合综合认定标准。如果再根据综合标准对运输行为进一步细化，予以分类定性处罚，也具有现实意义。另一方面，司法解释及相关文件都表明，将运输毒品行为分类定性处罚具有实践可能。这些纪要规定，在对运输毒品罪刑罚裁量尤其是死刑适用上，依法严惩组织、雇用他人运输毒品的主犯，以运输毒品为业、多次运输毒品等具有严重情节的行为人，同时对于受人指使或雇用运毒的行为人，以及因生活贫困而运输毒品等情形，充分考虑其在毒品交易活动中所起的作用大小、主观恶性、社会危害性等因素，体现区别对待。由此可见，基于宽严相济刑事政策，受人雇用、因生活贫困而运毒的行为人无论是人身危险性还是社会危害性都远低于背后的主犯、毒枭乃至以运毒为业等行为人，在刑罚裁量上应有所区分。

2. 区分处理不同类型运输毒品行为

运输毒品罪的成立需有机融合各主客观要件，抽取关于类型本质与不法属性的距离与社会流通性要素，其他诸如有无获取报酬、运输方式、数量、起始地点等要素可置于所涵盖范围的判断标准中，可区分为以下几种认定情形：

第一，因自身走私、制造毒品意图贩卖的运输毒品者。对于本身就是贩卖毒品的行为人而言，其运输附着于之前的供给环节，在贩卖过程中难免会伴随运毒行为，即将毒品带至交易现场、委托他人运毒或直接邮寄到收件地。从主观目的及客观流通效果来看，很难分离出运输毒品与其他毒品犯罪不同的运输意图，也难以辨别社会流通效果的差异性。毕竟，在这一行为中，贩卖是在不同主体之间进行，本身就含有运输毒品并使其发生空间位移的内容。

运输行为应被包含在与之相关联的走私、制造或贩卖毒品罪中予以评价，而无须独立评价为运输毒品罪。主要理由在于：一方面，从立法设置上看，与走私、制造与贩卖毒品罪相并列并具有相同幅度的法定刑设置，就表明运输行为结合主客观要素应可以独立评价，才能构成运输毒品罪。也就是说，运输毒品罪中的运输应表现为正犯性，而非作为其他任何毒品犯罪的参与方式，才能以独立罪名处理。而且，与其他毒品犯罪相比，运输毒品行为本就具有从属性、辅助性特征，单独成罪而且刑罚幅度不可谓不重，在解释上应作出更多的限制。另一方面，从罪数上看，贩毒人员为达成交易，将毒品带至下家而运输毒品的行为，成为构成贩卖毒品罪的手段行为，也确实促进了毒品的社会流通，又触犯运输毒品罪。事实上，虽存在两个行为，原本应进行数罪并罚，但这两个行为形成手段与目的关系具有密切关联性，应从一重罪处罚。因贩卖毒品等过程中通常会伴随运输行为，在设置贩卖、制造等毒品犯罪法定刑时应考虑运输情况的存在，即包含了促进毒品社会流通的相关责任，应不实行数罪并罚。总体而言，如贩毒人员通过物流渠道寄递毒品至收件地，实现毒品有偿转移，则不论同城范围内还是跨省、跨市寄递，不另构成运输毒品罪，视情节轻重可调整贩卖毒品罪的刑罚幅度。

第二，以运输为业的职业运输毒品者。在依法严惩的运输毒品罪的情况中，都存在“以运输毒品为业”的相关规定。在词义解释层面，以运输毒品为业可理解为，行为人从事毒品运输，将其当作谋生营利的职业工作。在刑法理论层面，可将对以运输毒品为业的理解类比《刑法》第 303 条赌博罪中“以赌博为业”的罪状内容。具体而言，不同于本身就是制造、贩卖毒品的行为人，运输毒品仅是附属于毒品交易活动中的重要一环。以运输毒品为业的运毒者是单独作为此行为主体，独立承担将毒品从供给地运至接收地的分工任务。基于毒品的高风险与高回报，行为人将运输毒品作为自身的谋生手段，在相对较长期间内专门从事运毒活动并将违法所得作为主要收入来源。或者，其虽有正当职业或其他收入来源，但仍将运输毒品作为兼业，甚至所获得的收入远超合法收入。由此可见，以运输毒品为业主要表明运毒行为的职业化，从行为人在一定时期内是否从事运毒与主要收入来源两个方面进行认定。虽然运输毒品行为并不以行为人是否牟利为前提，但可结合其他事实因素认定运输毒品行为是否成立。如前述所提及的同城范围内寄递毒品行为如何认定，因运输距离较近而引发了是否构成运输毒品罪的争议，但毒品位移距离并非构成运输行为的唯一决定因素。综合运输方式、是否牟利、起始地点等因素来看，行为人确系通过运毒获取报酬，使毒品扩散至消费群体，在主客观层面可构成运输毒品罪。当然，在同城范围内运毒尚且还符合社会公众对于运输的一般认知，而在同一行为人所支配的领域内如从家中一楼到二楼的毒品位移，这种空间位移在距离上难以表述为运输毒品。针对“多次运输毒品”严重情节的规定而言，在一段时间内反复、多次运输毒品成为以运毒为业的外部行为特征，但二者并不能等同处理。职业运毒者所实施的运输行为主动性更强、独立性更高，所体现的人身危险性及社会危害性程度较大，应予以从重处罚。

第三，为获取生计费的临时运输毒品者。行为人被制造、贩卖毒品等人员安排，受到运费利诱而运毒的情况，在司法实践中出现较频繁。在此情形下，行为人根据交易一方的指示、安排而运送毒品，并就其运送行为收取报酬。不同于前述职业运毒者，行为人往往具有正当职业或者其他社会身份，因生活贫困或者为赚取“外快”而受雇运输毒品，并不专门将运毒作为谋生职业，在运输行为次数、频率及收入多少等方面都远不及以运输毒品为业者。从现实情况来看，受雇运输毒品的行为人大多属于贫民、边民或者急于寻找工作的无业人员，迫于生计而无奈走上运输毒品的犯罪道路。还有一些在校大学生、未成年人等具有特殊社会身份的群体，不易引起公安机关怀疑，在高薪诱惑下替他人运毒。这部分运毒人员相对于幕后的组织、指使及雇用人员来说，在整个毒品犯罪活动中所起作用及主观恶性更小，处于从属、被支配地位。虽然从主客观要件来看，该行为构成运输毒品罪并无疑问，但从罪刑相适应原则出发，充分考虑行为人生计所迫、受人雇用或利用、初犯等事实因素，应比前述情形适用更轻的处罚。

至于同城范围内寄递毒品行为如何定性，也可在此行为类型中予以讨论。毒品空间位移距离对运输行为的界定具有重要意义，但也不应予以过多限制。如“同城闪送”业务下的跑腿骑手私自接单，利用自身业务行为帮助贩毒或吸毒人员在同城内寄递毒品。在此情形下，跑腿骑手通过帮助他人运毒来获取报酬，并且促进毒品在不同主体之间的流通及扩散，与交易上下家之间并不存在运输前后的关联行为，属于为获取生计费的临时运毒者。即使同城范围内寄递毒品在运输距离上可能较短，也不能否认其拉近了毒品交易上下家之间的距离，成为毒品流通必不可少的中间环节。而且临时运毒者并非无偿通过自身业务行为帮助他人运输毒品，而是以此为牟利手段，再综合考察其运毒数量、距离、是否获利、起始地点、方式以及是否对毒品流通具有实质性促进作用，应构成运输毒品罪。否则，对于明知为毒品而仍通过跑腿业务参与运毒的行为人，可能会产生处罚漏洞。如果根据涉案毒品数量将此情形认定为非法持有毒品罪，但运毒行为确实促进毒品在不同主体、地区之间的流通扩散，并将毒品推至消费环节，如此认定将更难以区分运输毒品罪与非法持有毒品罪。基于此，通过考察运输毒品罪成立的主客观要件要素，跑腿骑手等临时运毒者作为独立一方，在同城范围内专门运输毒品，在不同主体之间达到社会流通效果，应构成运输毒品罪。

第四，吸毒与运毒情况并存的运输毒品者。《昆明会议纪要》规定吸毒者因运输毒品而被查获，如果不存在其他犯罪故意，构成运输毒品罪。因吸毒行为不构成犯罪，为进一步界定吸毒者在何种情形下构成运输毒品行为，有必要作为单独行为类型予以具体分析。一般情况下，吸毒者携带用于自吸毒品的行为往往不认为是毒品犯罪，其运输毒品也是出于储存、购买等意图，并无将毒品出卖或流转给其他主体的可能性，根据毒品数量可能构成非法持有毒品罪。从运输毒品罪的认定角度出发，吸毒者只要能够证明涉案毒品并不具有贩卖或流转给其他主体的可能性，即可排除前述规范对运输毒品罪的适用。如果吸毒者是通过物流渠道接收毒品，也不能将运输行为责任归咎于其自身。除非吸毒者自行运毒之目的在于社会流通，此时其特殊身份并不影响构成运输毒品罪。在吸毒者委托运输者或与运输者共同运送毒品的情况下，二者如共同构成运输毒品罪仍应遵循对于运输行为的规范界定。

第五，无主观故意的事实运输毒品者，根据其是否具有过错责任，可能构成其他犯罪或受到行政处罚。在网络化大背景下，毒品运输方式也日趋多样化，除运毒者在明知情况下仍参与运输毒品的情况外，还存在无主观故意的事实运输毒品行为。如近年来，违法犯罪分子假借合法招聘之名，以高额报酬雇用他人为自己带货。在此过程中，部分行为人被高薪诱惑，虽不明知为毒品，但已成为事实运毒者。尤其是通过物流渠道实现毒品运送、转移成为毒品运输的重要方式，即由违法犯罪分子将毒品当作正常邮寄物品交寄给第三方物流来运输。物流寄递毒品行为在主观心理上呈现复杂性，也正是第三方物流的介入所致。具体经手毒品的物流工作人员或单位与寄件方通谋，利用其自身业务行为参与运输毒品，或者本身并不知晓邮寄物品内藏毒，其业务行为被违法犯罪分子利用而成为运输“工具”，将毒品当作普通邮寄物品寄递至收件地，在客观上产生了毒品运输的社会流通效果。第三方物流在后一种情况下，就属于无主观故意的事实运毒者。因不存在将毒品流转于不同主体之间的运毒故意，即使其运输行为确实促进毒品的社会流通，也不构成运输毒品罪。如果查证受雇用带货人员确不明知所运物品为毒品，应作出罪处理。如果查证具体经手毒品的物流工作人员或单位确不明知邮寄物品内藏毒，根据其是否履行、如何履行对邮寄物品的藏毒监督义务，存在对不执行“三个100%”要求的相应行政处罚；或者因过失而在运输过程中对公共安全造成危害或威胁，视情况严重程度可能构成其他犯罪。至于利用不知情人员运毒的行为人，构成运输毒品罪的间接正犯，以运输毒品罪论处。

（三）结合接收目的认定接收物流寄递毒品行为

立足对《昆明会议纪要》的理解适用，结合对非法持有、运输毒品行为的解释规则，充分考虑接收目的，对购毒或代收者构成何罪予以正确区分，厘清接收物流寄递毒品行为构成运输毒品罪的几类情形。

1. 区分运输毒品与非法持有毒品行为

接收物流寄递毒品行为如何定性，在《昆明会议纪要》中有所规定。在充分理解该纪要规定导向的基础上，需厘清在何种情形下接收物流寄递毒品行为构成运输毒品罪。对于接收物流寄递毒品行为，从《昆明会议纪要》的规定中可以看出，基于宽严相济的刑事政策并充分落实从宽要求，需查实存在运输、贩卖等主观故意证据，方能构成运输、贩卖毒品罪。重申此规定的合理之处在于，一是在贩毒人员通过物流渠道寄递毒品的情况下，运毒行为需在收寄双方之间的联络与配合下方能完成。如以此为由，要求购毒者承担运输毒品的刑事责任，打击面就会持续扩张至所有等待接收毒品的行为主体，显然并不合理。二是物流寄递仅表明毒品交付方式上的不同，并未改变毒品交易的根本属性，与当面交付的认定逻辑一致，均属于上家贩毒行为的组成部分。而且，由贩毒人员主导实施通过物流渠道寄递毒品，就意味着处于下家的购毒者并不对毒品交付前的行为承担责任。

运输毒品与非法持有毒品在行为方式上本就存在重合之处，具体表现为前者构成基础是行为人需持有毒品，而后者既包括静态持有毒品，也包括动态持有毒品。[①] 行为人在行进过程中携带毒品，并不能以此认定构成运输毒品罪，而是以携带毒品数量、目的、距离远近等来区分的聚讼不断。随着物流行业兴起，通过物流渠道交付及接收毒品的现象逐渐普遍。在一般情况下，虽然购毒或代收者与寄件方就毒品邮寄事宜存在联络、配合，但交付行为的责任应归咎于后者。根据接收毒品数量，购毒或代收者可能构成非法持有毒品罪。当然，在个别情况下，二者也可能依法认定为运输毒品罪。如前所述，实践中对于构成运输毒品罪的个别情形存在认定不一的问题，结合主客观证据应如何综合判断购毒或代收者所实施的是社会危害性程度更高的运毒行为，需进一步论证。

基于对运输毒品与非法持有毒品行为定性规则的把握，结合司法实践情况，考察在何种情形下可对购毒或代收者依法认定为运输毒品罪，进而明确区分此罪与彼罪。运输毒品行为在外观上表现为将毒品从一个空间物理位移至另一个空间，但不只包括这种简单的空间移动。其实质发挥了连接毒品供

---

① 曹波、郑兰旭：《论毒品犯罪中“动态持有”的司法认定规则》，载《学术探索》2020 年第 12 期，第 129-130 页。

给端与消费市场的桥梁作用，通过不同交通工具及方式将毒品从供应地运至接收地，帮助完成交易行为并促进毒品社会流通。运输毒品与非法持有毒品行为的主要不同之处在于，前者将毒品在社会公众中进行流转、扩散，并向外辐射，成为其他毒品犯罪的中间环节。后者并未超出行为人的事实支配意识并实际推进毒品的社会流通，认定犯罪重在强调是否形成对毒品的事实支配关系。只有赋予运输行为促进毒品社会流通、拓宽毒品交易市场的实质内容，其与走私、贩卖、制造毒品罪并列并适用相同法定刑幅度，才能保证罪刑相适应。正因如此，对于司法实践中将接收物流寄递毒品行为倾向于认定为运输毒品罪的问题，《昆明会议纪要》省去之前规定的“运输毒品”表述，意在强调构成非法持有毒品罪的一般结论，严格限制运输毒品罪的成立范围。

2. 构成运输毒品罪的几类情形

一是购毒或代收者在接收藏毒的邮寄物品后，又打算继续寄递、运送毒品或交由他人运送毒品的，可构成运输毒品罪。基于收寄方间隔距离较远或路线较为复杂的现实情况，为避免运输方式单一而引起公安机关侦查，会存在多阶段的运输安排。处在中间地等待接收物流寄递毒品的行为人，会根据安排指示继续寄递、亲自运送或转交毒品给他人。虽然行为人作为运毒过程中的一环，可能未必知晓毒品来源及去向，但其接收、继续寄递或转送行为必然促进了毒品的社会流通，帮助将毒品扩散至不特定的社会公众当中。在此情形下，行为人明知所接收的邮寄物品内藏毒而仍前往领取，并有继续寄递毒品或转送的意图，其帮助他人运输毒品的客观行为与主观故意是一致的，应以运输毒品罪论处。需注意的情况是，不能简单地将行为人接收毒品后的转移行为认定为有运输意图，因为很可能是其躲避公安机关跟踪而选择将毒品转移至别处，所以应根据整个毒品交易链条综合判断是否属于中间的运输环节。而且，代收者如代作为收件方的购毒者接收物流寄递毒品，通过其代收行为实现后者对毒品的间接控制，必须证明与购毒者之间具有运毒的共同故意，才能构成运输毒品罪。代收者如代作为寄件方的贩毒人员接收物流寄递毒品，在明知他人通过物流渠道贩运毒品的情况下仍帮助接收，则与贩毒人员构成共犯。或者，虽然代收者明知邮寄物品内藏毒，但不知晓他人是通过物流渠道贩运毒品，仅是按照指示在收件地等待接收并实现占有，根据涉案毒品数量可能构成非法持有毒品罪。

二是购毒者对物流寄递毒品行为起主导、支配作用的，在其接收毒品时查获，构成运输毒品罪。一般而言，上家在达成毒品交易后，会通过物流渠道寄递毒品至接收地，由其负责邮寄并交付第三方物流，表明此时交付行为已实施完毕，并构成上家贩卖行为的一部分。购毒者不论是购买后用于自吸还是继续贩卖运输，都不会对此前的交付行为负责，毕竟这仅是其作为下家购买并取得毒品的手段。当然，实践中也会存在购毒者对整个物流寄递毒品的行为过程发挥主导、支配作用的情况，此时就表明其实质性参与了此交付方式。那么，就不能简单地将物流寄递毒品行为视为贩卖活动的一部分，毕竟在此行为过程中购毒者发挥了主导、支配作用。至于如何认定主导、支配作用，结合物流行业特性，应具体情况具体分析。从《昆明会议纪要》规定来看，对于运输毒品罪应予以限制认定，对购毒者如何发挥主导、支配作用应提出更高的认定要求。例如，寄件方给购毒者提供快递单号等收件信息，仅是保证后者能够收到且物流寄递毒品行为能够成功的前提，属于常规邮寄流程，并不足以构成二者共谋运输的证据。再如，毒品是由购毒人员运费到付的，也不能仅以此就认定其对物流寄递毒品行为具有主导、支配作用。也就是说，购毒者与寄件方并未形成紧密联络，也不要求以何种方式交付毒品，仅有支付运费或毒资、接收收件信息等行为，都表明其是在等待接收毒品。综合各种证据，如果能够表明购毒者主动干预了运输过程，决定了运输行为如何进行，也就是说，其行为已远超收件方应当如何做才能收到邮寄物品的范围，应与寄件方或承运方共同构成运输毒品罪共犯。如果购毒者不仅明确要求交付方式是物流寄递，而且主动策划、安排了所有的寄递环节，包括选择快递公司、跟踪路线、控制时间路径、收寄人员等，应属于构成运输毒品罪的情形。

三是购毒与贩毒人员共同寄递毒品的，可构成运输毒品罪。基于物流渠道成本低、风险小、效率高等“优势”，在达成交易后，购毒者会选择通过物流渠道寄递毒品至其所在地，而本人再自行乘坐交通工具，以保证自身不被抓获。在此情形下，双方在毒品交易时虽处在同一地区，完全可实现面对面交付，但出于安全性考虑，还是会将毒品通过物流渠道寄递至购毒者最终所在地。如果二者共同决定并实行寄递毒品行为，就表明此行为不应完全属于贩卖行为的一部分并由贩毒人员负责。从主观层面来看，购毒者具有与贩毒人员共同运输毒品至收件地的故意心理，并希望毒品能够顺利寄递。从客观层面来看，购毒者也实际参与了物流寄递毒品行为，与贩毒人员共同将毒品交付投递，并在收件地等待接收毒品。由此可见，与单纯在收件地等待接收毒品的情形不同，购毒者不论是从主观上还是从客观上都与贩毒人员共同完成物流寄递毒品行为，也属于可构成运输毒品罪的情形。

还有一种情况，购毒者在交易现场取得毒品后，为避免在途中被公安机关抓获，将毒品通过物流渠道再寄递到其实际所在地，即自己将毒品寄递给自己。不同于其与贩毒人员共同寄递毒品的情形，此时双方的交易行为已全部实施完毕，已经实现对毒品的占有与控制，处于可随意支配毒品的事实状态。因此，购毒者无论如何处置毒品，都与前次交易、贩运行为无关。出于安全性考量，购毒者不选择亲自带毒而是将毒品交付投递给第三方物流时，由第三方物流将毒品运送至实际所在地，并在接收藏毒的邮寄物品时被查获，应不构成运输毒品罪。主要原因在于，购毒者将毒品寄递给自己等同于亲自携带毒品行为，其投递给第三方物流转送仅是改变了其实现占有毒品的方式，构成对毒品的动态持有。虽然购毒者在客观上造成了毒品的空间位移，但其并非出于将毒品扩散至他人的社会流通意图，而是为自身吸食或持有而购买并运送毒品，最终也是由本人接收毒品，在整个过程中毒品并未外溢而流入社会，应不属于运输毒品行为。

（四）结合自用目的认定寄递走私毒品行为

随着国际物流网络体系的发展完善，全球化、无时空边界及去中心化的运输特性导致国际物流寄递毒品入境案件频发，需根据主客观要件要素对走私毒品行为予以定性，避免对走私毒品罪的扩张适用。虽然过境是构罪必备要素，但需结合社会危害程度判定过境是否构成刑法语境下的走私毒品行为。如何判定行为具有严重社会危害性，就在于其是否引发将毒品推向他人的社会流通风险。司法实践中，走私毒品罪扩张适用的问题主要聚焦自用型走私毒品案件，而自用型则包括以吸食为目的和以医疗为目的的两类情况。《昆明会议纪要》在认定罪与非罪、此罪与彼罪及刑罚适用方面充分落实宽严相济刑事政策，同样聚焦为自吸及医疗目的而走私的情况。为进一步准确定性走私毒品罪，根据社会流通风险的判断要素，对为自吸、医疗目的而走私毒品行为罪与非罪、此罪与彼罪的边界在司法适用上审慎认定。

1. 为自吸目的而走私毒品的行为定性

对于为满足自吸需要而走私毒品的行为，从主观上是否具有流通毒品意图、行为是否会造成毒品流通社会风险两方面认定是否构成走私毒品罪。实践中，不少大学生或者有特定社会身份的行为人，受部分国家及地区大麻合法化政策的影响，出于好奇、寻求刺激，通过跨境电商及国际物流的交易运输平台，可直接从境外购入大麻等毒品用于自吸，在海关监管现场或境内快递代收点查获时，以走私毒品罪论处。这就使得吸毒人员为自吸而购入毒品的准备行为，大范围承担构成走私毒品罪的刑事责任，不仅与吸毒行为非犯罪化的应然立场相悖，也不符合“定性+定量”的构罪模式。即使将行为人通过物流渠道寄递毒品并带入境内认定为走私毒品行为，也并非过境即构罪，仍需结合犯罪构成四要件考量是否达到严重社会危害程度。

在如何证明行为人确系出于自吸目的上，从主观层面应审慎认定其对走私毒品行为意图的供述。结合行为人是否具有吸毒史，与境外卖家的联络内容，网页搜索记录或通话记录，所购入毒品数量、类型、成分，毒资支付情况，个人身体状况、心理状态等客观因素综合考量其寄递或携带毒品进境之目的。在判断其走私毒品进境之前相关行为的同时，还应确定毒品入境后的流向，也就是说，查实是否存在贩卖、赠予或代购毒品的事实情况，进而表明主观上是否具有希望或放任毒品流入社会的故意心理。

从客观层面，应重点考察行为是否形成促进毒品社会流通的抽象危险，这主要涉及行为人所携带或寄递的毒品数量能否合理认定是出于自用。如果涉案毒品数量已超过正常人的合理吸食量，则存在流入社会的现实可能。至于如何认定合理吸食量，可按照非法持有毒品罪的数量构罪标准。理由主要在于，司法实践中对于吸毒人员的处理，倾向于将其持有数量较大毒品的行为认定为非法持有毒品罪。也就是说，不论行为人是否具有吸毒身份，按照一般社会经验来看，其持有的毒品数量在满足日常吸食需求的同时，还存在富余，而这部分毒品就存在向社会扩散的现实可能。从与其他毒品犯罪相协调的角度来看，可将非法持有毒品罪的数量标准作为对合理吸食量的认定。基于此，如果行为人确系出于自吸目的而走私毒品，并且所走私的毒品数量也满足合理吸食量，可认定为购毒行为。如果行为人确系出于自吸目的而走私毒品，并无流转给他人意图也未在客观上造成毒品外溢，但所走私的毒品数量达到或超过非法持有毒品罪的数量标准，应构成非法持有毒品罪。如果能够证明行为人走私毒品进出境是为了实施贩卖、运输等其他毒品犯罪，或者毒品入境后产生了流入社会的危害后果，则无论走私数量多少，均构成走私毒品罪。[①]

---

① 石经海、邱胜帆：《走私毒品罪的扩张适用与理性回归》，载《重庆大学学报（社会科学版）》2024 年第 3 期，第 285 页。

2. 为医疗目的而走私毒品的行为定性

对于为医疗目的而走私具有医疗等合法用途的麻醉药品和精神药品的行为，结合《昆明会议纪要》规定，根据毒品社会流通风险的判断要素，对是否构罪、构成此罪还是彼罪作出补充解释。《昆明会议纪要》强调，“因治疗疾病需要，在自用、合理数量范围内携带、寄递国家规定管制的、具有医疗等合法用途的麻醉药品、精神药品进出境的，不构成犯罪”。关于此出罪情形的解释要点，具体包括以下几个方面：

一是限制“医疗目的”的认定范围，不宜过分放宽。基于境外毒品来源仍难以有效遏制的严峻态势，为严防毒品输入，具体可从以下几个方面予以限制：对于医疗范围的限制，应结合麻醉药品、精神药品（以下简称麻精药品）的使用主体情况。根据《基本医疗卫生与健康促进法》规定，基本医疗卫生服务主要包括疾病预防、诊断、治疗、护理及康复等服务，具体形成诊断及治疗疾病、预防健康教育、手术治疗、实验室检验、康复治疗、精神健康服务、急诊服务、住院服务等，基本涵盖从预防保健到后续康复训练的方方面面。如果从事某领域的科研人员、医生或医疗机构，因医疗目的使用麻精药品，应包括上述广义的基本医疗卫生服务环节。如果个人使用麻精药品，基于毒情态势与如何证明的双重考量，当前应以治疗疾病为限，不宜将个人用药目的作广义理解。对于所治疗疾病的范围限制，应限制为狭义疾病，即“根据疾病分类手册，具有一定诊断标准，有具体名称的疾病（包括综合征）”[①]。如果行为人感到身体不适，在检查中发现部分指标偏离正常值，但并未形成具体疾病，则不满足狭义的疾病要求。或者，行为人在躯体、心理及社会交往等方面主观感受不佳，如身体乏力、关节酸痛、头昏脑胀、情绪低落、焦虑失眠、记忆力变差、注意力不集中等，但又未通过检测或评估达到疾病诊断标准，与前述情况均属于“亚健康状态”，成为健康与疾病之间的第三状态。行为人出于提高身体活力、功能或适应能力等目的而携带、寄递毒品进出境，不适用此出罪规定情形。

对于医疗目的之认定标准，结合《麻醉药品和精神药品管理条例》相关规定进行限制。因治疗疾病需要，个人需出具医疗机构开具的医疗诊断书，并核对所涉药品是否准确。若无医疗诊断书，则应结合行为人身体状况、患病时间长短、平时用药需求及数量、诊疗记录、用药史、吸毒史、涉案药品

① 王天芳、孙涛：《亚健康与“治未病”的概念、范畴及其相互关系的探讨》，载《中国中西医结合杂志》2009 年第 10 期，第 930 页。

主治功能、成瘾性及危害等事实因素，综合考量涉案药品是否确用于治病。实践中还存在行为人将麻精药品走私入境后，再出于医疗目的向他人销售的情况，如前几年影响较大的“毒贩母亲案”牵涉罪与非罪、此罪与彼罪的争议。在此情况下，还应着重考察行为人在境内的销售渠道、与买受人员的联络内容以及麻精药品的具体用途，关注麻精药品是否最终用于治病救人。当买受人员将麻精药品当作毒品滥用，而走私人员辩称是出于医疗目的而予以贩卖时，应综合考察其专业背景及职业身份、是否严格核实购入用途、所收取利润是否远超正常标准、对买受人员情况是否足够了解、销售渠道是否异常等。如果走私人员确未严格履行“审查义务”①，至少表明其对非医疗目的之贩卖行为持放任心理，应构成贩卖毒品罪。

二是对于“自用、合理数量”的判断，以医疗机构开具的单张处方最大用量为主，并结合相关领域专家的评估情况。一般而言，行为人出于医疗目的携带、寄递麻精药品数量符合其提供的单张处方最大用量要求，属于此出罪规定情形。或者根据行为人平日用药量、用药史及身体承受能力等情况，经专家评估后认为属于合理自用的用药量范围，应认定为正常医疗行为。

三是对于“具有医疗等合法用途的麻醉药品、精神药品”原则上应限定在《麻醉药品和精神药品管理条例》所列的《麻醉药品目录》《精神药品目录》范围内。公安部、国家卫生健康委员会等部门于 2015 年联合出台了《非药用类麻醉药品和精神药品列管办法》，作为管制新精神活性物质的专门规范。其附表《非药用类麻醉药品和精神药品管制品种增补目录》通过全部列举划定管制物质的类型范围，并随着现实情况而逐步扩充。从《刑法》明确的毒品规范定义及《禁毒法》的规定来看，是以“麻醉药品和精神药品”为其属概念，表明在自然属性上药毒同源。基于麻精药品的成瘾性，如果是基于滥用等不当目的而使用，就会转变为对人体致害的毒品。不过，新精神活性物质并不具有治疗疾病的自然属性，是通过对现有毒品化学结构的重组、拆分而转化出的新的有害物质，这也正是单独以“非药用类”称谓予以分类的主要原因。如行为人所携带或寄递进出境的毒品并不在麻精药品目录范围内，应认定为涉案物质根本不具有医疗等合法用途，不能适用此出罪情形。由此可见，如果确定行为人假借医疗目的携带、寄递麻精药品进出境，以走私毒品罪论处。如果确定行为人出于医疗目的贩卖牟利，或者走私超过合理、

① 朱晓莉、张阿妹：《“代购、销售管制麻醉药品和精神药物的法律定性”专题研讨会观点综述》，载《福建警察学院学报》2022 年第 3 期，第 24 页。

自用数量范围的麻精药品，应受到相关行政处罚。在违法程度上，行为人违反麻精药品的定点经营制度，根据情节严重程度，还可能构成非法经营罪等犯罪。如果确定行为人出于医疗目的，且携带、寄递的麻精药品数量在合理、自用范围内，可不构成犯罪。

（五）确保犯罪认定有主观明知的证据支撑

通过对《昆明会议纪要》主观明知推定规则的理解适用，对收寄双方、承运毒品的第三方物流构成毒品犯罪的主观构成要件进行具体解释，确保对犯罪有主观方面充分的认定依据。

1. 对收寄双方主观明知推定规则的适用

毒品犯罪主观明知推定规则的适用，应在查清客观事实的基础上，严格遵守现行相关规定。无论意识形态有多么主观，都要借助行为人的客观行为才能表现出来。通过对犯罪过程中各客观因素的把握与研判，[①] 在客观事实基础上对行为人犯意作出推定，而这些推定的经验法则就成为认定毒品犯罪主观明知的重要方式。为回应实践需求，《昆明会议纪要》在犯意认定问题上，进行补充调整，强化对主观明知推定规则的适用。具体而言，一方面，根据毒品犯罪手段、方式的变化，补充对主观明知的推定规则。《昆明会议纪要》充分注意到物流寄递毒品行为的特殊性，在既有认定规则基础上列举雇用他人寄递或代为接收毒品的情形，并强调对行为人自身情况的个别处理，如年龄、文化程度、生活状况、职业背景、前科经历及与共同犯罪人之间的关系等足以影响其认识和判断毒品的因素，进而形成全面且综合的判断标准。另一方面，考虑推定所得出的结论可能出现随意性大、降低证明标准的问题，尤其是随着毒品犯罪手段的更新变化，更难以确切证实行为人是否明知，需进一步规范适用主观明知的推定规则。该纪要强调，在被告人否定对毒品明知的情况下，如以推定方式认定，应着重审查其对异常行为解释是否合理、根据其个人实际情况是否存在被蒙骗的可能等，允许有合理抗辩、反驳的机会，最大限度还原案件真实情况，在必要时可要求补充证据。总体而言，在层层认定的主观明知证明体系中，应优先运用在案证据予以证明，并具体列明所需的证据种类。在缺乏其他证据证明的情况下，再根据“实施毒品犯罪的方式……”等进行分析。当存在常态联系的基础事实时，可对主观明知予

---

① 李姗：《毒品犯罪主观“明知”认定难的应然出路——从列举式推定到推定规则》，载《福建警察学院学报》2016 年第 1 期，第 20-21 页。

以推定。

对于收寄双方而言，基础事实与推定事实之间的常态联系应综合全案判断，确保对毒品犯罪的认定都有充分的主观明知证据支撑。通常情况下，基于毒品犯罪的高隐蔽性，大部分毒品案件可能不存在认定主观明知的直接证据。对于推定而言，首先，对毒品犯罪主观明知的证明往往依赖于多个间接证据之间的相互印证，达到排除合理怀疑的程度，才能符合定罪的主观要件要素。如《昆明会议纪要》所规定的“在体内或者贴身隐秘处查获的毒品”就属于证明力较高的间接证据，如能够与其他在案证据相互印证主观明知的推定情形，可借此得出构罪的定性结果。其次，《昆明会议纪要》在主观明知推定规则中，列举了案件当事人在实施毒品犯罪或被当场抓获时的表情、动作、神态、声音等自身表现，都可纳入对主观明知的综合分析范畴中。例如，收件方在前往物流营业网点收取快递这一行为极其日常，但存在神色异常、四处张望、躲避监控、拒绝提供身份信息等异常表现，可结合其他证据查明是否明知快递内藏毒的主观心理状态。最后，必须重视对案件当事人所能够作出合理解释等情况的审查。《昆明会议纪要》特别强调，运用推定方法来认定主观明知，必须认真审查辩解的事实依据、对异常行为的解释及蒙骗可能性等。尤其是在物流寄递情形下，收寄双方可能存在更多不明知为毒品主观方面的辩解，应注意审查是否存在合理性。对基础事实与推定事实之间的联系如案件当事人所辩解的确实不知快递内藏毒存在相应事实依据，行为人也能够合理解释为何会出现令人怀疑的异常表现，且这种事实依据能够与其他在案证据相互印证，或者有证据能够证明其确系被他人蒙骗，不构成主观明知。而且，对于“以虚假的身份办理寄递手续”“收取不等值报酬”等被查证属实的行为，案件当事人对合理解释，或者辩解不知情、被蒙骗等证明要具有高度盖然性，证明责任又再次转移至检察机关。

2. 对第三方物流主观明知推定规则的适用

针对第三方物流是否主观明知为毒品，应进一步强化推定规则的理解适用。因第三方物流运毒行为的外观呈现日常性、职业性，而且多表现为以纵容、容忍等放任态度为主的间接故意，考察其运输及交接方式是否隐秘、行为人举止是否异常等推定规则，可能证明力度不强，可将其是否履行对邮寄物品内藏毒的监督义务作为推定内容之一，有助于解决主观明知证明难及司法证明力不足的固有问题。具体而言，首先，需确定涉案物质确系为毒品并经由物流渠道进行运输等基础性事实，进一步追究经手毒品的物流工作人员或单位是否对客观运毒行为存在主观过错。其次，如果涉案工作人员辩解并不知邮寄物品内藏毒，则需结合本人主客观情况及案件具体细节，考察其是否明知为毒品。如果存在涉案工作人员与他人贩运毒品之间形成意思联络的直接证据，则可直接证明其对毒品具有主观明知。需注意的情况是，上门收件的物流工作人员因经常与特定行为人就取快递、取件时间、寄递费用等保持密切联系，也涉及何时取货、价格多少等与运输毒品行为相似的联络内容，即在毒品交易中经常出现类似于"取货"等隐语或黑话，应注意区分双方属于正常业务行为关系还是运毒的雇佣关系。考虑运输货物的业务特性，不能仅凭借这种较为模糊的意思联络就认定涉案工作人员主观明知为毒品，其完全有可能存在长期受蒙骗的情况，需要通过是否收取多余报酬等其他客观事实考察其是否知晓对方在利用自身业务行为来运毒。

具体而言，根据现有推定规则，考察基础事实与主观明知推定事实之间的常态联系。例如，涉案工作人员是否收取远高于市场价格的寄递费用、是否存在异常的言行举止、是否按照职业规范要求处理藏毒的邮寄物品等客观事实。作为毒品的实际承运人，第三方物流直接经手毒品并审查其是否为国家禁限寄物品，决定能否通过物流渠道予以运输，应按照国家寄递安全规定及单位内部操作守则履行对邮寄物品内藏毒的监督义务。其中，有两种情况需要注意：一种情况是，随着藏毒手段翻新越来越快，受到各种主客观条件的限制，即使第三方物流确实按照职业规范要求对邮寄物品进行安全检查，也无法查验出每一个藏毒的邮寄物品，不能将毒品流通责任完全归咎于第三方物流。另一种情况是，实际上，有很多物流工作人员本应在收寄安检等环节中发现毒品却疏于检查，不知情而为他人代送毒品，成为事实运毒者。虽然不执行安检操作的客观情况并不足以表明物流工作人员就具有实施贩运毒品行为的意图，但可围绕这一细节继续深入查证。例如，与其一贯行为表现相比较，在收寄检查过程中明显对藏毒的邮寄物品不予关注，也不要求对方提供身份信息或留存物流寄递单据，甚至以易碎、易泄漏等理由主动更换、加厚外包装为毒品遮掩。在案件侦查过程中，涉案工作人员在案发后故意不交出收寄相关证明，均能够表明其行为异常。

在考虑第三方物流可能存在日常操作不规范的情况下，涉案工作人员至多是以不作为的态度对待藏毒的邮寄物品，还可能是出于节省时间、成本等其他目的，如果其超过工作必要限度，积极、主动为贩运人员交寄毒品行为提供更换外包装等多余帮助，可能会产生内心对涉案物质可能为国家禁限寄物品具有概括性认识的怀疑。再结合涉案工作人员额外收取远高于市场价格的寄递费用等其他客观事实，考察在收寄过程中贩运人员对藏毒邮寄物品所表现出的言语、行为举止等方面，根据生活及工作经验、职业经历、智力及年龄等其他在案证据，进而判断其未尽到自身工作或日常生活注意义务的原因是明知为毒品。反之，如果查实涉案工作人员确不明知为毒品、不构成犯罪，结合其是否履行应尽的监督义务，可能承担疏于安检的过错责任并受到行政处罚。

至于构成犯罪所需的认识程度，需具体情况具体分析。如前所述，如涉案工作人员所实施运毒行为属于中立帮助的范畴，所构成的运输毒品罪等罪名在主观构成要件上需达到明确认识程度，即不仅认识到运输对象为毒品，而且认识到自身行为对贩运毒品的促进作用，而无须认识到涉案毒品种类、成分乃至违法性等其他细节内容。如涉案工作人员所实施的运毒行为构成一般帮助犯，对于主观明知的确证程度有所不同。在彼此交涉过程中，涉案工作人员根据对方所提供的远高于市场价的运费报酬、运输路线及其他身份信息，可能感知到所委托寄递的物品有问题，属于国家禁限寄物品或者根据经验大致能够推断出可能是毒品，结合其他在案证据推定其概括性认识到行为指向对象，具备运输违禁品的主观恶性，[①] 符合毒品犯罪的主观构成要件要素。

二、基于刑法谦抑精神合理确定构罪范围

基于刑法谦抑精神所明确的预防性禁毒政策导向、刑法介入涉毒违法行为的正当性根据，合理确定物流寄递毒品行为的罪与非罪界限。一方面，充分发挥《刑法》第13条“情节显著轻微危害不大的，不认为是犯罪”但书规定对犯罪认定的限制作用。将行为是否产生毒品流通风险、对社会公众生命健康的侵害威胁作为社会危害程度是否严重的评价标准，进而达到形式入罪、实质出罪。另一方面，第三方物流作为运输服务平台，可通过企业合规制度所产生的出罪或免责等刑事激励效果，兼顾包括刑法在内的多种治理手段。在督促第三方物流守法合规经营的同时，实现最大化的预防作用与最小的刑法支出。

---

① 张寒玉：《毒品犯罪主观“明知”的认定》，载《人民检察》2007年第21期，第35页。

（一）激活刑法“但书”对行为的出罪功能

针对物流寄递毒品行为刑法适用扩张的问题，可以妥善适用《刑法》第13条的但书规定，在总体上充分发挥认定犯罪的限制作用。基于刑法总则对分则的补充、限制与修正作用，我国《刑法》第347条中“无论数量多少，都应当追究刑事责任，予以刑事处罚”的规定，应置于《刑法》第13条关于犯罪概念刑法总则规定中予以理解适用。在“定性+定量”的双重限定标准中，但书规定具有出罪的解释机能，将情节显著轻微危害不大的行为排除在犯罪圈之外。也就是说，只有具有严重社会危害性的行为，才有可能构成犯罪。这是通过明确社会危害程度，反向框定刑法定罪范围，形成社会危害性的条文化。作为社会危害性的规定载体，但书在判断某个符合犯罪形式特征的行为是否情节显著轻微危害不大的过程中，实际上就是对行为社会危害性予以实质判断。① 作为总则性规定，但书理应适用于刑法分则中的所有罪名，也就是说，不论是轻罪还是重罪，只要罪量要素达不到严重社会危害性的标准，就都存在出罪余地。这也正是直接贯彻刑法应作为最后保障法的刑法谦抑精神，充分践行形式入罪、实质出罪的法治理念。但我国对毒品犯罪过于依赖刑法治理，加之不以数量为入罪门槛的罪名规定，导致实践中除自吸行为外，将涉毒违法行为一律定罪。行政违法行为与犯罪行为存在社会危害程度的根本差异，而不同犯罪行为之间也有情节、严重程度大小之分。走私、贩卖、运输及非法持有毒品行为同样存在认定为行政违法或犯罪不同的结果，只是未在分则罪名中规定如数量、金额等明显的罪量要素。对此，应在总则但书中挖掘隐蔽的罪量要素，② 将“无论数量多少，都应当追究刑事责任”的规定融入对个案整体情节的系统化评价。

在判断行为是否符合毒品犯罪构成时，可将对公众生命健康的威胁或实害结果、毒品社会流通风险等作为社会危害性严重与否的程度评价标准，进而达到实质出罪的定性效果。虽然走私、贩卖毒品等行为确实破坏了我国毒品管制制度，但毒品管制制度并不仅是刑法所要保护的重要社会关系。国家对毒品进行严格管制，是为了防止毒品滥用造成不可恢复的损害后果。也正是因为毒品流入社会所带来的巨大危害，国家才对毒品施以严格管制。这两

① 王昭武：《犯罪的本质特征与但书的机能及其适用》，载《法学家》2014年第4期，第75页。

② 陈伟、钟滔：《刑法“但书”出罪的功能失调及其规范适用》，载《四川师范大学学报（社会科学版）》2020年第3期，第69页。

者之间一定是存在高度关联的，刑法对毒品犯罪的惩治才具有必要性。在我国刑法规定中，走私、贩卖、运输、制造毒品罪属于妨害社会管理秩序罪类型，对于相关行为定罪量刑也必然要受到该章节旨意的总体制约。

在妨害社会管理秩序章节下，如何既符合刑法体系性要求，又能够结合刑法介入毒品问题的正当性合理界定罪与非罪，就可通过《刑法》第13条但书规定予以调和。具体而言，行为对我国毒品管制制度的破坏是表象，表明已具备入罪的形式标准，符合犯罪构成要件要素。行为对社会公众健康的威胁或损害是内核，应进一步考虑的是，行为社会危害性、情节是否严重，进而达到定量的构罪程度？基于此，在行为已然违反毒品管制秩序的基础上，可将这种违法行为的严重社会危害性评价为对公众生命健康的威胁或损害、毒品社会流通风险等。这样就可以实现：涉毒违法行为违反毒品管制秩序，但对公众生命健康并不具有实质侵害、未产生毒品流通风险，可通过情节显著轻微危害不大的但书规定而实质出罪。也就是说，不具有毒品流通风险的涉毒违法行为，不符合严重社会危害性的程度要求。总之，由于犯罪成立是主客观要件有机整体认定的结果，通过反向限制犯罪圈的但书规定来看，如行为并未对公众生命健康产生实质性的侵害风险，结合主观方面的违法性认识及期待可能性等因素、客观方面的行为手段、加害程度等，[①] 可以表明尚未达到定量标准，进行整体性出罪。这样从理论层面既保证了刑法通过适度扩张解释来应对网络、物流等毒品犯罪新样态，又能够确保刑法在合理限度内进行惩处，避免将具有客体侵害事实，但并无刑事惩处必要性的行为纳入司法认定的犯罪圈内。[②]

通过对下述两种出罪情形的具体认定，进一步释明但书规定对涉毒违法行为的出罪解释功能。对于行为人从境外寄递少量毒品用于自吸的行为，结合具体个案其他情况，可适用但书规定而不认定为犯罪。如前所述，一方面，行为人从境外寄递少量毒品行为并未产生毒品在不同主体之间相互转移、扩散的社会流通效果，而且少量毒品也足以验证是为自吸所需。另一方面，自吸目的还是贩卖等转移毒品目的在主观恶性上也有较大差异。前者未产生将毒品投入社会流通、转移给他人消费的意图，也表明主观恶性较低。由此可见，行为人仅为自吸而携带或寄递少量毒品入境行为的社会危害性主要表现

---

① 马荣春：《〈刑法〉第13条新解：范畴提炼及其内在关联》，载《法治研究》2024年第1期，第132页。

② 田宏杰：《立法扩张与司法限缩：刑法谦抑性的展开》，载《中国法学》2020年第1期，第181页。

为对毒品管制秩序、海关管理法律法规的破坏。这种走私毒品的行为，不具有深层次威胁社会公众生命健康、推进毒品社会流通的刑法介入根据，可通过但书规定予以出罪，处以没收走私货物、物品及违法所得，并处罚款等行政处罚。与此同时，结合吸毒者预防矫治等治理目标，也应着重从宽一面协调刑法适用。再如，行为人代他人接收寄递毒品的行为也可能存在“情节显著轻微危害不大”的出罪情形。具体而言，行为人是受人指使、受雇接收毒品，在毒品犯罪中所发挥的作用较小。如从综合考察涉案毒品数量较小，且行为人在物流营业网点拿到快递后即被当场查获、在高额报酬下初次代取等全案情节来看，应与购毒者乃至其他贩运人员形成区别处罚。因被动性、从属性及辅助性较强，行为并不具有严重社会危害性，可通过情节显著轻微的但书规定作出罪处理。

对于其他情形，综合毒品数量及其他情节可整体评价为“情节显著轻微危害不大”的，同样可予以出罪并适用其他部门法律。犯罪是否成立的规范评价，需保证与刑罚严厉的制裁措施相匹配，并协调道德、经济、行政、民事等其他社会治理措施。如存在初犯、偶犯、胁从犯、被诱骗、被抓获后认罪认罚、涉案毒品数量极少、在共同犯罪中所发挥的作用较小、不具有违法性认识或期待可能性、出于赚钱治病或生活等主客观要素，再结合客观行为并未造成毒品流入社会的现实危险，作出是否存在出罪认定结果的价值判断。尤其是关于毒品数量的问题，这仅是案件定性中客观方面的一个要件要素，还需结合其他主客观要素来进行综合分析，才能避免陷入微量入刑的认定误区，否则就会导致但书规定在涉毒违法行为上的适用障碍。只有正确认定毒品数量对定罪量刑的影响，才能给予物流寄递毒品等其他涉毒违法行为的出罪可能性。

（二）以企业合规落实平台出罪或免责效果

相较于收寄双方而言，第三方物流掌握技术与管理优势，并间接开启了毒品真正流入社会的因果进程，应有义务避免由自身所引发扩大化的毒品犯罪风险，避免毒品借由物流渠道实现社会流通。以近年来我国推行的企业合规改革为契机，可通过出罪或免责等刑事激励效果，督促第三方物流守法合规经营。在限制刑法适用的同时，还能取得最大化的禁毒预防效果。

1. 区分单位与自然人犯罪

针对第三方物流作为运输服务平台在毒品犯罪中的不作为，既不能忽视其他非刑罚的治理手段而致刑法适用扩张，也不能不动用刑法而致其越来越怠于履行对邮寄物品内藏毒的监督管理义务。物流领域在社会发展变革的过程中，成为线下毒品贩运活动全新的“犯罪场域”。与传统人货同行的贩运模式不同，借助于物流渠道的毒品犯罪波及范围和危害程度更大且难以控制。其中，以具有技术优势和控制地位的第三方物流为中心来减少及预防毒品犯罪、保障物流领域禁毒安全、规范物流行业秩序，就成为犯罪治理最前沿的方式。之所以强调第三方物流的主体责任，主要有两方面原因：一方面，行政法规制责任效果不显。实践中屡屡发生的物流涉毒案件，大部分都存在第三方物流不作为而致使毒品流入社会的情况。虽然涉事物流寄递单位或工作人员会受到高额罚款等行政处罚，但现实表明仍难以有效调动其整体维系行业秩序的能动性、积极性。另一方面，对第三方物流如忽视其他非刑罚的治理手段，既不符合对平台的治理要求，也导致刑法适用扩张，需兼顾物流行业自我发展与物流领域安全治理目标。对于如何协调刑事不法与行政不法、积极督促第三方物流履行应尽义务，可通过近年来全国大范围推行的企业合规改革赋予其实质出罪或免责的机会，实现个案打击向维系物流行业安全治理的转变。

通过梳理第三方物流运输服务平台的主体功能，应先明确由单位还是经手毒品的工作人员承担贩运毒品责任，进而准确界定单位犯罪。在物流寄递毒品行为中，客观上是由第三方物流作为承运者实现毒品运输，如确定经手的物流工作人员存在主观明知，就需进一步明确责任承担主体。尤其是对于物流寄递单位的刑事责任认定与分配，定罪后的一系列后果可能是灾难性的，更应兼顾其生存发展与毒品问题治理的动态平衡。根据实践标准，虽然单位意志在通常情况下可认为来源于单位领导如法定代表人或董事长，但也不能排除后者意思可能属于个人主观表现，需要结合单位自身结构、经营情况及工作习惯等客观因素来综合认定。通过涉案工作人员在单位成立、发展及日常运营过程中的作用，考察其是否能决定日常经营内容、规模或方向，进而判断其意思表示与单位意志的契合性。当然，如果单位领导滥用决策权，通过帮助他人运毒来谋取个人私利，应以自然人犯罪论处，此时与是否成立单位犯罪无关。

除单位领导外，一般从业人员的主观意思能否视为单位意志，在明确是否存在前者指示、命令的基础上，考察单位内部管理架构、职务分工及决策习惯等内容。在一般从业人员直接听从单位领导安排而实施运毒行为时，若后者明知邮寄物品内藏毒而不予阻止等，均能表明属于同意或默许，构成单位运输毒品罪。在没有证据证明一般从业人员运毒行为获得单位领导授意的情况下，应查实该行为是否在单位概括性授权范围内。[①] 如一般从业人员不顾物流行业规范要求，对他人借物流渠道寄递毒品选择视而不见，已形成所处单位长期存在的操作习惯。也就是说，存在单位自身管理混乱、经营管理内容不符合职业规范要求等因素而致个人出现过错，进而构成单位犯罪的情况。这表明，单位领导的主观过错，不仅是其个人决策失误，还包括对所属单位经营活动的管理不当、分工混乱等。正是因为单位领导在这些方面的管理失职，才导致一般从业人员在业务活动中触及犯罪，并与对义务履行事实情况的考察密切相关。

在对单位意志的判断上，还可以围绕义务履行相关事实补充责任主体认定标准。具体而言，将对邮寄物品内藏毒的监督义务是否履行、由谁履行等现实情况作为划分责任主体的重要补充依据。案发后，如果单位负责人有证据证明，在单位内部形成对邮寄物品的检查工作守则，并在其能力范围内实际采取了一定措施，且有效执行并监督各一般从业人员遵守行业规范要求，表明其无论是处于执行人还是监督管理者的角度均不存在过错。中小微规模物流寄递单位的法定代表人或主要负责人完全可以根据自身能力落实符合行业标准的安检要求。基于此，如果涉案单位代表方以此为由进行抗辩，对于一般从业人员的运毒行为并无罪过而不构成单位犯罪；涉案一般从业人员辩解受到所属单位领导的授意，明示或默示准许其怠于履行安检要求而放任毒品等违禁品随意出入流通。若无其他证据充分证明涉案一般从业人员与所属单位领导形成共同犯意，则表明在涉案单位内部存在自身管理制度问题或业务操作程序上的不规范，实际上形成一种组织责任。追溯因果关系，单位领导对一般从业人员所实施的与职业相关联的违规、违法乃至犯罪行为，表现为不在意更不禁止，等于其可能出于获得更大利润、提高快递处理效率等考虑故意容忍、纵容后者可以继续进行前述行为，也是欠缺对邮寄物品藏毒监督义务的履行。物流寄递单位负责人作为决策者、组织者及管理者，有责任按照行业规范要求对内部一般从业人员业务行为进行监督，却不尽责或对后者重复性、习惯性操作疏于管理，应作为监督者或管理者承担构成单位犯罪的刑事责任。

---

① 黎宏：《单位犯罪中单位意思的界定》，载《法学》2013 年第 12 期，第 158 页。

2. 完善涉毒合规体系建设

针对物流运输服务平台责任认定与否与如何承担的相关问题，可结合企业合规制度完善对其行刑责任的衔接与适用。自改革开放以来，民营经济在我国经济结构中所占比重逐步提升，以私营企业和个体工商户为主，在推动国有经济改革、提高人民生活质量、吸纳社会就业力量、调动发展经济的能动性等方面都具有较大的积极作用，成为我国经济高速发展的主力军。为强化对民营企业的司法保护，最大限度减少因犯罪所带来的对企业存续发展的破坏，当前是通过推行企业合规制度，激励合规经营、优化营商环境来达成。具体到物流寄递毒品行为的场合，不论是对第三方物流不作为的惩处，还是对收寄双方所实施毒品犯罪的严厉打击，均是以规范运营环境、强化毒品问题治理成效为最终目的。如此治理理念及目标，也与企业合规制度的产生初衷与内核相符。在合规管理下，企业为避免未来可能会出现的犯罪风险或者已然发生的刑事追诉，全面或者专门针对某一经营内容进行整顿、修复及完善，所作出的努力在本质上就是履行应尽义务，进而保证企业自身无过错或者减轻责任，最终尽最大可能保全自身。可以说，通过企业合规制度的推行，企业既能够最大限度维系生存发展，减少因犯罪受罚对日常经营的震荡破坏，又能在刑事追诉与惩罚风险下，实现自我激励并尽快转变内部管理方式，进而加强对物流领域毒品问题的预防、控制。从内容上看，企业尽可能履行法律法规所赋予的应尽义务，进而避免受到行政处罚或引起犯罪。在第三方物流已触犯犯罪风险的情况下，企业合规能够最大限度给予其出罪或免予承担、减轻刑事责任的机会，围绕邮寄物品是否藏毒的监督义务履行情况，可从事前及事后合规两个方面展开分析：

一方面，可将事前合规是否有效落实作为犯罪认定根据。事前合规，有学者也称之为“日常性合规管理模式”①，是指企业出于健康发展等目的，在没有涉及违规、违法或者犯罪的情况下，主动建立防范经营风险的合规管理体系。企业内部在决策、运营、财务、人事等各方面可能存在管理失范或者制度缺漏等问题，虽然尚未形成迫在眉睫的现实危机，但足以引起管理阶层人员对潜在风险的注意，如不提前予以防范，很大可能会造成违规、违法乃至犯罪的严重后果，最终影响自身生存发展。对于物流企业而言，如果其积极履行避免毒品等违禁品流入社会的监督义务，遵守国家关于快递安全的行业规范要求，理应不具有过错。至于如何判断监督义务是否有效履行，便可

① 陈瑞华：《有效合规管理的两种模式》，载《法制与社会发展》2022 年第 1 期，第 6 页。

将事前企业合规情况作为判断标准，即将合规管理体系的建设情况作为衡量企业是否尽到应尽作为义务的重要依据。具体而言，不同于大而全、覆盖企业经营方方面面的合规管理体系，物流企业需专门针对快递安全风险构建事前合规，即旨在防范国家禁限寄物品流入社会的专项管理领域。如果物流企业严格按照所拟订的合规计划参与内部工作检查、毒品犯罪防控，并积极配合调查,[①] 表明其为规避快递安全风险，已履行了作为“行为人”“监督人”的应尽义务。这就为确定其不具有单位犯罪意志提供了重要证据，可将运输毒品的行为责任归结于涉案工作人员。有效的事前企业合规表明了物流企业对流通毒品等违禁物品不法行为的排斥，在毒品犯罪中，可以据此证明并无故意犯罪的主观恶性或程度较低，作为实体法上单位犯罪的出罪事由。同时，不能仅凭企业章程所规定的合法经营乃至更为细化的规范要求，就判定是否具有单位犯罪意志，更需检视在执行这些规定的过程中相关人员乃至领导的工作态度，进而确定是否仅“纸上谈兵”而无实际行动。考虑到末端中小微规模的物流企业较多，缺乏合规管理有效运行的现实环境，经营行为灵活有余但规范程度不足，对专项制度的构建及实施状况应作适当放宽认定。

另一方面，可将事后合规是否有效落实作为刑事责任的确定根据。事后合规又称为企业整改模式，是指企业在涉及违规、违法乃至犯罪的现实压力下，会对经营模式、管理方式及决策机制等漏洞进行针对性补救，最终达到合规不起诉的目的，达到程序上出罪或刑罚裁量上的减轻、免除效果。在确定构成单位运输毒品罪的情况下，物流企业可经引导进行合规整改，通过达成暂缓起诉协议，制订合规计划并在考察期内实施，尽可能在刑事追诉压力下保全自身。在考察期内，物流企业是否建立合规计划、是否实际执行及落实效果的具体情况，将最终影响司法机关能否作出不起诉决定或提出轻缓的量刑建议。之所以能够作出减免刑事责任的从宽处理，主要是因为物流企业通过事后合规对之前产生的过错进行补救。虽然事后合规是否能够作为量刑情节并无刑法明文规定，但可在当前立法框架下，通过合理解读将其纳入酌定量刑情节范畴内考量。[②] 着眼于犯罪后表现，物流企业在犯单位运输毒品罪后，尚未进入法院审判程序之前，排查引起犯罪的管理疏漏并积极整改，尽量降低此次行为对他人乃至社会所造成的损害，并且避免将来再次发生类似

---

① 张伟珂：《企业合规视角下单位意志的认定逻辑》，载《河北法学》2023 年第 9 期，第 73-74 页。

② 李会彬：《刑事合规制度与我国刑法的衔接问题研究》，载《北方法学》2022 年第 1 期，第 84 页。

的违法犯罪行为。这就相当于积极赔偿损失、认罪悔罪、赔礼道歉、退赃退赔等影响预防刑裁量的罪后情节，存在可免除或减轻刑罚的实体法依据。这种刑罚上的激励能够换取物流行业整体自觉承担维系禁毒安全的社会职责，在强化规范经营的同时，更有利于遏制毒品问题滋生。基于此，事后合规在物流企业行刑责任上的衔接表现为：以构成单位运输毒品罪为刑罚激励，符合相关条件的物流企业在案发后，制订合规计划并进行整改，如达到预期的整改效果或可免予或减轻刑事责任；如不符合合规条件、无合规整改意愿或整改效果不佳，可能面临刑事追诉并承担较重的刑事责任。

以企业合规为契机，可将物流寄递毒品行为的治理视角从事后惩罚转变为事前预防，这需要物流企业提供合规守法经营的治理结构，并关系到行之有效的合规计划。合规计划的制订与实施直接关系到单位最终能否得到出罪或减免刑事责任的机会，应着重认定补救措施的内容与形式。在合规内容上，应围绕如何完善邮寄物品安全管理方面予以展开，可确定为快递安全合规计划。案发后，物流企业合规整改大体需经过分析行为现象、发现行为产生原因、针对原因确定并实施有效预防此类行为的管理措施。而且，并非要求物流企业进行全面的合规整改，仅就已涉及的毒品违法犯罪领域进行专门性、体系性的整顿修复。专门性旨在强调，基于我国在物流领域所确立的维系禁毒安全规定，结合第三方物流主体对邮寄物品内藏毒的监督义务，可确立以“三个100%”为核心内容的快递安全合规计划，充分强调收寄验视、实名收寄、过机安检工作对控制毒品问题的重要性。体系性旨在强调，在专门针对毒品违法犯罪情况本身的同时，也应透过表象看本质，查找犯罪发生的原因，如用人不当、管理不严、欠缺设施等，为下一步合规整改提供事实根据。通过调查、纠正已发生的物流企业内部违法犯罪活动和既往的违规行为，避免将来再次发生此类事件并危及企业生存发展，发现并消除其中所暴露的制度漏洞及缺陷，构建整体、长远的管理体系。同时，合规计划若仅为空谈，也无法成为物流企业出罪或减轻责任的根据，应进一步具象化为安检操作流程，并落实到从业人员的日常工作中，才能满足作为监督管理者所应尽作为义务的要求。也就是说，物流企业应将毒品犯罪治理义务内嵌到作为运输服务平台的日常经营活动中，才能为常态化的安全机制建设提供充分的内部规范。

同时，各物流企业经营规模、能力、范围及条件等客观情况决定了无法适用统一标准的快递安全合规计划，应结合实际情况确定具体适用程度。唯有适用符合自身发展状况的合规计划标准，物流企业才有能力履行作为义务，具有结果回避可能性。根据《统计上大中小微型企业划分办法（2017）》《中小企业促进法》等法律规定，“在从业人员人数及营业收入上划分了企业规模大小差异，随着规模扩大而适时提高合规计划的实行标准”。[①] 再结合物流企业人力、物力及财力状况，最终确定与其能力相适应的合规计划，真正落实整改效果。对于数量较多的中小微物流企业，呈现“阶梯形合规标准”，可设置分别匹配微型、小型、中型及大型企业规模的1—4级适用标准。[②]

三、严格按照刑法有关规定厘清特殊形态

结合我国刑法有关犯罪未完成形态认定条件、共同犯罪成立条件的有关规定，厘清物流寄递毒品行为的犯罪既未遂形态、第三方物流在何种情形下构成共犯地位。在严格遵守犯罪未遂规定的基础上，以行为是否推进毒品社会流通并给公民健康、生命及其他社会利益造成抽象危险的程度为主要标准，确立实质的既遂观。根据定性规则，在毒品所处交寄、运输及投递派送环节中，分别厘清对应的走私、贩卖、运输及非法持有毒品罪的既未遂形态，进而形成统一的认定立场。在第三方物流具体参与毒品犯罪时的不同情形下，立足于共同犯罪主客观方面的要件要素，存在单独构成毒品犯罪、构成毒品犯罪帮助犯与不可罚的中立涉嫌运毒三种定性结果。

（一）在各物流环节中统一判断既未遂形态

自寄件方将毒品交寄给第三方物流时起，到毒品被投递派送的整个阶段，立足于犯罪既遂标准，统一认定走私、贩卖、运输及非法持有毒品罪在各物流环节中的既未遂形态。

1. 交寄环节中的既未遂形态判断

当贩毒人员前往物流营业网点或到达后准备交寄时，其所实施的贩卖毒品罪尚处于着手阶段。在物流寄递情形下，毒品在不同主体间的转移、扩散主要是由第三方物流来完成。当贩毒人员将毒品交寄给第三方物流时，虽也有交付转移行为，但接收对象显然不是毒品买方，与传统交易模式相比较，此时应处于准备毒品阶段。第三方物流作为实际毒品承运者，仅接到毒品还

---

① 石经海、赵戈：《物流企业涉运输毒品行为的归责困境与出路——以实质和形式义务来源说为基点》，载《法律适用》2023年第9期，第53页。

② 施珠妹：《中国式企业合规出罪路径》，载《法商研究》2023年第5期，第31页。

未开始运送，就表明贩卖毒品罪中的有偿转移行为尚未实际发生。而且，贩毒人员与第三方物流之间的毒品转移，也并不立即使毒品进入社会流通领域，毕竟毒品经由后者承运到实际运输还需经过一些环节。基于此，在贩毒人员隐匿伪装毒品后，携带毒品到达物流营业网点或由物流工作人员上门取件时，可表明毒品已进入揽收区域开始具有迫近社会流通的现实可能性。在主观层面，贩毒人员将藏毒的邮寄物品带出并前往物流营业网点寄件，其实施贩毒行为的犯罪意图已非常明显。此时，如因寄件方信息不完整、手续不全等意志以外的情况，行为人并未将毒品交寄给第三方物流，而毒品此时已位于物流营业网点中，应构成贩卖毒品罪未遂。

在第三方物流确定收件后，至将毒品寄出之前的阶段，贩卖、运输行为尚未完成，如此时毒品被查获，应认定为贩卖、运输毒品罪未遂。在寄出之前，贩运人员伪装藏匿毒品、前往物流营业网点准备寄件、投递毒品等一系列行为，都是为了将毒品交付运出的准备工作。如果此时毒品因安检等因素被查获，贩运人员应构成贩卖、运输毒品罪未遂。对于运输毒品罪而言，与既往人体带毒并乘坐交通工具前往目的地的情况相比，运毒人员将毒品投递至第三方物流的阶段实质上等同于还未从始发地出发，即并未离开毒品原始所在地。如将运毒人员投递动作的完成视为毒品已实际运出，但此时毒品还尚处于其所安排的“交通工具”即第三方物流所管辖的场所中。由此可见，不论对运输毒品罪的既遂标准持何种立场，此时认定既遂都存在过于提前的风险。

对于贩卖毒品罪而言，综合考虑贩毒人员的交货方式、时间、地点等因素，如将寄递行为的完成视为刑法意义上的交付，将难以界定后续毒品寄出、运输、运至收件地及签收快递等阶段性行为在刑法上所具有的意义。在从达成合意到交付毒品、毒资，再到接收毒品被拉长的时空距离中，贩毒行为的社会危害性较之以往具有更为明显的渐进性特征，在各个阶段中表现出不同程度的社会危害性。贩毒行为产生刑法规制所必需的社会危害性，正是发生于毒品在买卖双方之间的流转之时，而非仅从贩毒人员是否交付的角度考虑。至于推进毒品社会流通是否一定要由本人来完成并不会影响此客观事实，即使本人无法亲自实施，后续由第三方物流运毒也仍是前者贩卖、运输毒品罪主观故意的延伸。而且自毒品交付至实际寄出这一阶段，并非交寄就等同于能够起运，也就是说，不能忽视因物流工作人员对邮寄物品能否起运的条件审查等行为人意志以外的因素而造成犯罪未遂的情况。在此阶段，毒品在第三方物流所管辖区域中并处于待寄出状态，未离开原始所在地、进入社会流通。

当毒品通过邮寄方式向境外输出时，应将走私人员完成交寄手续作为走私毒品罪既遂标准。邮寄型走私毒品行为在本质上属于通关形式，只不过是由第三方物流代为将毒品输出或输入国（边）境。在对走私毒品罪的理解上，同样不能离开在走私行为破坏毒品管制制度、海关监管秩序的基础上，是否具有使毒品流入社会的实质判断。走私人员将毒品交寄给第三方物流，并由后者运至海关监管区查验，放行后即出境，其中将其完成寄递手续之时作为走私毒品罪的既遂标准较为合适。原因在于，一方面，寄件人在办理寄递手续的同时需填写报关单据，可适用虚假申报类通关走私犯罪的既遂认定标准,[①] 即以申报行为实施完毕为既遂节点，符合前述相关文件的规定要求。当寄件人办理完毕寄递手续时，构成走私毒品罪既遂。另一方面，寄件方通过物流渠道走私毒品，需要由第三方物流在境内运输一段时间、途经一段区域后，在海关监管区内接受查验并放行，才能将毒品真正运出国（边）境。也就是说，在毒品刚寄出到真正运出国（边）境之前，已经产生了境内社会流通风险，具有外溢可能性。随着毒品从寄件地向境外流动，在毒品跨境之前的走私行为不仅破坏了海关监管秩序，同时也产生了社会流通风险，犯罪既遂节点应前置于寄递手续实施完毕之时。

控制下交付的情况，在交寄环节中会影响对毒品犯罪既未遂形态的认定。贩运人员在将毒品交寄给第三方物流后，可能会被后者发现并上报公安机关。为循线追踪抓获所有涉毒违法行为人，公安机关将毒品替换为其他物品或者保持原状按照正常寄递流程运至收件地。如前所述，控制下交付的毒品交易场合既不能一概以犯罪既遂论处，也不能认为此侦查方式并无导致毒品流入社会的现实可能性。控制下交付对毒品犯罪既未遂形态的影响，应着重考察其对犯罪进程发展是否起到了实质性推动作用。当毒品尚处于交寄环节并呈现待寄出状态时，被公安机关查获而当作正常邮寄物品运至收件地，这表明从一开始就意味着毒品交易、运输行为无法达成，无论如何都不会发生毒品进入社会流通的现实危险。毒品从待寄出状态到实际寄出，意味着贩卖行为产生了实际交付、从起运地运输，使毒品离开原始所在地并开始进入社会流通，而这一转变过程是公安机关介入并直接推动的。即使毒品在客观上最终

---

① 秦冬杰：《走私犯罪既遂与未遂研究——基于 2014 年走私犯罪司法解释第 23 条》，载《山东警察学院学报》2022 年第 6 期，第 126 页。

由购毒者签收，这也是公安机关在推动毒品犯罪进程发展所致。在此情况下，相应毒品犯罪应认定为未遂形态较为合理。

2. 运输环节中的既未遂形态判断

当第三方物流在寄件地起运毒品时，直接贩卖行为所构成的贩卖毒品罪达到既遂形态，而倒卖行为尚未完成。一方面，对于直接贩卖行为而言，毒品有偿转移应发生在交易上下家之间，而非仅从单方面考虑毒品的交付行为是否发生。当毒品处于第三方物流所管辖区域并寄出时，在交易上下家之间才开始发生流转并实际向购毒者逐渐靠近，交付行为才算是真正完成并进入实质交易环节，由第三方物流负责将毒品运至下家所在地，产生了毒品的社会流通效果。至于购毒者是否实际收到毒品则在所不论，因为自毒品寄出之后，贩毒行为已具备了侵犯贩卖毒品罪客体的紧迫危险，达到已完成状态。另一方面，相对于收件地的贩毒人员来说，此时毒品处于运输环节，其所实施的“为卖而买”的倒卖行为尚未完成。即使收件方具有贩毒意图，当前买入毒品行为的社会危害性也不能等同于贩卖行为的危害程度，在认定既遂上具有不完整性与片段性。倒卖行为的严重社会危害性表现在，收件方是以贩卖为目的而买入毒品，将毒品流转于自身控制范围内，并可随时加价出售。也就是说，其危害性集中表现于买入毒品后可贩卖的现实可能性，而非重在强调买入的行为动作。在“买入毒品即既遂”标准的认定立场下，当毒品寄出并向贩毒人员靠近时，也难以说明已买入毒品，毕竟在途毒品能否真正由其接收并控制存在很多意志之外的因素。

自第三方物流在寄件地起运毒品时，运输毒品罪达到既遂形态。如何认定起运，需结合运毒人员具体所选择的运输方式、交通工具情况、起始地点、途经区域及毒品被查获时的状态等客观事实综合判断社会流通风险的紧迫程度。当运毒人员选择物流寄递方式时，毒品真正离开原始所在地并向社会流通扩散始于第三方物流正式起运。毒品在运毒人员与第三方物流之间的流转，属于为运输而作的准备工作，在寄递手续完毕后还需经过固有的安检、分拣分发等环节，在真正寄出之前都处于停留状态。只有由第三方物流代运毒人员运输毒品，才相当于后者亲自携带毒品并开始向下家行进，搭建起毒品供给端与消费端之间的纽带。基于此，毒品一旦通过物流渠道进入运输环节，意味着其空间位移具有社会流通风险，表明运输毒品罪所应具备的各构成要件要素已充足，达到既遂形态。毒品随着其他邮寄物品在各地转运之下，派送至收件地并产生实际运输效果。

当第三方物流在寄件地起运毒品时，购毒者所犯非法持有毒品罪处于未遂形态。从寄件方寄出、寄递手续完成、分拣分发、运输、到达收件地、派送的整个过程都可予以分割，更有利于厘清犯罪既未遂形态。根据其内在属性，持有作为持续性阶段行为，从行为主体推动对毒品的持有，到通过各种努力将其置于自身控制范围内需要一定时间，经历从“准持有”到“不稳定持有”再到“稳定持有”的过程。“不稳定持有”到“稳定持有”，是区分持有成立与既遂的重要节点。随着毒品寄出并通过物流渠道逐渐向收件地靠近，购毒者对毒品的事实支配能力也逐渐增强。当毒品处于寄出、运输阶段时，购毒者在收件地等待接收毒品，尚无法由其自主决定何时、何地占有毒品及如何支配。在此过程中，毒品完全有可能丢失、被人盗取、送错地址、由寄件方取回或在转运时被公安机关查获，这表明作为收件方的购毒者对毒品未形成稳定持有。与此同时，不同于磋商阶段，毒品已寄出并进入运输环节，对于购毒者来说进入对毒品的持有状态。若因意志以外的原因而未能实际接收毒品，可构成非法持有毒品罪未遂。

当毒品在运输环节时被查获，并在控制下交付继续运至收件地时，贩毒或购毒人员作为收件方，可认定所涉相应毒品犯罪构成未遂形态。现实情况表明，毒品在各地转运过程中被查获，并通过控制下交付手段深挖交易下线。对于直接出卖毒品行为而言，自毒品由第三方物流寄出之时起，上家的贩卖行为就已完成，而不论下家是否能够实际收到毒品。对于运输毒品罪而言，毒品自寄出之时起就已形成社会流通的抽象危险，运输行为已实施完毕，构成犯罪既遂。在运输环节中查获毒品并实施的控制下交付，是继续按照运输毒品罪的发展进程而推进，不影响对犯罪既遂形态的认定。对于倒卖行为、非法持有毒品行为而言，因公安机关介入，毒品从运输到抵达收件地，再到购毒或贩毒人员前来接收的过程均是在侦查监视和控制之下，或者将毒品调换为其他无害的正常物品继续进行运输。这表明，购毒或贩毒人员根本无法取得对毒品的事实支配，其购入毒品的过程被迫中断，属于由公安机关推进犯罪达到客观的既遂形态，应构成贩卖、非法持有毒品罪未遂。

3. 签收环节中的既未遂形态判断

在签收环节中，针对非法持有毒品、倒卖及走私毒品行为是否完成的认定分歧，立足于社会流通风险的判断要素，根据多样化的确认收货方式、毒品被查获的时机予以逐一厘清。

（1）非法持有毒品罪的既未遂形态。当毒品被派送至收件地并为购毒者所获悉时，非法持有毒品罪达到既遂形态。主要有两方面原因：一方面，当毒品抵达收件地并为购毒者所获悉时，其虽然未在物理上时刻握有、直接占有毒品，但可由自身决定何时去取、如何取得并且处置等，应构成间接持有。此时，购毒者得知毒品已处于其知晓的地点，形成心理上的稳定持有。而且，毒品自到达收件地后，既不会再被第三方物流派送至其他地区，也不会有除购毒者以外的第三人有机会拿到毒品，这表明毒品处于购毒者可任意支配的客观区域内，进而形成物理上的稳定持有。另一方面，不同于偶然获得、捡拾毒品后准备上交的情况，购毒者通过物流渠道有预谋地接收毒品并且经过一定时间。当其得知毒品已到达收件地时，对毒品的事实支配能力已达到可自主决定如何处置的程度。不论是由他人还是本人实际接收毒品，购毒者都能达到在自由意志下随时支配毒品的事实状态。

在投递派送阶段，根据购毒者签收方式的不同，所查获毒品的时机在很大程度上会影响犯罪形态。随着快递业务量的急速膨胀，各种新型末端投递的服务新业态涌现，[①] 在投递到接收阶段形成了多样化的签收方式。其一，对于约定到物流营业网点签收的情形，当购毒者知晓毒品已放置在此区域时，可认定为非法持有毒品罪既遂，而不论其是否实际领取、接触到毒品。其二，对于约定送货上门，并需要收件方当面签收的情形，在毒品到达收件地后，购毒者需接听物流工作人员电话、约定具体接收地址、前往接收毒品等。当二者沟通具体交接毒品的时间及位置时，购毒者作为收件方尚未对此藏毒的邮寄物品形成实际支配权。当物流工作人员携带毒品进入约定的接收地点时，表明毒品已进入确定区域并可由购毒者所实际支配，可认定为非法持有毒品罪既遂。其三，在如菜鸟驿站、超市、小区物业等代为接收快递的情形下，物流工作人员将包裹投递过去后，会通过电话联系或发送短信等方式告知其取件及相关信息。当毒品已由第三方代收点托管时，购毒者会凭借取件信息或凭证前往自提，等同于毒品被保存在其可支配的确定区域，便可将快递代收点代为保管毒品并为购毒者所知晓时作为非法持有毒品罪的既遂节点。其四，在毒品被投递至智能快递柜的情形下，第三方物流将藏毒的邮寄物品置于其中，并将开箱信息发送至收件方，使后者可随时前往领取。当毒品已存入智能快递柜、开箱信息已由购毒者所知晓时，应认定其对毒品已形成稳定持有，构成非法持有毒品罪既遂。其五，对于购毒者委托他人代收的情形，

① 尹少成：《“互联网+”背景下快递新业态规制的法律框架》，载《北京行政学院学报》2020年第4期，第103页。

代收人介入不会从根本上影响毒品犯罪形态。至于代收人是否明知所接收的邮寄物品内藏毒，以及按照委托何时接收毒品，也不会影响购毒者构成非法持有毒品罪及既遂形态。只要毒品到达收件地并为购毒者所获悉，非法持有毒品罪就达到既遂形态。

（2）贩卖毒品罪的既未遂形态。对于由倒卖行为构成的贩卖毒品罪，应结合毒品是否到达收件地、是否推定或明确贩毒人员签收两方面进行考察：一方面，当毒品到达收件地并为贩毒人员所获悉时，一般构成贩卖毒品罪既遂。在毒品从寄件地流向收件地的过程中，实质意义上倒卖行为的完成就集中于运输后的投递派送阶段。当毒品进入投递环节，并处于快递代收点、智能快递柜等托管区域时，贩毒人员已实现对所购入毒品的实际控制，具备了将毒品从自身支配范围内推至他人的可能性。这表明贩毒人员既完成了与上家的毒品交易，又能够以毒品为对价再次将毒品卖出，产生与下家进行交易的可能性。至于贩毒人员是否实际拿到毒品在所不论，因其完全可将毒品置于托管区域，与下家达成交易后再通知下家作为收件方取走毒品。另一方面，贩毒人员作为收件方是否确认签收，对于买入行为是否完成也同样重要。第三方物流将邮寄物品送至约定的收件地，并不代表此次寄递活动的结束，还需收件方明示或默示予以签收。此环节表明收件方认可并接受邮寄物品，如果因主客观因素而不予接受，有权利拒收并将邮寄物品退回至寄件方。这表明，贩毒人员是否认可与上家之间的毒品交易并未最终确定。之所以强调签收对于倒卖行为是否完成的重要影响，主要原因在于，唯有贩毒人员对毒品存在贩卖给下家的可能性，其之前购毒的过程才能视为贩卖行为已完成。与面对面交付的交易情形相比，贩毒人员在确认收货之前拒收、退回毒品，相当于其准备前往交易现场、在交易现场验货的场合，均表明尚未实现对所购入毒品的事实支配，还处于与上家之间交易进行中的状态。当藏毒的邮寄物品在物流系统内显示已签收，表明贩毒人员作为收件方认可此次交易行为并已实际持有毒品，构成贩卖毒品罪既遂。如其再将毒品通过物流渠道邮寄回之前的寄件地，不会影响已达到犯罪既遂的形态。

在投递派送阶段，根据签收方式的不同，所查获毒品的时机在很大程度上也会影响犯罪形态。其一，对于约定到物流营业网点签收的情形，当贩毒人员到达并确认收货时，构成贩卖毒品罪既遂。其二，对于约定送货上门的情形，构成贩卖毒品罪既遂形态不仅需要毒品已处于贩毒人员所指定的场所区域内，还需要本人到达并确认签收。其三，在如菜鸟驿站、超市、小区物业等代为接收快递的情形下，如贩毒人员前往菜鸟驿站取件，根据菜鸟驿站服务平台的收寄件流程，其在根据身份信息取出毒品时，物流系统会显示收件方已签收，构成贩卖毒品罪既遂。如果毒品暂存在超市、小区物业等快递代收点，在物流服务小程序上会显示快递已由超市、小区物业等代为签收，就表明由第三方代收等同于收件方确认签收。当毒品暂存至这些快递代收点时，可视为贩毒人员对双方交易未产生异议，不存在代收之后拒收、退回的可能，构成贩卖毒品罪既遂。其四，在毒品被投递到智能快递柜的情形下，第三方物流会通知收件方取件。当贩毒人员在智能快递柜中取出毒品时，才算作签收，构成贩卖毒品罪既遂。其五，对于贩毒人员委托他人代收的情形，应将贩毒人员的收件方身份套入代收人，进而以代收人是否实际确认签收来认定毒品交易是否完成，构成贩卖毒品罪未遂抑或既遂。①

（3）运输毒品罪的既未遂形态。针对签收环节运输毒品罪既未遂形态存在以下两个方面争议分歧：第一，当处于收件地的运毒人员与他人构成贩运毒品的共同犯罪时，只要其中一人犯罪既遂，则所有共犯均构成犯罪既遂。各行为主体之间就走私、制造及贩卖毒品等违法犯罪活动形成共谋，针对实施相关犯罪之目的、方法、时间及地点等方面形成整体安排。在具体分工的基础上，各行为主体分别实施了毒品违法犯罪活动中的部分行为，如联络买家、交寄毒品、接收毒品、完成交付、收取毒资等。这表明，运输毒品是在各行为人主体的共同意志支配下实行，构成整个贩运毒品活动的有机组成部分，在共谋所实施的所有行为范围内构成共同犯罪。或者，在此过程中，运毒人员仅就其运毒行为收取相应报酬，多次与上家沟通并接受安排在收件地等待接收毒品，再按照进一步指示再次寄出或转送，形成多阶段的毒品运输行为。这表明其接受雇主委托并实施运毒行为，进而形成雇佣关系，在二者所实施的运输行为范围内构成共犯。除雇主与受雇者情况外，根据《昆明会议纪要》对运输毒品共同犯罪的规定，如何理解“其他对受雇者起到一定组织、指挥作用的人员”应结合具体物流环节予以分析。若其他人员负责将毒品寄出、指示受雇者前往指定地点接收、传达收寄件信息等运输环节，即决定是否运送毒品、运送时间、运送方式、接收毒品时间及地点、选择哪家快递公司、再次寄出时间及地点等，实际掌控并支配整个运毒过程。这表明，此种运输毒品行为类型属于共同犯罪。若运毒人员符合前述与他人构成共犯的情形，自然应与其他共

① 赵戈：《物流寄递型毒品犯罪的既未遂形态》，载《中国刑警学院学报》2023 年第 4 期，第 60-62 页。

犯保持统一的犯罪形态。当寄件方将毒品顺利寄出时，运输毒品行为已产生社会流通的抽象危险并已实施完成，这意味着处于各阶段收件地的受雇者的实行行为也满足运输毒品罪的既遂条件。无论运毒人员最终是否实际接收到毒品并将毒品再次寄出或运送，都不影响运输毒品罪已达既遂的事实。

第二，当处于收件地的运毒人员与雇用者或其他分段运输受雇者未形成共犯关系时，根据所负责的本段毒品是否起运具体考察其运输毒品罪的既未遂形态。运毒人员在收件地等待并实际接收毒品时，其刚取得对毒品在此阶段运输的事实控制权，暂时将毒品流转于自身可控范围内。只有运毒人员取得毒品并能够通过自身实行行为将毒品运出，才能构成运输毒品罪。从主客观要件角度来看，当运毒人员接收到毒品还未作进一步处理时，其犯意表示并未充分直接表现出来，所实施的客观接收行为也未开始将毒品推进社会流通。基于此，若运毒人员在刚接收到毒品时即被当场查获，所涉运输毒品罪尚未着手实行，可构成运输毒品罪的预备犯，并根据情节轻重决定是否予以处罚。当运毒人员取得毒品并有后续的转运行为时，若继续携带毒品前往买家具体所在地或将毒品寄出，则按照前述起运说标准认定既未遂形态。在运毒人员取得毒品并有后续交寄给第三方物流的转运行为时，若此时被查获，构成运输毒品罪未遂。自第三方物流将毒品寄出时，毒品通过距离位移开始产生社会流通风险，运输毒品罪进入既遂形态。

（4）走私毒品罪的既未遂形态。当毒品通过邮寄方式从境外输入时，一般把毒品是否越过国（边）境线作为区分既未遂形态的标准。毒品由委托的第三方物流承运，装入驶向我国境内的交通工具并运至海关监管区，在我国境内海关监管区接受查验，放行后继续寄递至收件地。从走私毒品行为所引发的社会流通风险来看，将海关监管现场查获节点作为既遂标准虽然符合相关规定要求，但实际上自毒品进境以来就已具有向社会外溢的可能性。在申报、查验、征税、放行与结关的五项海关通关程序中，自寄件方申报后，毒品由第三方物流运至境内，并在境内海关监管区域接受查验。海关对申报信息进行审核，作出直接放行、缴税放行或面洽、退运等处理，由第三方物流办理申报手续后，再继续运至境内收件地。由此可见，如将收件方取件之时作为走私毒品罪的既遂节点，而此时走私行为不仅破坏了海关监管秩序，而且早已使毒品在境内社会流通，显然过于滞后。运输毒品罪以毒品是否起运为既遂标准，而走私毒品行为涉及跨越国（边）境线，需结合此标准认定毒品何时产生社会流通风险。当境外寄件方办理完成寄递手续并由第三方物流承运时，毒品开始流向境内。自毒品越过国（边）境线后，走私行为就已对我国海关监管秩序、毒品管制制度等造成破坏。在运至海关查验之前，走私行为业已产生了高度的毒品社会流通风险，表明犯罪已完成。综上，当毒品进入我国国（边）境线时，走私毒品罪就已达到既遂形态，至于其后继续实施控制下交付手段也不会改变既遂结果。

（二）厘清第三方物流构成共犯的具体情形

针对第三方物流参与毒品犯罪时的意思联络属于单向还是双向欠缺准确认定的问题，有必要从类型化角度区分不同情形下的意思联络形式。首先，对于一般共同正犯的意思联络而言，可以分为明示、暗示及默许三种表现形式。在部分情形下，第三方物流所提供的寄递运输服务虽然看似属于技术帮助，但实则对危害结果具有直接、显著的作用力，也并非起次要作用的共犯。因存在业务行为之便，第三方物流在贩运人员交付邮寄物品时主要通过不作为的默许形式，也并未表示拒绝继续提供寄递运输服务，仍按照常规寄递流程将毒品安排运出。这与毒品进入社会流通存在直接的因果联系，结合第三方物流与贩运人员之间的双向意思联络，按照所发挥作用的大小有可能构成共同正犯。其次，多数情况可能属于帮助行为的意思联络形式。第三方物流作为运输服务平台，与客户主体之间的意思联络并不像传统共犯认定所要求的强度，在主观心理及客观行为方面的独立性更高。例如，在收寄过程中，第三方物流与作为客户方的贩运人员之间虽然彼此未对毒品产生直接沟通，但通过隐晦暗示知晓邮寄物品内藏毒，达到双方都彼此互通的程度。此时，第三方物流在了解他人犯罪意图及目的后并不排斥，而是持容忍的态度，继续按照合同约定为贩运人员提供运输服务，这种运输服务就成为意思联络的表现。以暗示、默许等形式所形成的双向意思联络，可作适当的扩大理解。双向意思联络的全过程可表现为，行为人发出犯意表示、相对人接收到这一表示、相对人对此表示作出反馈、行为人接收到反馈、双方达成合意。在这一过程中，因各参与主体之间的意思联络并不充分、利益关联度减弱，在后三个阶段需对概括性认识予以认定。概括性认识的程度要求各犯罪参与主体之间仅需认识到对方很可能是处于同一意思共识之中即可，而且所实施行为并未明显超出原定的犯罪目标，也并未通过拒绝、反对或阻止来表示自身意愿，就可认为形成犯罪的共同意志。

以上关于意思联络双向性、共同性的概括程度要求，并非无限扩大共同犯罪的处罚范围，而是因利益关联度减弱、行为独立性增强及业务性等特殊情况，需实现对第三方物流涉毒违法行为的充分评价。例如，贩运人员认识到“我之前都是通过这家快递公司运毒品，多加了些寄递费用，这家快递公司的检查特别宽松，他大概清楚寄的是什么”，而第三方物流认识到“这个客户多加了寄递费用来邮寄快递，大概率是毒品之类的违禁品，运了几次都没出岔子。他一直在我这寄快递，大概是知道我对此不介意，也不管那些事”，表明双方之间对实施毒品犯罪行为形成共同故意。正因如此，从逻辑与经验法则出发，结合物流寄递毒品的行为特征，通过客观事实推导第三方物流是否与其他贩运人员形成意思联络。如第三方物流存在多次为指定客户提供运输服务的情况，双方保持长期合作关系并且运送毒品形成一定频率，能够产生是否存在共犯关系的怀疑。第三方物流在明知他人利用物流渠道贩运毒品的情况下，仍然提供寄递运输服务，帮助他人完成毒品贩运活动，可能存在三种定性结果，即按照毒品犯罪帮助犯、单独构成毒品犯罪或属于不可罚的中立涉嫌运毒情况处理，具体又分为以下五种不同情形：

第一种情形，第三方物流为贩运人员实施毒品犯罪提供了寄递运输服务，但主观上对邮寄物品内藏毒并不知情。在此情况下，虽然第三方物流在客观上为贩运人员提供了运输毒品的便利条件，对贩运毒品行为产生了帮助效果，但其根本不知道自身在实际运输毒品，不构成毒品犯罪帮助犯，也不单独构罪。但根据第三方物流是否履行应尽的监督义务，视情况需按照未严格执行安检验视、实名登记等职业规范要求而受到相应的行政处罚。

第二种情形，第三方物流在贩运人员交寄物品时，并不知道藏有毒品，而是在处理、检查此邮寄物品的过程中获悉为毒品。在此情况下，具体经手毒品的物流工作人员并未停止为贩运人员提供寄递运输服务，继续按照常规的寄递流程发出、转运、派送毒品等。与第一种情形相比，第三方物流客观上同样提供了运毒的便利条件。不同之处在于，第三方物流此时已知道客户所交付的邮寄物品内藏毒，但仍按照合同约定完成了本次寄递运输服务。就此而言，第三方物流在客观上以不作为形式实施运输毒品行为，主观上也具有对毒品的明知，似乎从形式上具备了构罪的主客观要件，构成毒品犯罪帮助犯。然而，应再考察是否存在中立涉嫌运毒而不需予以处罚的情况。具体而言，在客观上，第三方物流运毒行为需对整个毒品犯罪起到显著、实质促进作用，促使毒品寄出并流入社会，并且违反了发现毒品需及时报告等职责要求；在主观上，第三方物流需明确认识到邮寄物品内藏毒及贩运人员的犯意，并具有对毒品犯罪的促进意思，根据行为时的放任心态，才能符合构成毒品犯罪的主客观要件，以运输毒品罪论处。因其与贩运人员缺乏双向意思联络，放任心态并不等同于所形成的实施毒品犯罪的共同意志。也就是说，第三方物流缺乏与正犯之间意思联络的交互性，正犯并未意识到存在他人对运毒的帮助，属于片面的帮助，不构成毒品犯罪帮助犯，根据所触犯的具体罪名而独立成罪。

第三种情形，第三方物流在处理藏毒的邮寄物品时，对其中可能内含毒品等违禁品的现象有所察觉，但出于节省时间、提高业务处理效率等考虑而仍按照常规寄递流程安排寄出。在此情况下，第三方物流从贩运人员异常的神情举止，怀疑邮寄物品内可能藏毒或其他违禁品，但出于其他非犯罪目的之考虑并未提出质疑，继续提供相应的物流运输服务。虽然第三方物流在客观上为贩运人员提供了运输毒品的帮助行为，主观上或多或少对毒品具有或然性认知，但此时应不具有可罚性。原因在于，第三方物流对正犯行为与结果并未形成准确认识，从中立帮助行为的可罚性来看，不具有定量的主观要件要素。也就是说，其参与毒品犯罪的意思表示并不明显，即主观明知尚未达到确切程度，应属于正常业务活动范畴而不具有处罚的必要性，既不构成毒品犯罪帮助犯，也不构成片面的帮助行为。

第四种情形，第三方物流在贩运人员交付邮寄物品时，并不知道邮寄物品内藏毒，经由后者告知并达成合作，继续按照寄递流程将毒品寄出。在此情况下，虽然第三方物流与贩运人员并未产生事前共谋，而是在收寄过程中临时形成双向意思联络。此时，第三方物流所提供的日常货物运输服务行为，其中立性被消解、运输服务关系因犯意沟通而被刺破，成为共同犯罪活动中的一种分工，构成事中的毒品犯罪帮助犯。

第五种情形，第三方物流在事前与贩运人员就毒品违法犯罪活动形成双向意思联络，利用自身从事寄递运输服务之便利，承担运输毒品的任务分工。在此情况下，第三方物流与其他贩运人员共同指向毒品违法犯罪行为，借助其自身业务“优势”，毒品被顺利从物流渠道寄出，流入社会并完成在不同行为主体间的转移。正是因为在彼此之间形成了双向意思联络，原本各自独立的个别行为成为相互配合、补充的整体，形成贩运毒品的共同犯罪。第三方物流的运毒行为成为共同犯罪中的一种分工，构成相应的毒品犯罪共犯。至于构成正犯抑或帮助犯，需根据第三方物流在个案中所发挥作用的大小及分工程度进行具体判断。

参考文献

(一) 中文著作

1. 陈家林：《外国刑法理论的思潮与流变》，群众出版社，2017 年版。

2. 陈荣飞：《不纯正不作为犯的基本问题研究》，法律出版社，2010 年版。

3. 陈兴良：《走向教义的刑法学》，北京大学出版社，2018 年版。

4. 陈兴良：《刑法哲学》（第六版），中国人民大学出版社，2017 年版。

5. 陈忠林：《刑法的界限：刑法第 1—12 条的理解、适用与立法完善》，法律出版社，2015 年版。

6. 高巍：《中国禁毒三十年：以刑事规制为主线》，法律出版社，2011 年版。

7. 黄锐：《毒品问题治理新路径》，法律出版社，2022 年版。

8. 黄琰、刘夏：《我国毒品犯罪及死刑适用调研报告》，中国人民公安大学出版社，2012 年版。

9. 何荣功：《毒品犯罪的刑事政策与死刑适用研究》，中国人民公安大学出版社，2012 年版。

10. 郝艳兵：《不纯正不作为犯的作为义务适用》，法律出版社，2015 年版。

11. 揭萍：《我国毒品消费与供给关系实证研究》，法律出版社，2019 年版。

12. 廖斌：《毒品犯罪的新发展及其防治研究》，中国政法大学出版社，2022 年版。

13. 刘建宏：《外国禁毒法律概览》，人民出版社，2015 年版。

14. 林晓萍：《多维视角下的战后美国禁毒政策研究》，上海社会科学院出版社，2018 年版。

15. 李文君：《禁毒防控理论研究与实践探索》，上海社会科学院出版社，2017 年版。

16. 李世清：《毒品犯罪刑罚问题研究》，中国检察出版社，2011 年版。

17. 李云鹏：《物流贩毒问题研究》，云南大学出版社，2018 年版。

18. 李占州：《罪与非罪界定论》，中国人民公安大学出版社，2011 年版。

19. 罗小柏：《常见毒品犯罪实务指引》，中国检察出版社，2018 年版。

20. 聂慧苹：《刑法中社会危害性理论的应用研究》，法律出版社，2013 年版。

21. 彭泽：《毒品犯罪办案手册》，法律出版社，2020 年版。

22. 祁亚平：《毒品案件中的证据理论与证据实践》，中国政法大学出版社，2019 年版。

23. 阮惠风：《新型合成毒品滥用实证调查与治理对策》，上海社会科学院出版社，2016 年版。

24. 任惠华：《毒品犯罪打防管控若干重大问题研究》，群众出版社，2018 年版。

25. 任娇娇：《我国禁毒刑事政策调整研究》，中国社会科学出版社，2019 年版。

26. 石经海等：《刑法介入毒品问题治理的中国模式》，法律出版社，2022 年版。

27. 孙万怀：《刑事政策合法性的历史》，法律出版社，2016 年版。

28. 苏志良：《中国毒品史》，上海社会科学院出版社，2017 年版。

29. 温登平：《贩卖毒品罪基本问题研究》，中国政法大学出版社，2022 年版。

30. 夏国美、杨秀石：《社会学视野下的新型毒品》，上海社会科学院出版社，2017 年版。

31. 徐宏、李春雷：《毒品犯罪研究》，知识产权出版社，2016 年版。

32. 熊海燕：《毒品犯罪研究综述与评价》，知识产权出版社，2019 年版。

33. 肖先华：《毒品犯罪办案指引》，中国检察出版社，2022 年版。

34. 杨荣刚：《毒品犯罪研究》，云南人民出版社，2017 年版。

35. 诸宸舸：《中国禁毒法治论》，中国民主法制出版社，2015 年版。

36. 张洪成：《毒品犯罪刑事政策之反思与修正》，中国政法大学出版社，2017 年版。

37. 张洪江、周智勇、王力欣等：《人民法院审理毒品犯罪案件司法适用与定罪量刑》，中国法制出版社，2020 年版。

38. 张汝铮：《毒品犯罪认定研究》，辽宁人民出版社，2021 年版。

39. 张婷、向鹏：《毒品犯罪治理若干问题探析》，中国政法大学出版社，2022 年版。

40. 张勇安：《国际禁毒研究报告》，社会科学文献出版社，2019 年版。

（二）中文期刊论文

1. 边锋、袁俊峰：《购毒者接收寄递毒品的性质》，载《人民司法》2018 年第 17 期。

2. 陈瑞华：《企业有效合规整改的基本思路》，载《政法论坛》2022 年第 1 期。

3. 陈伟、钟滔：《刑法“但书”出罪的功能失调及其规范适用》，载《四川师范大学学报（社会科学版）》2020 年第 3 期。

4. 陈兴良：《罪刑法定主义的逻辑展开》，载《法制与社会发展》2013 年第 3 期。

5. 陈忠林、陈可倩：《罪刑相适应原则的理论基础》，载《学海》2008 年第 1 期。

6. 邓光扬：《外观行为日常化的帮助犯之司法认定——以杨某购买、提供喷漆、胶水成立寻衅滋事罪为例》，载《法律适用》2020 年第 14 期。

7. 付立庆：《行为犯概念否定论》，载《政法论坛》2013 年第 6 期。

8. 古加锦：《明知毒品的推定风险与证据证明》，载《西南政法大学学报》2017 年第 1 期。

9. 高巍：《抽象危险犯的概念及正当性基础》，载《法律科学（西北政法学院学报）》2007 年第 1 期。

10. 黄继梅、车国旺、陈进强：《国际物流与跨境电商的互动效应及其驱动因素》，载《商业经济研究》2021 年第 23 期。

11. 胡海：《对贩卖毒品罪既遂标准之从严刑事政策的审视与重构》，载《学术界》2016 年第 2 期。

12. 贾健、吴锋涛：《快递行业犯罪治理问题研究——以重庆市近五年快递行业发生的 482 个犯罪案例为样本》，载《西北民族大学学报（哲学社会科学版）》2020 年第 4 期。

13. 李本灿：《企业合规程序激励的中国模式》，载《法律科学（西北政法大学学报）》2022年第4期。

14. 李本灿：《刑事合规制度的法理根基》，载《东方法学》2020年第5期。

15. 李强、李革明：《“毒品未流入社会”不宜作为酌定从轻量刑情节》，载《人民检察》2015年第12期。

16. 李施霆：《论毒品犯罪供述获取的法律障碍及破解路径》，载《公安学研究》2022年第4期。

17. 李云鹏：《互联网涉毒犯罪研究》，载《政法学刊》2015年第5期。

18. 李永升：《罪刑相适应原则的内涵解读》，载《甘肃社会科学》2005年第4期。

19. 黎宏：《排他支配设定：不真正不作为犯论的困境与出路》，载《中外法学》2014年第6期。

20. 吕翰岳：《未遂处罚根据的功能性危险论证》，载《中外法学》2019年第6期。

21. 卢君、王庆：《不纯正不作为犯罪的司法认定——基于形式作为义务和实质作为义务的比较研究》，载《法律适用》2013年第5期。

22. 刘宪权：《论罪刑法定原则的内容及其基本精神》，载《法学》2006年第12期。

23. 罗世龙：《网络帮助行为的刑事归责路径选择》，载《甘肃政法学院学报》2018年第4期。

24. 陆诗忠：《论我国刑法分则规范的完善——以总分则之关系的合理定位为切入点》，载《河北法学》2006年第5期。

25. 梅传强、张喆锐：《论贩卖毒品罪既遂标准的模糊化认定》，载《河北大学学报（哲学社会科学版）》2019年第3期。

26. 彭文华：《我国刑法中的犯罪定量及其合理化规制与运用》，载《法学论坛》2022年第2期。

27. 潘森维、孔祥伟：《论毒品犯罪案件中主观明知推定的适用——基于若干指导案例的考察》，载《汕头大学学报（人文社会科学版）》2023年第3期。

28. 苏彩霞：《“风险社会”下抽象危险犯的扩张与限缩》，载《法商研究》2011年第4期。

29. 苏彩霞、肖晶：《作为义务的实质来源：规范支配论之确立与展开》，载《浙江大学学报（人文社会科学版）》2015年第4期。

30. 石经海：《故意伤害“轻伤与否”定性共识的刑法质疑》，载《现代法学》2017年第3期。

31. 田宏杰：《合作共治：行政犯治理的路径选择》，载《法律科学（西北政法大学学报）》2022年第5期。

32. 唐子艳：《论不纯正不作为保证人的实质义务来源》，载《湖北社会科学》2015年第8期。

33. 王利荣、马党库：《“毒品未流入社会”的从轻依据——兼谈贩卖毒品既遂标准》，载《法律适用》2016年第12期。

34. 谢涵、茆京来：《利用快递运输毒品的防控策略研究》，载《中国药物滥用防治杂志》2023年第1期。

35. 谢绍华：《作为义务来源的实质化》，载《政法论坛》2008年第2期。

36. 熊亚文：《抽象危险犯：理论解构与教义限缩》，载《中国刑事法杂志》2021年第5期。

37. 于冲：《网络平台刑事合规的基础、功能与路径》，载《中国刑事法杂志》2019年第6期。

38. 于冲：《“二分法”视野下网络服务提供者不作为的刑事责任划界》，载《当代法学》2019年第5期。

39. 赵赤：《企业刑事合规视野下的单位犯罪构造及出罪路径》，载《政法论坛》2022年第5期。

40. 张浩、倪玉霞：《理念演变视角下我国禁毒工作的历史成效与探索实践——从“堵源截流”到“清源断流”》，载《中国药物滥用防治杂志》2022年第8期。

41. 张志钢：《论未遂犯处罚根据的中国立场——以不能未遂的可罚性为中心》，载《中国刑事法杂志》2020年第4期。

（三）中文博士学位论文

1. 付祎：《网络涉毒行为刑法规制研究》，吉林大学2022年博士学位论文。

2. 苏宏峰：《犯罪未遂基本问题研究》，华东政法大学2011年博士学位论文。

3. 王锐园：《毒品犯罪明知之证明与推定研究》，吉林大学2021年博士学位论文。

4. 伍晋：《毒品犯罪刑罚适用研究》，西南政法大学 2020 年博士学位论文。

5. 张成东：《中立帮助行为可罚性研究》，中南财经政法大学 2021 年博士学位论文。

（四）英文著作

1. Chiao, Vincen, *Criminal Law in the Age of the Administrative State*, New York: Oxford University Press, 2018.

2. Stevens, Alex. Drugs, *Crime and Public Health the Political Economy of Drug Policy*, New York: Routledge, 2010.

（五）英文期刊论文

1. Allyson Sam Sung. Drug Use and Punishment: A Public Health Crisis America Can No Longer Ignore, 17 *Seattle J.*, Soc. Just. 129, 2018.

2. Amrita Sony, Grisha Meena, Jyoti Meena. Justice Delivery of Economic Offences/White Collar Crimes: Case of India, *Indian Journal of Integrated Research in Law*, Vol. 2, Part 1, Issue 1, 2022.

3. Base, Gautam. The Strategic Attributes of Transnational Smuggling: Logistics Flexibility and Operational Stealth in the Facilitation of Illicit Trade, *Journal of Transportation Security*, Vol. 7, Issue 2, 2014.

4. Ben. Crewe. Prisoner Society in the Era of Hard Drugs, *Punishment and Society*, Vol. 7, Issue 4, 2005.

5. Cortney E. Lollar. Criminalizing Pregnancy, 92 *Ind*, L. J. 947, 2017.

6. Craig J. Konnoth. " 'Drugs' Other Side-Effects," *Iowa Law Review*, Vol. 105, Issue 1, 2019.

7. Crewe, Ben. Prisoner Society in the Era of Hard Drugs, *Punishment and Society*, Vol. 7, Issue 4, 2005.

8. Ekow N. Yankah. A Paradox in Overcriminalization, 14 *New Crim*, L. Rev. 1, 2011.

9. Esha. Sharma. Warning-Special Delivery Due in Nine Months... Jailtime: Pregnancy, Drug Abuse, and the Argument Against Criminal Ramifications, *Holy Cross Journal of Law and Public Policy*, Vol. 21, Issue 1, 2017.

10. Ferencz, Sarah. Social Suppliers and Real Dealers: Incorporating Social Supply in Drug Trafficking Law in Canada, *Manitoba Law Journal*, Vol. 43, No. 5, 2020.

11. Hooper Charles L., Henderson David R.. Want Cheaper Drugs, *Health & Medicine*, Vol. 39, Issue 1, 2016.

12. Ian Lindsay. Dope at the door: The Legalization of Cannabis Delivery and Why Illinois Should Too, *Loyola Consumer Law Review*, Vol. 35, Issue 1, 2023.

13. James Nurton. Old Drugs, New Tricks, *Managing Intellectual Property*, Vol. No. 273, 2018.

14. Jason R. Steffen. Criminalization: A Kantian View, 12 *Wash. U. Jurisprudence*, Rev. 27, 2019.

15. Keelia Lee. Pandemic, Protests, and Prison Reform? Why 2020 Is a Catalyst to Rethink Drug Policy, 33 *St. Thomas L.*, Rev. 1, 2020.

16. Leila Salem, Emily Reichert, Julianne Siegfriedt, et al.. Boston Offender Needs Delivery Project, *International Journal of Offender Therapy and Comparative* Criminology, Vol. 62, Issue 11, 2018.

17. Leslie E. Scott. Drug Decriminalization, Addiction, and Mass Incarceration: A Theories of Punishment Framework for Ending the "War on Drugs", 48 *N. ky. L.*, Rev. 267, 2021.

18. Linda C. Fentiman. Rethinking Addiction: Drugs, Deterrence, and the Neuroscience Revoltion, *University of Pennsylvania Journal of Law and Social Change*, Vol. 14, Issue 2, 2011.

19. Michele Goodwin, Naomi Duke, Jaime Allgood. Sex, Drugs, & HIV: Mass Incarceration's Hidden Problem, *Houston Journal of Health Law & Policy*, Vol. 16, 2016.

20. Naomi Braine. Autonomous Health Movements: Criminalization, De-Medicalization, and Community-Based Direct Action, 22 *Health & Hum*, Rts. J. 85, 2020.

21. Persad Govind. Pricing Drugs Fairly, *William & Mary Law Review*, Vol. 62, Issue 3, 2021.

22. Rebecca Banwell-Moore. The Delivery of Restorative Justice in Youth Offending Teams in England and Wales: Examining Disparities and Highlighting Best Practice, *Laws*, Vol. 11, Issue 4, 2022.

23. Srinivasan Gopal. Controlled Delivery-An Efficacious Investigative Technique to Bust Drug Syndicates: An Analysis, *International Journal of Law Management & Humanities*, Vol. 5, Issue 3, 2022.

24. Srinivasan Gopal. Flow of Drugs into the Country: A Cause of Concern, *International Journal of Law Management & Humanities*, Vol. 5, Issue 3, 2022.